Nikolaus Piper
Die Große Rezession

Nikolaus Piper

Die Große Rezession

Amerika und die Zukunft der Weltwirtschaft

HANSER

Mix
Produktgruppe aus vorbildlich
bewirtschafteten Wäldern und
anderen kontrollierten Herkünften
Zert.-Nr. GFA-COC-001262
www.fsc.org
© 1996 Forest Stewardship Council

Das für dieses Buch verwendete FSC-zertifizierte Papier Munken Premium liefert Arctic Paper Mochenwangen GmbH.

Bibliografische Information der Deutschen Nationalbibliothek
Die Deutsche Nationalbibliothek verzeichnet diese Publikation in der
Deutschen Nationalbibliografie; detaillierte bibliografische Daten sind
im Internet über http://dnb.d-nb.de abrufbar.

1   2   3   4   5   6   12   11   10   09

© 2009 Carl Hanser Verlag München
Internet: http://www.hanser.de
Lektorat: Martin Janik
Herstellung: Ursula Barche
Umschlaggestaltung: Büro plan.it München, unter Verwendung
von Bildmotiven von © crimson-Fotolia und Irene Drexl
Satz: Presse- und Verlagsservice, Erding
Druck und Bindung: Friedrich Pustet, Regensburg
Printed in Germany

ISBN 978-3-446-41952-0

„My hands are rough from working on a dream.“
Bruce Springsteen 2008

Vorwort

Es begann mit einem unbekannten Wort. Ich arbeitete seit vier Wochen für die *Süddeutsche Zeitung* in New York, als ich zu einem Empfang anlässlich des chinesischen Neujahrsfestes in Manhattan eingeladen wurde. Im Laufe des Abends kam ich zufällig mit Ken ins Gespräch. Ken arbeitete als Investmentbanker bei einer kleinen Finanzfirma in Connecticut, und ich fragte ihn ein wenig über die Lage der Branche aus. „Über was spricht man denn so an der Wall Street?", wollte ich wissen. „Mit was werden sich die Finanzmärkte in nächster Zeit beschäftigen?" Kens Antwort war denkbar knapp: „Subprime."

Inzwischen weiß die ganze Welt, was es mit „Subprime Loans" auf sich hat, mit jenen „nicht erstklassigen Krediten" – so die wörtliche Übersetzung –, die das Weltfinanzsystem an den Rand des Abgrunds gebracht hatten. Vieles, was mir Ken an diesem Abend erzählte, sollte sich als sehr weitsichtig erweisen: dass die Hypothekenbanken so getan hätten, als würden die Häuserpreise immer weiter steigen und deshalb aberwitzige Kredite ausreichten. Dass sie sich nicht darum gekümmert hätten, ob ihre Kunden sich ihr Haus auch leisten könnten, weil sie die Kreditverträge gleich nach Abschluss an Wall-Street-Banken weiterverkauften. Und dass alle zusammen jetzt für ihre Sünden bestraft würden, weil die überschuldeten Kunden einfach ihre Hausschlüssel bei den Banken abgäben und diese die Immobilien mit hohen Preisabschlägen verkaufen müssten. Aber auch Ken konnte damals, im Februar 2007, nicht ahnen, wie hart die Strafe für diese Sünden in Wirklichkeit werden würde.

Dieses Buch ist ein Bericht darüber, wie aus einer Reihe zunächst unscheinbarer Einzelereignisse und Fehlentwicklungen die größte Finanz- und Wirtschaftskrise seit über zwei Generationen wurde. Es ist der Versuch, diese Große

Rezession in den Kontext anderer großer Krisen des Kapitalismus zu stellen und erste Lehren daraus zu ziehen. Dies geschieht in großer Demut. Wie andere Ökonomen und Wirtschaftsjournalisten hatte ich zwar einige der Krisensymptome früh erkannt – das wachsende Handelsdefizit der USA, die sinkende Sparquote der Amerikaner, exzessive Schuldenquoten bei der Finanzierung von Firmenübernahmen –, ich unterschätzte aber die Dimension der Gefahr völlig. Das größte Risiko sah ich zunächst in einem Dollar-Crash und war daher erleichtert, als die amerikanische Währung zwar auf bis zu 1,60 Euro abgewertet wurde, aber danach nicht weiter abstürzte. Es sollte alles ganz anders kommen: Nicht der Dollar war das Problem, es waren die Bilanzen der Banken. Deren Lage war viel schlimmer, als sich die meisten Experten dies vorstellen konnten; das Weltfinanzsystem glich einem Kartenhaus, das nur darauf wartete, einzustürzen. Die Versuche, die ganzen Konsequenzen dieses Jahrhundertereignisses zu verstehen, haben gerade erst begonnen.

Im Juni 2009, als dies Buch abgeschlossen wurde, gab es Grund zu hoffen, dass das Schlimmste der Krise vorbei sein könnte. Aber die Lage war unverändert gefährlich. Für die meisten Menschen, besonders in Deutschland, stand das Schlimmste, in Gestalt von Arbeitslosigkeit, erst noch bevor. Die Banken saßen immer noch auf Schulden von knapp einer Billion Dollar, die sie noch nicht abgeschrieben hatten. Alle Bewertungen der Krise müssen daher einen vorläufigen Charakter haben. Aber Bewertungen sind unerlässlich, um neue Fehler zu vermeiden und einer Wiederholung der Krise vorzubeugen.

Zum Entstehen des Buches haben viele Menschen beigetragen. Sie haben mir als Interviewpartner ihre Zeit, ihre Geschichten, ihre Ideen und ihr Wissen geschenkt. Einige unter ihnen sind Ökonomen und Finanzexperten, andere sind Laien, die auf unterschiedlichste Weise von der Krise betroffen wurden. Manche meiner Gesprächspartner habe ich namentlich erwähnt, viele jedoch auch nicht. Ihnen allen schulde ich großen Dank. Besonders aber habe ich meiner Frau Christine zu danken. Mit ihrem professionellen Rat, ihren kritischen Fragen und ihrer Geduld hat sie das Buch erst möglich gemacht.

New York, Juni 2009
Nikolaus Piper

Inhalt

Einleitung

Wer zum ersten Mal nach New York kommt, wird erstaunt feststellen, dass er in einer der größten Spanisch sprechenden Städte der Welt gelandet ist. Am Flughafen JFK führen ihn zweisprachige Hinweisschilder zum Ausgang: *Baggage Claim / Reclamación de equipaje, Restroom / Baño, Ground Transport / Transporto por tierra*. Nimmt der Besucher ein Taxi in Richtung Manhattan, sitzt am Steuer möglicherweise ein junger Mann, der vor ein paar Jahren aus der Dominikanischen Republik eingewandert ist. Während der Fahrt zum Midtown Tunnel wird er dann vermutlich einen der vielen spanischsprachigen Radiosender New Yorks eingeschaltet haben, auf dem Beifahrersitz könnte *El Diario* liegen, die größte Zeitung der Stadt in spanischer Sprache. Verzichtet der Besucher dagegen auf ein Taxi und steigt in die U-Bahn-Linie A, dann mahnen ihn Aufschriften vor der latenten Terrorgefahr; verdächtige Gegenstände soll er umgehend melden: „Si ves algo, di algo" – „Wenn du etwas siehst, sag etwas!"

Was für New York gilt, das gilt für das ganze Land. 10,7 Prozent der Amerikaner sprechen Spanisch oder identifizieren sich wenigstens selbst als „Hispanics", als Einwanderer aus Lateinamerika. Hispanics können Wahlen entscheiden, besonders in Bundesstaaten wie Florida, Nevada, New Mexico oder Kalifornien. Für die Werbeindustrie sind sie eine zunehmend attraktive Zielgruppe und für die Gesellschaft ein politisches Problem: Die US-Regierung befestigt den Rio Grande zu einer militärisch gesicherten Grenze, um den Strom der illegalen Einwanderung aus Mexiko zu bremsen. Schätzungsweise elf Millionen Illegale gibt es gegenwärtig in den Vereinigten Staaten; über die Hälfte davon kommt aus Mexiko, ein weiteres Drittel aus dem Rest Lateinamerikas. Eine der großen Fragen der nächsten Jahre wird sein, wie es gelingt, den Status der bisher Illegalen zu legalisieren.

Die Einwanderung von Süd nach Nord ist heute so selbstverständlich geworden, dass niemand mehr die Frage stellt: Warum ist das eigentlich so? Warum wandern die Menschen nicht in umgekehrter Richtung? Warum suchen die Hispanics in den Vereinigten Staaten eine Zukunft und nicht die Nordamerikaner in Mexiko, der Dominikanischen Republik oder Brasilien? Warum bauen die USA am Rio Grande eine Mauer gegen illegale Einwanderer und nicht die Mexikaner? Und noch einfacher: Warum ist der Norden des amerikanischen Kontinents im Durchschnitt reich und der Süden arm? Die Frage ist alles andere als naiv, denn Nord- und Südamerika haben ja einiges gemeinsam: Beide wurden von Europäern erobert und besiedelt, beide unterwarfen die Ureinwohner in blutigen Kriegen, beide verfügen über unermessliche natürliche Ressourcen, in beiden Teilen des Kontinents gab es Sklaverei, beide kennen extreme soziale Gegensätze. Trotzdem haben sie sich völlig unterschiedlich entwickelt.

Die Frage nach dem „Warum" ist in der Geschichte immer spekulativ. Historische Prozesse sind komplex und können nicht im Labor unter verschiedenen Versuchsanordnungen rekonstruiert werden. Trotzdem lohnt es sich gelegentlich zu fragen, wie die Geschichte verlaufen wäre, hätten sich ein paar Dinge nicht oder anders zugetragen. Die Überlegungen bleiben Spekulation, aber sie sind äußerst lehrreich. In der Geschichte des amerikanischen Kontinents gibt es jedenfalls drei Daten, die entscheidend dafür gewesen sein dürften, dass der Nord- und der Südteil des Kontinents politisch und ökonomisch so weit auseinanderfallen.

Das erste wichtige Ereignis fand 1545 im Hochland von Peru statt. Nach der Überlieferung war es der Indianer Diego Gualpa, der dort, wo später die Stadt Potosí entstehen sollte, einen ganzen Berg aus Silber entdeckte. Dieser Berg, Cerro Rico, veränderte die Geschichte der Menschheit dauerhaft. Das Silber aus Potosí begründete die Macht und den

Reichtum des spanischen Weltreiches; die Gier nach Gold und Silber war es ja, die die spanischen Eroberer nach Amerika getrieben hatte. Die Spanier nutzten den Reichtum aus Peru, so gut sie konnten; überall in Europa kauften sie Luxuswaren zusammen, der Hof in Madrid wurde immer prunkvoller. Für die Indianer in Peru war der Fund verhängnisvoll. Sie mussten unter mörderischen Bedingungen das Silber aus dem Berg holen, die meisten von ihnen waren faktisch Zwangsarbeiter. Aber auch Spanien selbst zahlte einen hohen Preis für den Luxus. Das Silber war der Anfang vom Ende des spanischen Weltreichs. Der Geldfluss aus den Kolonien trieb die Preise in die Höhe, spanische Handwerker konnten mit der Konkurrenz aus Frankreich und England nicht mehr mithalten, in der Handelsbilanz des Weltreichs tat sich ein riesiges Defizit auf. 1588 besiegten die Engländer die spanische Flotte. Von den ausbeuterischen Wirtschaftsbeziehungen zum Mutterland haben sich die meisten Staaten Lateinamerikas nie erholt.

In Nordamerika wurde auch Gold gefunden, aber erst 1848, als die Vereinigten Staaten längst auf dem Weg zu einer mächtigen Industrienation waren. Lange zuvor schon waren die 13 britischen Kolonien, aus denen 1776 die USA werden sollten, Teil des ausdehnten Handelssystems im britischen Empire. Sie lieferten Fisch, Agrarprodukte und Baumwolle nach England und bezogen dafür Tee, Kleider und andere Manufakturwaren. Das britische Weltreich selbst hatte über die meiste Zeit seiner Geschichte einen Überschuss in der Handelsbilanz. Dieser sozioökonomische Hintergrund prägt die Vereinigte Staaten bis in die Gegenwart.

Datum Nummer zwei ist der 23. Dezember 1783. An diesem Tag gab in Annapolis (Maryland) George Washington, der siegreiche General des amerikanischen Unabhängigkeitskrieges, die Macht an den Kongress zurück, der sie ihm einst verliehen hatte. Es war ein feierlicher Akt: „Nachdem ich die Aufgabe erfüllt habe, mit der ich beauftragt war, ziehe ich mich von der großen Bühne des Handelns zurück", rief er aus und verneigte sich in einer symbolischen

Geste vor den Vertretern des Kongresses. Zwar zog er sich schließlich doch nicht ins Privatleben zurück, sondern wurde 1789 zum ersten Präsidenten der Vereinigten Staaten gewählt. Aber entscheidend war, was er an diesem Tage *nicht* tat: George Washington erhob sich nicht zum Diktator über die junge Republik. Der Gedanke daran erscheint heute absurd, aber damals war er es nicht. Dass die Regierung vom Volk gewählt wird und sich der Herrschaft des Gesetzes beugt, war ein kaum erprobtes Konzept. Im Laufe des Jahres hatten sich junge Offiziere in Philadelphia und in Newburgh (Bundesstaat New York) mit konkreten Putschplänen getragen. Die Französische Revolution, die am 14. Juli 1789 ausbrach, führte in ein Blutbad und anschließend in die Diktatur Napoleon Bonapartes. Die Vereinigten Staaten dagegen hatten zwar gute und schlechte Präsidenten, sie erlebten Korruption und Amtsmissbrauch, die verfassungsmäßige Ordnung des Landes stand jedoch nie infrage.

Ganz im Unterschied zu Lateinamerika. Schon der Befreier des Kontinents vom spanischen Kolonialjoch, Simón Bolívar, ließ sich 1822 zum Diktator ausrufen, um die Revolution zu retten und die antispanischen Kräfte zu einen. Seither ist Lateinamerika mit dem Typus des Caudillo geplagt, mit jenen unzähligen Autokraten, die mal mehr, mal weniger demokratisch legitimiert sind, und mal mehr, mal weniger effizient regieren, die jedoch immer willkürlich herrschen und bereit sind, sich über das Gesetz zu stellen. Juan Perón (Argentinien) gehört dazu ebenso wie Alfredo Stroessner (Paraguay), Hugo Chávez (Venezuela) und, auf seine besondere Weise, auch Kubas Fidel Castro. Wie schlecht die ökonomische Bilanz der südamerikanischen Caudillos ist, zeigt die Geschichte des Subkontinents.

Der dritte für die ökonomische Zukunft der USA prägende Tag war der 25. Juli 1790. An diesem Tag folgte das Repräsentantenhaus der Vereinigten Staaten in Philadelphia einem Umschuldungsplan von Finanzminister Alexander Hamilton: Die Bundesregierung garantierte die Schulden, die die einzelnen Bundesstaaten während des Unabhängigkeitskrieges aufgehäuft hatten. Hamilton senkte zwar relativ willkürlich die Zinsen und streckte die Rückzahlung, aber, und das war das Entscheidende, die USA anerkannten die Schuld im Prinzip. Damit waren die Voraussetzungen dafür geschaffen, dass die neue Republik nicht in ihre Einzelteile zerfiel und dass aus den USA eine kapitalistische Nation wurde, die international kreditwürdig war. Zwar waren die Amerikaner im Laufe ihrer Geschichte immer wieder schlechte Schuldner, doch das war nichts im Vergleich zur Reihe der Staatsbankrotte, die die Geschichte Lateinamerikas prägte.

Es waren also drei Faktoren, die die USA in ihrer ökonomischen Entwicklung begünstigten: ein funktionierender Rechtsstaat, ein ergiebiger Kapitalmarkt und das Fehlen übermäßiger Liquidität. Um das Jahr 2001 jedoch schien die Geschichte eine groteske Wendung zu nehmen. Plötzlich zeigten die Vereinigten Staaten einige Züge der Wirtschaft im spanischen Weltreich: Das Defizit im Außenhandel stieg in vorher nie gekanntem Ausmaß, die Regierung führte zwei teure Kriege, sorgte aber nicht für deren Finanzierung. Amerikaner traten, wie Ökonomen damals formulierten, als Konsumenten und Schuldner der letzten Instanz auf: Sie beanspruchten den größten Teil des überschüssigen Kapitals der Welt für sich und die Verbraucher der USA stützten die Konjunktur fast überall jenseits ihrer Grenzen; sie kauften ihr Öl im Nahen Osten, billige Konsumgüter in China, schöne Autos in Deutschland. Finanziert wurde das alles weder mit Silber- noch mit Goldminen; Quelle des vermeintlichen Reichtums war eine scheinbar unerschöpfliche Geldmaschine: Wall Street. New York war die Finanzhauptstadt der Welt, und junge Genies in den Handelsräumen Manhattans produzierten immer neue, noch fantastischere Kreditprodukte und erzielten damit Rekordgewinne. Die Kapitalmärkte schienen unendlich ergiebig und unendlich effizient zu sein, die Nation verschuldete sich immer weiter. Einige Symptome des Schuldenexzesses sahen zunächst einfach bizarr aus: Der Nominalwert einiger komplizierter Wertpapiere über-

stieg zeitweise den des Weltsozialprodukts. An der Wall
Street regierte die Gier: Bankchefs verdienten jedes Jahr
zweistellige Millionenbeträge, bei einigen Hedgefonds-Ma-
nagern ging das Jahreseinkommen in die Milliarden. Viele
Leute, besonders in Washington und New York, glaubten,
dass dieses Muster dauerhaft und zum allseitigen Nutzen
sei. Manche sahen sogar eine Stärke der amerikanischen
Wirtschaft darin, dass sie in der Lage war, so viel ausländisches Kapital anzuziehen. Kritiker, die auf die wachsenden
globalen Ungleichgewichte hinwiesen, galten als unverbes-
serliche Pessimisten. Aber auch die größten Pessimisten ahn-
ten in ihren wildesten Träumen nicht, wie dies alles enden
würde.

Die Vereinigten Staaten des 21. Jahrhunderts sind nicht
das Spanien des 16. Jahrhunderts. Es bedurfte keiner See-
schlacht, um die Illusionen der vergangenen Jahre zu zerstören. Die Geldmaschine namens Wall Street, die so viele Menschen reich gemacht hatte, begann im August 2007 zu
stottern; in den folgenden zwölf Monaten wurde ihr Lauf
immer ungleichmäßiger, bis sie am 15. September 2008 zusammenbrach. Seither ist die Welt eine andere. Die Vereinigten Staaten und mit ihnen die ganze Welt sind auf den
Boden der Tatsachen gefallen, hart und brutal. Das Ende
der Wall Street hat die größte Wirtschaftskrise seit Generationen ausgelöst. Sie wird als die „Große Rezession" in Erinnerung bleiben, als Katastrophe, die nur noch mit der
Weltwirtschaftskrise der 30er-Jahre zu vergleichen ist. Die
Große Rezession ist zwar für die einzelnen Volkswirtschaften nicht so schlimm wie die Depression, die 1929 begonnen hatte, dafür hat sie synchron fast den ganzen Globus
erfasst. Die Krise löste eine beispiellose politische Gegenreaktion aus. Die maßgeblichen Regierungen der Welt pumpten Billionen Dollar und Euro in die Wirtschaft. Die Krise
mobilisierte auch die Kräfte der amerikanischen Demokratie. Millionen junger Amerikaner engagierten sich für
„Change", für den Wechsel. Als Konsequenz legte am
20. Januar 2009 vor dem Kapitol in Washington der erste

Präsident afroamerikanischer Abstammung seinen Amtseid ab. Er wird die USA dauerhaft verändern.

Der Wirtschaftseinbruch war so gewaltig, dass sich Politiker, Medien und Ökonomen erst einmal mit dessen unmittelbaren Begleiterscheinungen beschäftigten, mit der Gier, der maßlosen Verschuldung, den Finanzprodukten, die kaum noch jemand verstand, und dem zum Teil grotesken Versagen auf den Chefetagen der Banken. Aber die Gier, die absurden Spekulationen und die Inkompetenz der Banken sind nur ein Teil der Geschichte. Spekulationsblasen, Börsenkräche und Pleitewellen hat es immer wieder gegeben, ohne dass das Weltfinanzsystem deshalb gleich an den Rand des Abgrunds gekommen wäre. Warum ausgerechnet diese Krise so schlimm wurde, bedarf der Erklärung. Vermutlich werden noch Generationen von Ökonomen und Historiker die Ursachen der Großen Rezession erforschen. Eine Erklärung allerdings steht jetzt schon fest: Die Rezession nahm deshalb so katastrophale Ausmaße an, weil schon lange zuvor die globale Weltordnung aus dem Gleichgewicht gekommen war. Krisenzeichen hatte es seit Jahren gegeben, aber Politik und Wirtschaft waren selbstgefällig worden. Alle Krisen schienen begrenzte Einzelfälle zu sein, die Weltwirtschaft im Allgemeinen und die Volkswirtschaft der USA im Besonderen erschienen als ungewöhnlich widerstandsfähig. Es waren vor allem die Innovationen auf den Kapitalmärkten, die diese Illusion erzeugten. Sie verdeckten die wachsenden Ungleichgewichte jahrelang und sorgten schließlich für den großen Knall. Die Wall Street spielte beim Entstehen der Großen Rezession dieselbe Rolle wie 400 Jahre zuvor das Silber beim Niedergang des spanischen Weltreichs.

KAPITEL 1

Das Experiment ohne Beispiel

> „Ich bin sicher, dass der Börsenkrach von 1929 noch einmal
> passieren wird. Nur weiß man nicht, wann. Alles, was man
> für einen neuen Zusammenbruch braucht, ist, dass die
> Erinnerung an diesen letzten Wahnsinn schwächer wird."
>
> John Kenneth Galbraith

Es ist ein warmer Sommerabend Ende August 2007. Im
Großen Ballsaal des Marriott-Hotels von Brooklyn warten
2 500 Gäste auf den Beginn der ersten wichtigen Veranstaltung des beginnenden Wahlkampfs. 25 Dollar hat jeder
von ihnen gezahlt, um „den nächsten Präsidenten der USA"
hören zu können, wie es in der Einladung hieß: einen bis vor
Kurzem noch weitgehend unbekannten und gerade einmal
46 Jahre alten Senator aus Illinois namens Barack Obama.
Das Publikum, überwiegend Angehörige des schwarzen
Mittelstands aus Brooklyn, ist geduldig. Eine Stunde lang
müssen sie im Stehen warten, bis der Senator das Podium
betritt, und seine Rede dauert anschließend ganze 36 Minuten. An der Begeisterung über den Jungstar änderte dies
nichts. Die Brooklyner erleben, was ein Jahr später Menschen
auf der ganzen Welt an den Fernsehschirmen kennenlernen
werden: Obamas unglaubliche Fähigkeit, Menschen direkt
anzusprechen, sein Charisma und seine Rednergabe. Obama
spricht weniger von sich selbst oder von seiner Politik, sondern von den Menschen, die ihn wählen sollen: „Ihr seid die
Leute, die etwas ändern können. Ihr wollt nicht, dass es so
weitergeht wie bisher. Amerika dürstet nach Wandel." Was
sein Programm betrifft, ist Obama an dem Abend enttäuschend unkonkret. Er entwirft kein Programm, sondern
predigt den Wandel als solchen. Die Slogans seiner Kampagne – „Change" oder „Got Hope?" („Hast du schon Hoffnung?") – stehen eher für einen neuen Stil, für die Abkehr

von den Grabenkämpfen, die Washington und die amerikanische Gesellschaft seit den frühen 90er-Jahren zerreißen. Die Themen sind, natürlich, der Irakkrieg, aber auch der Umgang der Amerikaner untereinander. Ein paar Wochen vor der Veranstaltung in Brooklyn gab es erste Hinweise darauf, dass sich in der Welt der Finanzen ein Gewitter zusammenbrauen würde. Im Juni waren zwei Hedgefonds der US-Investmentbank Bear Stearns in Not geraten; im August mussten die US-Notenbank Federal Reserve und die Europäische Zentralbank (EZB) die labilen Kreditmärkte bereits mit vielen Milliarden Dollar zusätzlicher Liquidität stabilisieren. Aber der Begriff „Krise" kommt in Obamas Rede gar nicht vor, das Thema scheint einfach noch nicht vordringlich zu sein. Und der Kandidat aus Illinois ist auch alles andere als ein Wirtschaftsexperte.

Das Publikum in Brooklyn jedenfalls ist begeistert. Obama steht mit seiner ganzen Biografie als Sohn einer weißen Mutter aus Kansas und eines Vaters aus Kenia für einen Neuanfang. „Sehen Sie jetzt, dass die schwarze Community hinter Obama steht?", ruft ein Besucher den versammelten Journalisten zu. Ein anderer, Michael Benjamin, der einen Bezirk in der Bronx für die Demokraten im Staatsparlament von New York vertritt, meint: „Obama kann gewinnen, das zeigt sich hier in Brooklyn." Und er werde „das Image in der Welt von Amerika verändern". Das lokale Anzeigenblättchen von Brooklyn, *The Brooklyn Paper*, ist dagegen ein wenig skeptischer: Obama sei „ein künftiger Präsident, wenn auch nicht unbedingt der nächste", schreibt der Reporter in seinem Bericht aus dem Marriott.

Das *Brooklyn Paper* hat sich getäuscht, wie so viele andere Experten, die es für ausgeschlossen hielten, dass dieser unerfahrene ehemalige Sozialarbeiter aus dem Süden Chicagos die Wahlkampfmaschinen von Hillary Clinton und der Republikanischen Partei würde bezwingen können. Aber auch die überzeugtesten Anhänger Obamas konnten nicht wissen, was dem brillanten Neuling schließlich den Sieg bringen sollte. Vier Monate nach der Wahlkampfveranstaltung in Brooklyn, im Dezember 2007, rutschten die USA in die Rezession. Im September 2008 wurde aus dieser Rezession ein beispielloser Absturz der Weltwirtschaft: eine der größten Finanzkrisen der Geschichte und die schlimmste Rezession seit der Weltwirtschaftskrise der 30er-Jahre. Der Einbruch wäre sogar schlimmer geworden als nach 1929, hätten nicht die Regierungen und Notenbanken der ganzen Welt in einer Weise in die Wirtschaft eingegriffen, die es zuvor in Friedenszeiten noch nie gegeben hat.

Vermutlich wäre Barack Obama auch dann zum Präsidenten der USA gewählt worden, wenn am 15. September 2008 die Investmentbank Lehman Brothers nicht zusammengebrochen wäre. Sein Gegenspieler John McCain hatte im Wahlkampf zuletzt nur noch die konservativen Republikaner umworben und damit automatisch die Mitte der Gesellschaft verloren. Aber nach Lehman veränderte die Krise die gesamte Dynamik der politischen Auseinandersetzung in den Vereinigten Staaten von Grund auf. Es konnte nicht mehr so weitergehen, eine Ära der Illusionen ging zu Ende. Obamas Parole „Change" bekam eine vollkommen neue Bedeutung. Die Krise hat aus dem Machtwechsel im Weißen Haus eine Zeitenwende gemacht. Ein Vierteljahrhundert lang hatten Politiker auf die Kraft des Marktes gesetzt, sie hatten liberalisiert und dereguliert. Mit dem Fall der Berliner Mauer am 9. November 1989 waren Planwirtschaft und Kommunismus als vermeintliche Alternative zum Kapitalismus endgültig gescheitert. Doch nun sieht es plötzlich so aus, als sei auch der Kapitalismus selbst gescheitert.

Innerhalb weniger Wochen hat sich das Paradigma der wirtschaftspolitischen Debatte verändert. Der Staat ist in das Zentrum des Wirtschaftsgeschehens zurückgekehrt. Milliardenschwere Konjunkturprogramme wurden vom fast Undenkbaren zum Selbstverständlichen. Die Reihe der Unternehmen, die von den Regierungen in aller Welt gerettet werden, wird immer länger: Citigroup, AIG, General Motors, Opel, Commerzbank, Schäffler. Der Paradigmenwechsel ist umso wirksamer, als er eingeleitet werden musste von

einem amerikanischen Präsidenten, der das genaue Gegenteil gepredigt hatte: den Rückzug des Staates, Steuersenkungen, private Lösungen für soziale Probleme, den Sieg des
American Way of Life. George W. Bush war gezwungen, die
schier unglaubliche Wende einzuleiten. Sein Finanzminister Henry Paulson musste beim Kongress die Summe von
700 Milliarden Dollar erbitten, um das Finanzsystem der
USA und der ganzen Welt vor dem Kollaps zu bewahren.
Bush, innerhalb und außerhalb der USA als Symbol amerikanischer Arroganz und Ignoranz verhasst und verachtet, war
kaum noch sichtbar in den letzten Monaten seiner Amtszeit,
als rund um Washington die Welt unterzugehen schien.

Jetzt hängt die Zukunft der Weltwirtschaft von dem un-
erfahrenen Senator aus Illinois ab, der nur mit einem rudi-
mentären Wirtschaftsprogramm in den Wahlkampf gezogen
war. Der Einschnitt des 20. Januar 2009 ist nur zu vergleichen mit dem 4. März 1933, als Franklin D. Roosevelt
seinen „New Deal" begann. Wie damals greift die Regierung
mit beispiellosen Vollmachten in die Wirtschaft ein. Roosevelt versuchte, mit der Tennessee Valley Authority einen
großen Teil der Stromversorgung der USA unter staatliche
Kontrolle zu bringen. Obama reorganisiert die zuvor zah-
lungsunfähigen Autokonzerne General Motors und Chrysler, setzt Manager und Verwaltungsräte ab und diktiert
den Gläubigern ihre Konditionen. Roosevelt führte eine
staatliche Rentenversicherung ein, Obama will allen Amerikanern eine Krankenversicherung zu vertretbaren Preisen
verschaffen. Roosevelt verkündete als erste Amtshandlung
viertägige Bankferien und teilte die US-Banken danach in
überlebensfähige und zu schließende auf. Obamas Finanzminister Timothy Geithner ordnete „Stresstests" für die
19 größten Banken an und verlangte Kapitalerhöhungen
von zusammen 75 Milliarden Dollar. Roosevelt nutzte das
damals neue Medium des Radios für seine Politik: Mit den
legendären „Kamingesprächen" hob er die Stimmung seiner Landsleute. Obama ist der erste US-Präsident, der mit
BlackBerry und Internet umzugehen weiß.

Noch größer als die Gemeinsamkeiten aber sind die Unterschiede zwischen dem New Deal Roosevelts und Barack Obamas Wirtschaftspolitik. Roosevelt wurde nach über drei Jahren Wirtschaftskrise gewählt, das Land lag am Boden. Dagegen hatte am 4. November 2008, als Obama seinen Wahlsieg feierte, der Absturz der Wirtschaft gerade erst begonnen. Roosevelt trat mit einem lange vorbereiteten, wenn auch äußerst widersprüchlichen Programm gegen die Wirtschaftskrise an, Obama musste seines erst in den Wochen kurz vor und kurz nach der Wahl entwickeln. Zunächst war es nur die Persönlichkeit des Kandidaten, die die Wahl entschied: Obama schuf allein dadurch Vertrauen, dass er in der Lage war, „auch in schwierigen Zeiten cool zu bleiben", wie es sein Wirtschaftsberater Austan Goolsbee ein paar Tage vor dem Wahltermin formuliert hatte. Roosevelt war von einem Team von Intellektuellen begleitet, die das Wirtschaftssystem der USA von Grund auf ändern wollten. Obamas Wirtschaftsteam setzt sich aus Pragmatikern zusammen, die zum Teil schon unter Präsident Bill Clinton gearbeitet und dabei an der Liberalisierung der Finanzmärkte mitgewirkt hatten. Roosevelt wollte die Macht der Wall Street brechen, Obama versucht einen Spagat: Auch er will und muss der Wall Street Grenzen setzen, aber er sucht dafür den Rat genau jener Experten und Institutionen, die er strenger zu regulieren gedenkt. Roosevelt polarisierte die amerikanische Gesellschaft, Obama sucht zu vermitteln und Kompromisse mit politischen Gegnern zu schließen. Als der New Deal begann, fehlten Roosevelt fast alle Instrumente, um die sozialen und finanziellen Folgen einer großen Krise einzudämmen. Obama stehen die Institutionen zur Verfügung, die während des New Deal eingeführt wurden: die Börsenaufsicht SEC, die FDIC, eine Behörde, die die Spar- und Girokonten bei den Banken sichert, das Netz der Rentenversicherung.

Vor allem aber kann das Team Obamas das Wissen um den Ablauf der Weltwirtschaftskrise nutzen. Ökonomen sind sich in einem Punkt einig: Der Börsenkrach von 1929 wurde deshalb zur Weltwirtschaftskrise, weil Politiker und Notenbanken überall auf der Welt katastrophale Fehler begangen haben. Das ist 2008 und 2009 anders. In der jetzigen Krise versuchen – bis jetzt – alle Staaten, aus den 30er-Jahren zu lernen. Die Regierungen sparen nicht gegen den Wirtschaftseinbruch an, sondern beschließen beispiellose Konjunkturprogramme. Nach der Insolvenz von Lehman Brothers wurde kein größeres Finanzinstitut mehr fallengelassen. Die maßgeblichen Notenbanken der Welt arbeiten eng zusammen, sie erhöhten die Zinsen nicht, sondern senkten sie auf historische Tiefststände und pumpten Billionen von Dollar, Euro, Yen und Pfund in den Wirtschaftskreislauf. Sie kauften Wertpapiere von Banken und Regierungen auf und gaben der Wirtschaft praktisch unbegrenzten Kredit. Die Nationalstaaten sind nicht auf sich selbst zurückgefallen, Handelskriege sind, trotz gelegentlicher protektionistischer Ausfälle, bisher ausgeblieben. Es gibt sogar einen breiten Konsens über neue, strengere Regeln für das Weltfinanzsystem. Mit der Gruppe der 20 Industrie- und Schwellenländer (G 20) wird ein neues Forum der internationalen Zusammenarbeit erprobt, der Internationale Währungsfonds, einst ebenfalls aufgrund der Erfahrungen der Weltwirtschaftskrise gegründet, koordiniert die internationale Krisenpolitik.

Die Krisenpolitik zeigt Wirkungen. Die abnorm hohen Risikoaufschläge auf Kredite zwischen den Banken sind gesunken, ein Zeichen dafür, dass Vertrauen in den Finanzsektor zurückkehrt. Die Weltbörsen haben sich erholt, möglicherweise sogar zu schnell. Die Arbeitslosigkeit steigt zwar weiter, aber zumindest in den USA mit etwas geringerem Tempo; der Absturz der Immobilienpreise Amerikas verlangsamt sich in den meisten Bundesstaaten der USA, in Florida und Südkalifornien kehren die ersten Hauskäufer auf die verwüsteten Märkte zurück.

Aber all dies bedeutet nicht die Rückkehr zu stabilem, nachhaltigem Wirtschaftswachstum. Stattdessen beginnt eine Phase extremer Unsicherheit. Die Wirtschaftspolitik bewegt sich auf völlig neuem, unerforschtem Terrain. Noch nie in der Geschichte wurde eine Wirtschaftskrise mit einem auch nur vergleichbaren Aufwand bekämpft. Das zeitigt Folgekosten: Die Staatsschulden sind so schnell gestiegen wie früher nur, wenn Kriege vorbereitet wurden. Viele Fragen stellen sich, auf die es keine einfachen Antworten gibt: Wann können die Staatsfinanzen wieder konsolidiert werden, ohne den Aufschwung zu gefährden? Horten die Banken die Milliarden einfach, die sie von den Regierungen zur Verbesserung ihrer Bilanzen bekommen haben? Oder gehen sie im Gegenteil neue, unverantwortliche Risiken ein, weil sie wissen, dass die Regierung ja hinter ihnen steht? Und wenn ja, wie hindert man sie daran, ohne den Kreditsektor erneut zu lähmen? Wie wird künftig der Geldwert gesichert, nachdem die Notenbanken so politisiert sind wie seit Jahrzehnten nicht mehr? Was bedeutet es für die Zukunft, dass Federal Reserve, EZB und die Bank von England eine globale Katastrophe nicht verhindern konnten, obwohl sie sich streng an ihren gesetzlichen Auftrag gehalten haben?

Einen ersten Test hat der neue amerikanische Präsident bestanden. Es gibt keinen Zweifel, dass es sein Auftreten und sein 800-Millionen-Dollar-Konjunkturpaket waren, die die Lage im Frühjahr 2009 stabilisiert haben. Das Rettungspaket von Finanzminister Geithner, am Anfang heftig umstritten, nahm zunächst einmal die Nervosität aus dem Bankensystem. Das Konjunkturprogramm stabilisierte die Nachfrage, auch wenn das Geld zunächst nur schleppend ausgezahlt werden konnte. Doch das waren nur erste Schritte. Obamas Bankenpolitik ist innovativ und gewagt zugleich. Er hat sich bewusst gegen das Modell entschieden, das andere Regierungen in großen Finanzkrisen einsetzten. Ausdrücklich verzichtete er darauf, die insolventen Kreditinstitute formell zu verstaatlichen. Finanzminister Geithner zwang die Bankvorstände lediglich, neues Kapital aufzunehmen und staatliche Unterstützung zu akzeptieren, falls ihnen dies auf dem freien Markt nicht gelingen sollte. In einem bisher nicht erprobten Modell staatlich-privater Partnerschaften will Geithner mittels großzügiger Garantien privates Kapital mobilisieren, um den Banken faule Kredite abzukaufen. Gelingt das Experiment, hat Geithner den amerikanischen Steuerzahlern Hunderte von Milliarden Dollar erspart und sich selbst die fast unlösbare Aufgabe, komplexe, international verflochtene Finanzkonglomerate wie Citigroup oder American International Group (AIG) abzuwickeln. Scheitert das Experiment, weil die Lage des Finanzsektors noch ernster ist als unterstellt, dann drohen ein schwerer Rückschlag und eine Verschärfung der Rezession. Auf dem linken Flügel der Demokratischen Partei sammelt sich einiger Ärger über Obamas Kurs der Mitte. Wirtschaftsnobelpreisträger Paul Krugman kritisierte seine Bankenpolitik scharf und prophezeite deren Scheitern. „Es ist, als sei der Präsident entschlossen, den Eindruck zu bestätigen, dass er und sein Wirtschaftsteam den Bezug zur Realität verloren haben, dass deren ökonomische Vision von der übermäßig engen Bindung an die Wall Street getrübt wird."[1]

Aber auch wenn Obama und sein Team Erfolg haben werden, steht eine harte Wegstrecke bevor. Niemand hat Erfahrung damit, wie sich Volkswirtschaften nach so einem Schock und so einer Therapie verhalten. Die Kapitaleinlagen der Regierungen überall auf der Welt in die gescheiterten Banken sind ihrer Natur nach Subventionen und sie führen, wie alle Subventionen, zur Verzerrung von Marktergebnissen. An den Börsen war die Stimmung im Frühjahr wesentlich besser als die Lage. Vom Tiefpunkt der Kursentwicklung bis Ende Mai hatten die Aktien in den Vereinigten Staaten und in Europa um etwa ein Drittel zugelegt; das hatte schon wieder Züge einer gefährlichen Euphorie. Die globalen Ungleichgewichte, die am Anfang der großen Krise standen, sind durch die Krise kaum geringer geworden, durch die Maßnahmen zu deren Eindämmung sogar wieder gestiegen. Der Leistungsbilanzüberschuss Chinas ist im Laufe des Jahres 2008 gesunken, er wird aber in diesem Jahr wieder steigen, und zwar trotz eines massiven eigenen Konjunkturprogramms der Führung in Peking.[2] Die Amerikaner, die den chinesischen Aufschwung früher in ihrer Eigenschaft als Verbraucher stützten, tun dies jetzt als Steuerzahler, genauer: als Staatsbürger, deren Regierung sich massiv auf den Weltfinanzmärkten verschuldet. In vielen Entwicklungsund Schwellenländern hat die Krise einen Teil der Fortschritte bei der Armutsbekämpfung zunichtegemacht. Besonders hart getroffen sind die postkommunistischen Länder Osteuropas. In den baltischen Staaten, die bis vor Kurzem noch als Musterbeispiele der Wirtschaftsreformen galten, schrumpft das Bruttoinlandsprodukt in diesem Jahr um über zehn Prozent. Das EU-Mitglied Ungarn musste Hilfe beim Internationalen Währungsfonds beantragen.

Dabei sind die Erwartungen an den amerikanischen Präsidenten größer denn je. Eine der vielen Ursachen der Krise lag darin, dass sich die ökonomischen Gewichte in der Welt verändert haben und die amerikanische Politik die Konsequenzen dieser Entwicklung missachtete. Doch China und die Europäische Union können keine Führungsrolle in der Welt auszuüben, was gerade diese Krise gezeigt hat. Es waren die USA, die als Erstes ein umfassendes Konjunkturprogramm beschlossen haben, es sind die USA, die die Ideen für die Neuregulierung der Finanzmärkte produzieren und durchsetzen müssen. Auffallend war vor allem das Zögern der EU im Allgemeinen und der Deutschen im Besonderen in der Krisenpolitik. Anfangs dachte man in Europa noch, von dem Ganzen nur am Rande betroffen zu sein. „Nach wie vor ist wahr: Die Finanzmarktkrise ist vor allem ein amerikanisches Problem", sagte Bundesfinanzminister Peer Steinbrück zehn Tage nach dem Zusammenbruch von Lehman Brothers im Bundestag. Die USA würden ihren Status als Supermacht des Weltfinanzsystems verlieren. In Deutschland dagegen sei ein umfassendes Rettungspaket für den Finanzsektor nicht nötig, denn Deutschland habe einen „besseren ordnungspolitischen Rahmen" als Amerika.[3] Die deutschen Gewerkschaften stellten noch in die beginnende Rezession hinein Lohnforderungen von acht Prozent auf. Tatsächlich jedoch war und ist die Lage in Europa mindestens so ernst wie in den USA. Europäische Banken hatten sich noch stärker verschuldet als die amerikanischen, Bankkredit ist für die Unternehmen in Europa noch wichtiger als in den USA, weil es weniger alternative Finanzierungsinstrumente gibt. Im Frühjahr 2009 brauchten die US-Banken noch 500 Milliarden Dollar an neuem Kapital, um zu konservativen Reservestandards zurückzukehren, die Banken der Euro-Zone dagegen 750 Milliarden Dollar.[4]

Eine Lösung der Krise ist ohne die USA nicht denkbar. Dabei geht es um praktische Lösungen, aber auch um Werte. Obama muss nicht nur das Ansehen der USA in der Welt wieder erneuern, sondern auch „die Herzen und Gedanken für den Kapitalismus gewinnen". (Der Begriff stammt ursprünglich von Präsident Lyndon B. Johnson; dieser hatte im Vietnamkrieg 1968 eine Propagandaoffensive gestartet, um „die Herzen und Gedanken" – „hearts and minds" – der Vietnamesen für den Kampf gegen den Kommunismus zu gewinnen. Seither ist „hearts and minds" ein feststehender Terminus in der amerikanischen Politik geworden. Präsident George W. Bush verwendete ihn zuletzt im Zusammenhang mit dem Irakkrieg.) Barack Obama ist es bisher gelungen, die Herzen und Gedanken der meisten Menschen innerhalb und außerhalb Amerikas zu gewinnen, wenigstens für sich als Person. In den Vereinigten Staaten waren nach den ersten 100 Tagen seiner Präsidentschaft über 60 Prozent der Bürger mit seiner Amtsführung zufrieden. Außerhalb der USA wird Obama gelegentlich immer noch wie ein Messias gesehen.

Überzogene Erwartungen machen die Aufgabe für den amerikanischen Präsidenten nicht unbedingt einfacher, denn der American Way of Life, das amerikanische Wirtschaftsmodell mit seiner starken Betonung der freien Märkte für Arbeit und Kapital ist weltweit in Misskredit geraten. Das gilt ganz besonders für Deutschland. Nach Ausbruch der Krise sagte Finanzminister Steinbrück, beispielhaft für viele: „Es kann sein, dass wir im Lichte dieser Finanzmarktkrise in eine Phase hineinkommen, in der der ungezügelte Finanzkapitalismus fundamental infrage gestellt wird. Das hiermit verbundene ordnungspolitische Bild ist uns insbesondere aus dem angloamerikanischen Raum vorgehalten worden, gelegentlich wie eine Monstranz – mit der Maßgabe, dass sich die Politik, dass staatliche Institutionen sich vollständig zurückhalten sollten. Der Markt reguliere sich selbst, von ihm ginge eine disziplinierende Wirkung aus und er würde letztlich im Sinne eines Allgemeininteresses schon tätig werden. Wir machen gerade die Erfahrung, dass diese These falsifiziert wird."[5] Bundespräsident Horst Köhler, der selbst einmal an der Spitze des Internationalen Währungsfonds stand, stellte knapp fest: „Der angloamerikanische Kasino-kapitalismus ist gescheitert."[6] Das Unbehagen und der Zorn über den Kapitalismus haben alle politischen Lager erfasst. 20 Jahre nach dem Fall der Berliner Mauer machen sich viele wieder auf die Suche nach einer Alternative zum Kapitalismus.

Im Lande selbst muss Obama, aller Zustimmung für seine Person zum Trotz, mit massiver Opposition für seine Politik rechnen. Das Projekt, die Banken mit Hunderten von Milliarden Dollar zu retten, ist extrem unpopulär. Die Parole „Bail out people. Not banks" kommt aus verständlichen Gründen gut an, auf der Linken wie auf der Rechten. Bis jetzt ist es Obama nicht gelungen, jenes Maß an Überparteilichkeit zu erreichen, das er im Wahlkampf versprochen hatte. Das Klima des Kulturkampfes, das sich über Jahrzehnte in Washington festgefressen hat, löst sich nicht so schnell auf. Das politische System in der amerikanischen Hauptstadt, die Machtspiele im Kongress und der Einfluss der organisierten Interessen machen pragmatische Lösungen schwierig. Der Journalist und Buchautor Fareed Zakaria schreibt, Politiker, die den Kompromiss suchten, würden in ihren eigenen Parteien marginalisiert: „Das System liefert größere Anreize, standhaft zu bleiben und den eigenen Leuten dann zu sagen, dass man sich dem Feind nicht gebeugt hat. Das ist hervorragend, wenn man Spenden sammeln, aber schrecklich, wenn man regieren will."[7]

Die Republikanische Partei ist tief verunsichert, große Teile neigen zu Fundamentalopposition. Neuer Held der Republikaner ist der radikalkonservative Radiomoderator Rush Limbaugh. „Ich hoffe, Obama scheitert", sagte Limbaugh vier Tage vor der Amtseinführung des neuen Präsidenten und wurde damit zum Helden vieler Republikaner. Der extreme Obama-Gegner Glenn Beck bekam nach der Wahl vom Fernsehsender Fox einen Sendeplatz zur besten Zeit um 17 Uhr. An jedem Werktag erklärt Beck den Amerikanern jetzt, dass sie sich dank Obama auf dem „Weg zum Sozialismus" befinden.

Währenddessen beginnen die Menschen erst allmählich zu erfassen, welche Dimension diese Krise hat. In den USA setzt sich dafür ein Begriff durch: die „Große Rezession". Das setzt die Ereignisse sprachlich in eine Reihe mit zwei anderen großen Einbrüchen der Vergangenheit: der „Langen Depression" der Jahre 1873 bis 1896 und der Weltwirtschaftskrise der 30er-Jahre des vorigen Jahrhunderts, die im englischen Sprachraum „Great Depression" heißt.

Die Große Rezession

In vielen Aspekten hat diese Krise kein Vorbild: Sie ist die erste Finanzkrise, die sich mithilfe moderner, strukturierter Finanzprodukte ausbreitete, sie ist auch die erste, die praktisch den ganzen Globus erfasst hat. Selbst in einem Land mit einem ausgesprochen soliden Bankensystem wie Kanada geht die Wirtschaftsleistung in diesem Jahr um 2,5 Prozent zurück. Zum ersten Mal seit dem Zweiten Weltkrieg befindet sich die ganze Welt im Abschwung, zum ersten Mal geht der Welthandel absolut zurück; das trifft besonders Exportnationen wie Deutschland und Japan, wo das Bruttoinlandsprodukt um sechs Prozent sinken wird. Mexiko, dessen Außenhandel ganz auf den nördlichen Nachbarn ausgerichtet ist, dürfte um acht Prozent schrumpfen. In den USA ist die Rezession die bei Weitem längste seit dem Krieg.

Wenn die jüngsten Prognosen zutreffen und die Konjunk-
turwende im dritten oder vierten Quartal kommt, wird die
Rezession mindestens 20 Monate gedauert haben.[8] Länger
waren nur die Weltwirtschaftskrise (46 Monate) und die
Lange Depression des 19. Jahrhunderts, in der eine 65-mo-
natige Rezession unmittelbar gefolgt wurde von einer 38-mo-
natigen und einer langen Reihe kürzerer Rezessionen. Der
Schock der Großen Rezession ist auch deshalb so groß, weil
ihr eine Phase ungewöhnlich langen kräftigen Wachstums
vorausgegangen war. Der Aufschwung der Jahre 1991 bis
2001 war der längste in der amerikanischen Geschichte, die
darauffolgende Rezession blieb kurz und mild. Danach
folgten weitere 73 Monate Aufschwung. Kein Wunder, dass
viele Ökonomen dachten, die Zeit heftiger Krisen sei nun
endgültig vorbei; sie sprachen von der „Großen Moderation"
der Wirtschaftszyklen.[9] Für die Weltwirtschaft insgesamt
waren die Jahre 2006 und 2007 die besten in der Geschichte.
Heute weiß man, dass das Wachstum damals schon durch
die Kreditexzesse gefördert wurde, die dann in die Krise
führten. Die heutige Krise ist also ein Preis für das damalige
außerordentliche Wachstum.

Gleichzeitig ist die Rezession aber, so außerordentlich
ihre Dimension auch sein mag, von ihrer Struktur her alles
andere als außergewöhnlich. Es gibt sogar einige auffäl-
lige Parallelen zu früheren Einbrüchen im Wirtschaftszy-
klus:

– Der Rezession ging eine lange Phase des Wirtschaftswachstums voraus. Die Illusion konnte sich breitmachen,
  es werde gar keine schweren Krisen mehr geben. So war
  es auch im 19. Jahrhundert: Auf die Jahre ungebremsten
  Wachstums im Zeitalter der Räuberbarone folgte 1873
  die Lange Depression; nach den Goldenen 20er-Jahren
  kam die Weltwirtschaftskrise, und die lange Prosperität
  nach dem Zweiten Weltkrieg wurde durch die Ölpreiskrise
  der Jahre 1973/74 beendet.

– Die Rezession ist verbunden mit politischen und geopolitischen Umbrüchen, sie folgte dem Aufstieg Chinas, Indiens und anderer Schwellenländer. 1973/74 war es das Kartell der Ölförderstaaten OPEC, das plötzlich die Macht von den Rohstoffverbrauchern zu den Produzenten verschob und so die Krise auslöste. Zur Langen Depression nach 1873 trug der Übergang der USA zum Goldstandard bei. In Europa waren es die Gründung des Deutschen Reiches und die Reparationen, die Frankreich an Deutschland nach dem Krieg von 1870/71 zu zahlen hatte.

– Banken und Privathaushalte waren in den USA vor Ausbruch der Krise extrem hoch verschuldet. Das ist eine auffallende Parallele zu den 20er-Jahren, als ein schuldenfinanzierter Immobilienboom der Weltwirtschaftskrise voranging.

– Die meisten großen Wirtschaftskrisen folgten auf große Innovationsschübe. Im 19. Jahrhundert waren es die Eisenbahnen, in der Weltwirtschaftskrise neue Konsumgüter wie Autos, Radio und chemische Produkte. Diesmal sind es die Erfindungen der Finanzmathematik, das Internet und leistungsfähige Computer, die Finanzinformationen zu jeder Zeit und an jedem Ort auf der Erde verfügbar machen. Früher vergaßen die Spekulanten die simple Tatsache, dass nicht jede Eisenbahnlinie in jedes Kaff im Mittleren Westen profitabel sein kann; in den vergangenen Jahren übersahen sie, dass es nicht nur auf die Menge an Informationen ankommt, die verarbeitet werden, sondern auch auf deren Qualität.

– Wie bei früheren Krisen ging der Großen Rezession eine große Geldschwemme voraus. Dem billigen Kredit der Jahre 2001 bis 2005 entsprach in der Weltwirtschaftskrise von 1857 das Gold, das neun Jahre zuvor in Kalifornien gefunden worden war.

Schließlich offenbarte die Große Rezession, nicht weniger als die Krisen des 19. und 20. Jahrhunderts, ein Panoptikum menschlicher Laster und Verbrechen: Eitelkeit, Arroganz, Ignoranz, Gier, Betrug. Zeiten der Euphorie sind gute Zeiten für jeden, der sich bereichern möchte, notfalls auch auf Kosten anderer. Legendär wurden die vielen räuberischen Eisenbahnbarone im Wilden Westen, denen Sergio Leone mit der Figur des „Mister Morton" in dem Film *Spiel mir das Lied vom Tod* ein Denkmal errichtet hat. In einer allgemeinen Geldschwemme haben Betrüger leichtes Spiel; wenn Kredite dann aber wieder knapp werden, wenn Anleger Risiken meiden, brechen Finanzgebäude und manipulierte Eisenbahnaktien zusammen. „Wenn die Ebbe kommt, sieht man, wer ohne Badehose geschwommen ist", sagte der Investor Warren Buffett. Der Absturz der Kapitalmärkte führte jedenfalls am 11. Dezember 2008 dazu, dass der mit Abstand größte Betrug in der Geschichte der Wall Street aufgedeckt wurde.

Deshalb ist es angemessen, die Analyse der Großen Rezession mit Bernard Madoff zu beginnen.

KAPITEL 2

Der Minsky-Moment

„Wir haben uns auf vielerlei Weise selbst gedemütigt
als Nation mit den Dingen, die hier passiert sind."
Henry Paulson, US-Finanzminister, 14. November 2008

Es ist ein Tag, auf den Tausende Menschen in Amerika
sehnsüchtig gewartet haben. An diesem Donnerstag, den
12. März 2009 steht der größte Finanzbetrüger in der amerikanischen Geschichte, wenn nicht gar der Weltgeschichte,
vor Gericht. Bernard Madoff, 70 Jahre alt und bis zu seiner
Verhaftung am 11. Dezember 2008 ein hoch angesehener
Mann, hat mit einem gigantischen Schwindel kleine und
große Leute, Unternehmer und Hausfrauen, Hedgefonds und
gemeinnützige Stiftungen um ihr Vermögen gebracht. Zu
seinen Opfern gehören der Fernsehmoderator Larry King
von CNN, der Regisseur Steven Spielberg, die Stiftung des
Auschwitz-Überlebenden Elie Wiesel und einfache Leute wie
die Rentnerin Judith Welling aus Manhattan. Bei ihr hat
Madoff das Geld auf dem Gewissen, das die Familie einst
für die Ausbildung der Enkel zurückgelegt hatte. Unklar ist
bis heute, wie groß der Gesamtschaden wirklich ist, den
Madoff verursacht hat. Er selbst nannte bei seiner Verhaftung eine Summe von 50 Milliarden Dollar, in den Büchern
seiner Frau standen zuletzt 65 Milliarden Dollar, die Staatsanwälte fordern von ihm 170 Milliarden Dollar zurück.

Schon im Morgengrauen, noch ehe die Sicherheitskräfte
die Türen öffnen, warten einige Madoff-Opfer vor dem
Gerichtsgebäude an der Pearl Street im Süden Manhattans.
Einige sehen, wie der Betrüger lange vor Prozessbeginn vor-
gefahren wird und mit steinernem Gesicht ins Gerichtsgebäude geht. Die meisten warten in einer langen Schlange,
um einen der 100 Plätze im Gerichtssaal im 24. Stock zu
bekommen; viele müssen mit einem Ausweichraum vorlieb-

nehmen, in den das Geschehen auf großen Bildschirmen übertragen wird. Die Gerichtsverhandlung selbst ist schnell vorüber. Bernard Madoff hatte schon vorher angekündigt, dass er sich in allen Punkten schuldig bekennen würde. Mit seinem Schuldbekenntnis erspart er dem Gericht und den amerikanischen Steuerzahlern einen langen und teuren Prozess. Er wird vermutlich den Rest seines Lebens hinter Gittern verbringen müssen. Am 29. Juni wird er zu 150 Jahren Haft verurteilt. Für etliche Opfer ist der Tag enttäuschend, trotz aller Genugtuung darüber, dass der Betrüger aus dem Gerichtssaal direkt ins Gefängnis wanderte. Viele haben sich darauf vorbereitet, im Zeugenstand ihren Zorn loszuwerden. Jetzt fragt Richter Denny Chin die Opfer aber nur, ob sie Einwände gegen Madoffs Schuldspruch und den Verzicht auf einen regelrechten Prozess haben. Die meisten ziehen es vor, zu schweigen, aber eine Frau immerhin hat Einwände. „Wenn es zu einem Prozess käme, könnten wir hören und wir könnten Zeugnis ablegen von dem Schmerz, den er den Jungen, den Alten und den Kranken zugefügt hat", sagt Maureen Ebel. Die 60-jährige Witwe aus West Goshen in Pennsylvania hatte bis zur Verhaftung Madoffs geglaubt, sie verfüge über ein Erbe von 7,5 Millionen Dollar. Übriggeblieben sind davon ganze 50 000 Dollar, die sie zufällig Anfang Dezember abgehoben hatte. Um ihren Lebensunterhalt zu verdienen, übernahm sie im Januar einen Job als Haushaltshilfe. Maureen Ebel fügt ihrer kurzen Aussage noch einen überaus wichtigen Satz hinzu: „Nur in einem Prozess kann Amerika der Welt zeigen, dass wir aus unseren Fehlern lernen." Amerika müsse wieder „moralische Führung" übernehmen können.

„Der Welt zeigen, dass wir gelernt haben" und „moralische Führung" – das waren ungewohnte Worte in einem Prozess, in dem eigentlich nur die Schuld eines Einzelnen verhandelt wurde. Es ging am 12. März im US-Bezirksgericht von Manhattan aber eben nicht nur um Madoff, es ging um die ganze Nation. Der Betrüger – bis Dezember noch hoch angesehener Eigentümer einer einflussreichen Finanzfirma –

war zum Symbol für all die Dinge geworden, die Amerika in die Wirtschaftskatastrophe führten: Gier, Unverfrorenheit, Unwissen, professionelle Blindheit. Das uramerikanische Ideal, dass harte Arbeit irgendwann zu materiellem Erfolg führt, wurde zutiefst verletzt. Und dazu kam das Gefühl so vieler Menschen, hintergangen worden zu sein. Warum zum Beispiel konnte Bernard Madoff jahrzehntelang unbehelligt in gigantischem Maßstab das simpelste aller Betrugsmuster betreiben, ein Schneeballsystem? So ein Schema funktioniert wie ein einfacher Kettenbrief: Die neuen Anleger zahlen die Erträge der alten. Es geht so lange gut, solange genügend frisches Kapital hereinströmt; das System bricht zusammen, sobald mehr Anleger ihr Geld zurückhaben wollen, als neue bereit sind, zu investieren. Madoff betrieb sein System, wie er vor Gericht aussagte, seit Anfang der 90er-Jahre. Die Staatsanwälte glauben sogar, dass der Betrug schon in den frühen 80er-Jahren begann. Spätestens im Jahr 2000 hatte die Börsenaufsicht Securities and Exchange Commission (SEC) klare Hinweise auf den Betrug, aber niemand ging ihnen auf den Grund. Die Fachleute in der Behörde, die eigentlich für den Schutz der Anleger da ist, wollten nicht hinsehen.

Viele Amerikaner stellen Bernard Madoff mittlerweile in eine Reihe mit all den Managern, die das Weltfinanzsystem ruiniert haben: Stan O'Neill zum Beispiel, der bei der Investmentbank Merrill Lynch völlig unkontrollierbare Risiken anhäufte und dafür bei seinem Ausscheiden mit 161,5 Millionen Dollar belohnt wurde. Oder dessen Nachfolger John Thain, der die Probleme bei Merrill nicht in den Griff bekam, zu seinem Amtsantritt aber erst einmal Büros und Konferenzräume für 1,22 Millionen Dollar renovieren und einen Teppich für 87 000 Dollar legen ließ. Oder die Manager in der Abteilung für Finanzprodukte bei der Versicherung American International Group (AIG). Sie haben den größten Quartalsverlust in der Geschichte der Vereinigten Staaten verursacht: 61,5 Milliarden Dollar. Die einst größte Versicherung der Welt musste von den amerikanischen

Steuerzahlern mit – bis Frühjahr 2009 – 150 Milliarden Dollar gerettet werden, aber die verantwortlichen Manager bekamen Boni von zusammen 165 Millionen Dollar, für die, natürlich, die Steuerzahler aufkamen. Viele Normalbürger hatten vermutlich Sympathien mit dem republikanischen Senator Chuck Grassley aus Iowa, der nach den Berichten über die AIG-Boni anmerkte, in Japan würden sich Manager nach so einem Versagen entweder tief vor der Öffentlichkeit verbeugen – oder Selbstmord begehen.

Nun sind die fraglichen Manager vielleicht Versager und Gierhälse, anders als Bernard Madoff aber keine Betrüger. Trotzdem gibt es eine gemeinsame ökonomische Logik hinter deren Verhalten einerseits und dem Modell Madoffs andererseits. Und es ist diese ökonomische Logik, die hinter der Katastrophe stand. Banken, Finanzinvestoren und Hedgefonds betrieben ein System, das aus der Sicht jeder einzelnen Firma profitabel aussah, das aber kollektiv immer mehr Züge eines Schneeballsystems annahm. Es musste zusammenbrechen, sobald die Preise nicht mehr stiegen und kein neues Geschäft mehr generiert wurde. Zuerst kollabierte das legale Schneeballsystem, danach das illegale.

In diesem Zusammenhang sind zwei Namen wichtig: Charles Ponzi und Hyman Minsky. Charles Ponzi war ein Ganove, der in den 20er-Jahren des vorigen Jahrhunderts in Boston Schlagzeilen machte. Sein Geschäftsmodell beruhte auf Post-Antwortscheinen, das waren Bescheinigungen, mittels derer der Absender eines Briefes dem Empfänger das Rückporto im Voraus erstatten konnte. Ponzi hatte irgendwann einmal festgestellt, dass die Preise amerikanischer Antwortscheine in verschiedenen Ländern Europas differierten, und behauptete, diese Preisunterschiede für ein äußerst gewinnträchtiges Spekulationsmodell nutzen zu können. Er legte eine Art Fonds auf und lockte Anleger mit Renditen von bis zu 50 Prozent. Das alles war ein großer Schwindel. In Wirklichkeit waren die Preisunterschiede zwischen den einzelnen Ländern viel zu klein, um damit Geld zu verdienen; Ponzi investierte daher auch keinen einzigen Dollar der

Anleger, sondern bereicherte sich einfach mittels eines
großen Schneeballsystems. Als es schließlich aufflog, hatten
40 000 Anleger zusammen 15 Millionen Dollar verloren,
was damals sehr viel Geld war. Ponzi saß sieben Jahre im
Gefängnis, leitete während der 40er-Jahre in Brasilien im
Auftrag des Diktators Benito Mussolini die Niederlassung
einer italienischen Fluggesellschaft und starb 1949 völlig
verarmt in Rio de Janeiro. Schneeballsysteme heißen seither
in Amerika „Ponzi-Systeme".

Und dann Hyman Minsky. Minsky war ein amerikanischer Wirtschaftsprofessor, der an der Universität von Washington in St. Louis lehrte. Als Minsky 1996 im Alter von
77 Jahren starb, galt er als krasser Außenseiter. In einer
Zeit, in der die Euphorie an der Wall Street ungebrochen
war und in der sich die Lehre von „effizienten" Kapitalmärkten verbreitete, trat er als der große Pessimist auf: Kapitalmärkte seien nicht effizient, sondern inhärent instabil;
der Zyklus von Euphorie, Panik und Krise liege in der Natur
der Finanzspekulation selbst begründet. Minsky illustrierte
diesen Zyklus anhand von drei Typen der Finanzierung von
Investitionen: ordentliche („Hedge") Finanzierungen, spekulative und schließlich Ponzi-Finanzierungen.[10] Hedge-
Finanzierungen sollten der Normalfall im Bankgewerbe sein:
Jemand nimmt einen Kredit auf, investiert das Geld und
bezahlt aus den erwarteten Erträgen sowohl Zins als auch
Tilgung. Bei einer spekulativen Finanzierung reichen die
Erträge für die Zinsen, aber nicht mehr für die Tilgung. So
etwas kann sinnvoll sein, wenn man für die Zukunft
steigende Erträge erwartet. Bei einer Ponzi-Finanzierung
schließlich braucht der Investor laufend neue Kredite, um
Zins und Tilgung bezahlen zu können, wie in einem Schneeballsystem eben. So ein Finanzierungsmodell ist nie sinnvoll, es tritt fast immer unfreiwillig ein, dann nämlich, wenn
das Geschäft eines Investors schlechter läuft, als er erwartet
hat. Das Problem dabei ist, dass niemand mit Sicherheit voraussagen kann, zu welchem Typ seine Finanzierung in
Wirklichkeit gehören wird. Mehr noch: Investoren neigen

dazu, ihre Lage in regelmäßigen Abständen positiver zu sehen, als sie ist. Immer wieder erfassen daher Wellen der Euphorie die Kapitalmärkte. Die Anleger glauben, sie seien im Hedge-Bereich, während ihre Investitionen in Wirklichkeit längst spekulativ oder im Ponzi-Bereich sind. In einer schweren Krise stürzen die Ertragserwartungen dann ab, sodass plötzlich die meisten Anlagen Ponzi-Finanzierungen werden.

Genau dies ist in der Krise passiert. Jahrelang hatten Banken, Hedgefonds, Private-Equity-Gesellschaften, Hausfinanzierer und Millionen von Hausbesitzern immer mehr Kredite aufgehäuft im Glauben, ihre Investitionen seien ordentlich finanziert und befänden sich im Hedge- oder wenigstens noch im spekulativen Bereich. Dann kam der „Minsky-Moment", jener Punkt im Spekulationszyklus, an dem immer mehr Kreditnehmer Schwierigkeiten hatten, das Geld für ihren Schuldendienst zu erwirtschaften, und feststellten, dass sie sich längst im Ponzi-Bereich befanden.[11] Der Minsky-Moment dieser Krise kam im August 2007, als bei Bear Stearns, der kleinsten der großen amerikanischen Investmentbanken, zwei Hedgefonds in Schwierigkeiten gerieten, weil sie sich mit Hypotheken für US-Eigenheime verspekuliert hatten. Ein halbes Jahr später, am 16. März 2008, war Bear Stearns de facto pleite und musste von der Notenbank Federal Reserve gerettet werden.

Der eigentliche Einschnitt aber war der 14. September 2008. Lehman Brothers war zu der Zeit eine wichtige Investmentbank, aber bei Weitem nicht die wichtigste an der Wall Street. Hinter ihren mächtigeren und bekannteren Konkurrenten Goldman Sachs, Morgan Stanley und Merrill Lynch stand Lehman mit einem Umsatz von 59 Milliarden Dollar und einer Bilanzsumme von 691 Milliarden Dollar an vierter Stelle. Gegründet 1850 in Montgomery (Alabama) von Henry, Emanuel und Mayer Lehman, drei Brüdern aus Franken, hatte die Bank Höhen und Tiefen erlebt. 1969 hatten die Nachfahren der Lehman-Brüder nach einer Krise die Bank an American Express verkauft, 1994 wurde Lehman

wieder ausgegliedert und an die Börse gebracht. Seither hatte die Investmentbank nur einen einzigen Chef, Richard
Fuld, ein eigenwilliger, sturer und nicht unbedingt sympathischer Bankmanager.

Fuld hatte anfangs großen Erfolg. Lehmans traditio-
nelles Geschäft ist der Handel mit Anleihen. Das ist konservativ und erprobt und erzeugt gute, aber nicht unbedingt
spektakuläre Gewinne. Aber Fuld wollte mehr. Wie andere
Banker an der Wall Street versuchte er die Gewinne dadurch
zu erhöhen, dass er höhere Risiken einging. Er machte
zunehmend Geschäfte nicht nur im Namen von Kunden,
wie das bei Investmentbanken früher üblich war, sondern
auch auf Rechnung der Bank. Das Ergebnis war, dass sich
Lehman immer mehr verschuldete. Schließlich kamen bei
der Investmentbank auf jeden Dollar Eigenkapital 35 Dollar
Schulden. Zunehmend investierte die Bank in Immobilien,
deren Preise in diesen Jahren scheinbar unaufhaltsam stiegen. Genauer: Das Geld floss in Anleihen, die durch Hypotheken gedeckt waren. Das alles war von Anfang an hoch-
gefährlich, aber deshalb konnten damit ja ungewöhnlich
hohe Renditen erwirtschaftet werden. Um die Spekulationen
zu finanzieren, emittierte Lehman gewagte Wertpapiere,
zum Beispiel Zertifikate, die besonders in Deutschland ver-
trieben wurden: Sie schienen eine hohe Rendite zu garantieren, waren aber in Wirklichkeit nichts anderes als höchst
riskante Wetten auf den Aktienmarkt, bei denen Anleger viel
gewinnen, aber auch ihr ganzes Vermögen verlieren konnten.

Zunächst jedoch schien alles gut zu gehen, der Aktienkurs
stieg und Lehman machte positive Schlagzeilen. Vermutlich
deshalb erkannte Richard Fuld die Zeichen der Zeit nicht.
Im Herbst 2007, als die Finanzkrise bereits begonnen hatte,
erwarb er jedenfalls für 22 Milliarden Dollar eine Beteiligung
ausgerechnet am Immobilienunternehmen Archstone-Smith.
Seit dieser Entscheidung kam die Bank nicht mehr zur Ru-
he. Im zweiten Quartal 2008 meldete Lehman einen Verlust
von 2,8 Milliarden Dollar, den ersten seit 15 Jahren. Der

Aktienkurs, im Sommer 2007 noch bei 84 Dollar, war mittlerweile auf unter 20 Dollar gesunken. Mehr und mehr Anleger und Finanzjournalisten zweifelten an der Überlebensfähigkeit der Investmentbank. Der Hedgefonds-Manager David Einhorn griff Richard Fuld scharf an und unterstellte ihm, die Bücher nicht ordentlich zu führen. „Lehman ist ein Übernahmekandidat", schrieben die Zeitungen, aber jedes Mal, wenn dies geschah, rief die Pressestelle der Bank bei dem betreffenden Journalisten an und dementierte heftig. Das Geschäftsmodell sei in Ordnung, hieß es mit großer Regelmäßigkeit. Nur glaubten diese Beteuerung immer weniger Journalisten und Aktionäre.

Als die Wall-Street-Manager Anfang September 2008 aus den Sommerferien zurückkamen, war Lehman nicht mehr nur Übernahmekandidat, die Bank *musste* übernommen werden. Richard Fuld reiste nach Seoul, um die Koreanische Entwicklungsbank (KDB) zum Einstieg zu bewegen. Aber die Bedingungen stimmten nicht, die Koreaner sprangen ab. Die britische Barclays Bank zeigte Interesse, auch die Bank of America war im Gespräch, doch harte Nachrichten gab es nicht. Am 9. September, einem Dienstag, stürzte der Aktienkurs um nicht weniger als 45 Prozent ab. Am Tag darauf entschloss sich Fuld zu einem letzten Verzweiflungsschritt: Er kündigte an, die Quartalszahlen der Bank am anderen Morgen zu veröffentlichen, eine Woche früher als geplant. Er hoffte, dass, so schlimm das Ergebnis auch war, allein die Tatsache seiner Veröffentlichung die Finanzmärkte beruhigen würde. Doch als der Verlust von 3,9 Milliarden Dollar bekannt wurde, verlor die Aktie nochmals 42 Prozent. Es war klar, dass Lehman Brothers am Ende war.

Dann kam jenes gespenstische Wochenende, an dem die Bank unterging. Niemand, der auch nur entfernt mit der Wall Street zu tun hatte, wird jene 40 Stunden vergessen, in denen sich die Weltwirtschaft von Grund auf veränderte. Normalerweise ist der September in New York der schönste Monat des Jahres; die Sommerschwüle ist verschwunden, die Luft ist klar und mild. An diesem Freitag jedoch hatten sich die Ausläufer eines Tropensturms nach Norden verirrt, die Luft war ungewöhnlich feucht und die Klimaanlagen dröhnten im Finanzdistrikt von Manhattan, als am Freitag gegen 18 Uhr eine Karawane schwarzer Lincolns zum Sitz der Federal Reserve Bank of New York in der Liberty Street rollte. Finanzminister Henry Paulson und der Chef der Federal Reserve Bank of New York, Timothy Geithner, hatten 30 prominente Bankchefs eingeladen, um über die Zukunft von Lehman zu beraten. Die Öffentlichkeit und vermutlich auch die meisten Teilnehmer der Sitzung glaubten damals noch, es gehe um eine Rettung des Instituts. Allerdings erklärten Paulson und Geithner den Bankern von vornherein mit großer Entschiedenheit, dass es diesmal, anders als bei Bear Stearns im März, kein Geld vom Staat geben werde. Die Banken müssten das Problem selber lösen. Die Teilnehmer vertagten sich und kamen am Samstag wieder zusammen; sie mussten unbedingt eine Lösung noch während des Wochenendes finden. Aber auch der Samstag brachte kein Ergebnis, außer dass jetzt feststand, dass die Bank of America kein Interesse mehr an Lehman hatte. Am Sonntagmorgen war die Lage schon fast hoffnungslos geworden. Trotzdem waren Paulson und Geithner nicht bereit, Lehman mit den Mitteln des Staates zu stützen. Gegen 14 Uhr verließen schließlich auch die letzten Interessenten, die Leute der Barclays Bank, die Verhandlungen in der Liberty Street. Es war klar, dass Lehman Brothers am anderen Tag Gläubigerschutz nach Kapitel 11 des amerikanischen Konkursrechts beantragen würde.

Alle Beteiligten brauchten ein paar Minuten, um zu realisieren, was das bedeutete. Dann ging alles Schlag auf Schlag. Als es dunkel wurde, begannen in der Zentrale von Lehman in der Nähe des Times Square die Mitarbeiter damit, ihre persönlichen Dinge abzuholen und in Kartons aus dem Haus zu tragen. Fernsehkameras aus der ganzen Welt hielten die Szenen fest. Finanzmanager und Wirtschaftsanwälte eilten in ihre Büros, um sich auf den Tag nach Lehman vorzubereiten. Und am anderen Morgen war die Welt tatsächlich eine andere.

Der Beschluss, Lehman Brothers untergehen zu lassen, wird als Jahrhundertfehler in die amerikanische Geschichte eingehen, vergleichbar mit George W. Bushs Invasion in den Irak oder John F. Kennedys Entscheidung von 1961, ein Kommando von Exilkubanern in der Schweinebucht landen zu lassen, um den Diktator Fidel Castro zu stürzen. Alles, was danach kam, überstieg die Kosten einer möglichen Lehman-Rettung um ein Vielfaches. Am Tag nach der Lehman-Pleite musste die Notenbank Federal Reserve den Versicherungskonzern American International Group (AIG) mit einem 85-Milliarden-Dollar-Kredit stützen, es folgte ein Rettungsprogramm für die amerikanischen Banken, das 700 Milliarden Dollar verschlingen sollte. Einen Monat danach verabredeten die Finanzminister und Notenbankchefs der sieben großen Industriestaaten in Washington, künftig kein „systemrelevantes" Finanzinstitut mehr untergehen zu lassen. Ausgerechnet die neokonservativ geleitete Regierung von Präsident George W. Bush musste das gesamte Finanzsystem des Landes unter ihre Obhut nehmen. Es war ein Vorgang, der vor wenigen Tagen noch unvorstellbar war, der Übergang zu den „Vereinigten Sozialistischen Staaten von Amerika", wie der Ökonom Nouriel Roubini von der New York University spottete.

Warum Paulson und Geithner im März Bear Stearns retteten, nicht aber im September den wesentlich größeren Konkurrenten Lehman, wird vermutlich erst in vielen Jahren endgültig geklärt werden, wenn keiner der Handelnden mehr im Amt ist. Notenbankpräsident Ben Bernanke sagte während einer Befragung vor dem Kongress, man habe keine rechtlichen Grundlagen für eine Rettung gesehen. Aber das klingt sehr nach einer nachgeschobenen Begründung, denn seither hat die Regierung ja den gesamten Finanzsektor gerettet, ohne dass dies rechtliche Probleme aufgeworfen hätte. Sehr plausibel ist die Vermutung, dass Paulson und Geithner ein Exempel statuieren wollten, um nicht wie

Getriebene der Wall Street auszusehen und ihre Glaubwürdigkeit und Handlungsfähigkeit zu wahren. Gut möglich sogar, dass die Tatsache eine Rolle spielte, dass Lehman-Chef Fuld im Verwaltungsrat der Federal Reserve Bank of New York saß und damit formal Aufseher von Timothy Geithner war. Vielleicht fürchtete dieser, eine Rettung hätte unter diesen Umständen wie Vetternwirtschaft ausgesehen.

Der Untergang von Lehman war eine Katastrophe, der Auslöser der Großen Rezession, aber er war nicht die Ursache. Der Zusammenhang ist viel größer. Um die ungeheure Wucht des wirtschaftlichen Niedergangs nach dem 14. September 2008 zu verstehen, muss man die Uhr um ein Jahrzehnt zurückdrehen.

Vorspiel in Bangkok

Am 2. Juli 1997 gab die Regierung des Königreichs Thailand den Kurs der eigenen Währung, des Baht, frei. Es war das Ende eines langen und zunehmend verzweifelten Bemühens, den Kurs gegen immer aggressivere Attacken von Devisenspekulanten zu verteidigen. Die Regierung gab auf, und die Währung stürzte in den Keller. Der Tag markiert den offiziellen Beginn dessen, was man kurz darauf die „Asienkrise" nennen sollte. Es war ein tiefer, für viele Länder katastrophaler Wirtschaftseinbruch. Für viele Experten kam die Krise völlig unerwartet. Thailand hatte eigentlich eine Erfolgsgeschichte hinter sich; das Land war einer der „asiatischen Tiger", wie man damals sagte. Es gehörte also zu jener Gruppe von Ländern, die im Zuge der Globalisierung schon sehr früh den Status von Entwicklungsländern verließen und einen dauerhaften Wachstumskurs erreichten. Der Aufschwung des Königreichs seit den 90er-Jahren war beeindruckend. Die Wirtschaft wuchs mit einer Jahresrate von durchschnittlich acht Prozent, eine starke Exportwirtschaft entstand und Millionen Touristen konnten beobachten, wie in Bangkok und anderswo Bürohäuser, Fabriken und Wohnblocks aus dem Boden schossen – nicht sehr schön vielleicht, aber Zeichen wachsenden Wohlstands. Das Wachstum hatte zunächst solide Grundlagen, es wurde überwiegend aus den Ersparnissen der Thais finanziert. Die Auslandsschuld des Landes war 1991 nicht größer als sein Bruttoinlandsprodukt (BIP); Lateinamerika hatte zur gleichen Zeit eine Außenschuld in Höhe des 2,7-Fachen des BIP.

Dann jedoch änderte sich etwas Fundamentales: Ausländische Investoren entdeckten die ehemaligen Entwicklungsländer. Mit Anlagen dort konnte man höhere Renditen als in den klassischen Industrieländern erzielen, und das Risiko schien kalkulierbar: Die politischen Verhältnisse waren viel stabiler als in früheren Zeiten. Niemand musste noch damit rechnen, dass Regierungen ausländische Fabriken oder Banken einfach verstaatlichen würden, jedenfalls nicht in den erfolgreichsten der Länder. Politische Stabilität ist gut für Investitionen und Wachstum. Im Jahr 1990 waren es ganze 42 Milliarden Dollar an privatem Geld, die in die Entwicklungsländer flossen, 1997 hatte die Summe bereits 256 Milliarden Dollar erreicht. Thailand gehörte zu den ersten Profiteuren dieser Entwicklung. Das Kapital floss in Fabriken, Wohnungen und Büros. Reale Werte entstanden, es stiegen aber auch die Preise für Verbrauchsgüter, Immobilien und Aktien. Das Ergebnis war schließlich eine klassische Spekulationsblase. Weil die Renditen hoch waren, lohnte es sich für Banken, Investoren, aber auch für unzählige thailändische Geschäftsleute, Geld in Japan oder in Europa zu leihen und im Inland auszugeben. Auf diese Weise explodierte die thailändische Auslandsschuld, das Defizit in der Leistungsbilanz wurde immer größer. Ein großer Nachbar machte dabei alles noch schlimmer: Die Volksrepublik China hatte im Jahr 1994 die eigene Währung abgewertet, wodurch die Textilexporte Thailands im Vergleich zu den chinesischen an Wettbewerbsfähigkeit verloren. 1996 verbrauchte Thailand 7,9 Prozent mehr, als es produzierte, ein bedrohliches Defizit für eine Volkswirtschaft, die gerade erst den Status eines Entwicklungslandes verlassen hatte. Im Inland mehrten sich die Alarmzeichen. Wie bei jedem Boom hatten viele Unternehmer ihre Gewinnchancen weit überschätzt und sich zu hoch verschuldet. Bankfinanzierungen verschoben sich daher aus dem ordentlichen in den spekulativen und den Ponzi-Bereich. Die Zahlungsausfälle nahmen zu.

Im Sommer 1997 schließlich begann eine massive Spekulation gegen den Baht. Die Regierung in Bangkok stand vor einem unauflösbaren Dilemma: Sie konnte die Zinsen erhöhen und die Währung um jeden Preis verteidigen. Das hätte eine schwere Rezession ausgelöst mit massenhaften Firmenzusammenbrüchen und steigender Arbeitslosigkeit. Oder sie konnte den Wechselkurs freigeben. Das würde zwar den thailändischen Textilexporteuren zugutekommen, die dadurch billiger ins Ausland liefern konnten. Aber alle Firmen, die Kredite in Dollar oder einer anderen ausländischen Währung hatten, wären sofort überschuldet, weil ja der Nominalwert der Kredite in heimischer Währung steigen würde, die Erlöse der Firmen jedoch nicht. Die dritte Alternative bestand darin, dass die Notenbank in Bangkok ihre Reserven an Dollar, Yen, D-Mark oder Pfund dafür einsetzte, den Baht zu stützen. Diese Strategie hatte allerdings eine klare Grenze: die Höhe der thailändischen Währungsreserven.

Thailand versuchte es zunächst mit Strategie Nummer drei. Die Notenbank verkaufte Dollar und kaufte Baht, um den Kurs zu stabilisieren. Aber die Spekulanten wussten, dass die Notenbank nicht lange durchhalten würde. Am 2. Juli 1997 war es so weit: Die Regierung kapitulierte und gab den Wechselkurs frei. Der Baht verlor binnen Kurzem 50 Prozent seines Wertes. Thailand wurde wegen der hohen Auslandsschulden seiner Unternehmen zahlungsunfähig. Keine Firma hält es aus, wenn sich über Nacht seine Schuldenlast verdoppelt. Der stolze Tigerstaat musste unter demütigenden Bedingungen beim Internationalen Währungsfonds (IWF) um Hilfe nachsuchen.

Die Krise breitete sich in atemberaubendem Tempo von

Thailand auf ganz Südostasien aus und traf selbst Länder, die kaum etwas mit Thailand selbst zu tun haben. Die Wirtschaftsbeziehungen zwischen Südkorea und Thailand beispielsweise sind vernachlässigbar gering, trotzdem stürzte auch die dortige Währung, der Won, ab, gefolgt von einer schweren Wirtschaftskrise in dem jungen Industriestaat. Auch in Indonesien und Malaysia waren die wirtschaftlichen und politischen Verhältnisse völlig anders als in Thailand, trotzdem breitete sich die Krise auch dort aus. Schon bald kamen viele wirre und widersprüchliche Erklärungen für diese Krise auf. Der malaysische Ministerpräsident Mahathir bin Mohammed etwa behauptete, der Investor George Soros habe sich mit der amerikanischen Regierung verschworen, um den Aufstieg der jungen Nationen Asiens zu stoppen, was ziemlicher Unsinn war angesichts des Engagements von Soros für aufstrebende Volkswirtschaften überall auf der Welt. Viele konservative Kommentatoren machten Korruption, Vetternwirtschaft und Bürokratie für die Krise verantwortlich. Einige glaubten, der Kapitalismus selbst sei schuld.

Tatsächlich haben Spekulanten die Krise ausgelöst, aber Spekulanten können nur spekulieren, wenn es etwas zu spekulieren gibt. Spekulation hat es schon immer gegeben, warum hatte sie ausgerechnet jetzt so einen verheerenden Effekt? Korruption ist ein uraltes Phänomen in Südostasien, aber sie wurde jetzt, im Zuge der Globalisierung, langsam zurückgedrängt. Warum brach die Krise gerade in diesem Augenblick aus?

Die Erklärung liegt in dem, was Hyman Minsky als die inhärente Instabilität der Finanzmärkte beschrieb: Asien erlebte einen klassischen Spekulationszyklus von Innovation, Euphorie, Minsky-Moment und Crash. Am Anfang stand der Erfolg. Einige Volkswirtschaften Asiens – zunächst Südkorea, Taiwan, Singapur und Hongkong – befreiten sich aus ihrem Status als Entwicklungsländer und erreichten einen selbsttragenden Aufschwung. Diesen Tigerstaaten schlossen sich bald andere an: Malaysia, Thailand und, mit Einschränkungen, Indonesien. Dann entdeckten die internationalen Kapitalmärkte den Erfolg. Entwicklungsländer hießen plötzlich nicht mehr so, sondern wurden zu einer neuen, interessanten Kategorie für Anleger: „Emerging Markets" („aufstrebende Volkswirtschaften"). Wer dort investierte, riskierte zwar immer noch mehr als in den alten Industrieländern – das Terrain war unbekannt, die Manager waren noch unerfahren, die Behörden unzuverlässig. Aber dafür gab es ja auch deutlich höhere Renditen. Irgendwann wurde aus dem Erfolg Euphorie. Die Investoren schlossen aus der bisherigen Entwicklung auf die Zukunft und begannen, Risiken systematisch zu unterschätzen. Aus Sicht der Emerging Markets waren die globalen Kapitalmärkte plötzlich so ergiebig, dass es nicht mehr notwendig schien, Entwicklung aus der eigenen Ersparnis zu finanzieren. Man musste sich ja nur an Banken in Japan, Europa und den USA wenden und bekam schnell und einfach Kapital. Doch irgendwann war der Minsky-Moment erreicht, die Investoren nahmen die Risiken plötzlich wieder wahr und bauten diese in ihre Kalkulationen ein. Die Emerging Markets gerieten unter Druck. Vor allem ein Risiko spielte dabei eine Rolle, das Währungsrisiko.

Der massive Import von Kapital hat immer eine Kehrseite: Er ist mit Defiziten im Außenhandel verbunden. Eigentlich sind Leistungsbilanzdefizite in jungen Volkswirtschaften etwas sehr Normales. Wenn neue Industrien entstehen, sind Maschinen, Fabriken, Brücken und Straßen notwendig. Viele der dazu erforderlichen Güter kommen aus dem Ausland, und Ausländer liefern auch das nötige Kapital, entweder indem sie selber die Fabriken bauen oder indem sie Aktien der betreffenden Unternehmen kaufen. Das war schon im 19. Jahrhundert so: Britisches Kapital finanzierte amerikanische Eisenbahnen, französisches und deutsches die russischen. Der Fehler, den die asiatischen Staaten und ihre Geldgeber, vor allem europäische und japanische Investoren, begingen, lag in dem, was der Ökonom Barry Eichengreen die „Ursünde" nennt: Sie verschuldeten sich kurzfristig in ausländischer Währung und investierten das Geld langfristig in inländische Projekte.[12] Hätte Thailand Anleihen in eigener Währung emittiert und im Ausland verkauft, hätte es zwar auch einen Spekulationszyklus und möglicherweise einen Börsenkrach gegeben. Die Folgen wären aber begrenzt geblieben; Thailand hätte den Baht abgewertet und eine vermutlich milde Rezession erlebt. Weil die Ausländer das Kapital jedoch in Form von Dollar-, Yen- oder Euro-Krediten vergaben, potenzierten sich die Risiken. Das Defizit in der Leistungsbilanz wurde brandgefährlich, weil sich Thailand keine Abwertung mehr leisten konnte, denn die hätte eine Schuldenexplosion im Inland ausgelöst. Der Baht wurde zum logischen Objekt der Devisenspekulation – eine Falle, aus der es irgendwann kein Entrinnen mehr gab.

Dazu kommt ein weiterer Faktor: Anleger sind Herdentiere mit begrenzter Wahrnehmung. Deshalb ist die Ansteckungsgefahr bei Finanzkrisen so groß. Der Wirtschaftsnobelpreisträger Paul Krugman glaubt zum Beispiel, dass sich die Asienkrise deshalb so schnell ausbreitete, weil das Kapital für Thailand und andere aus sogenannten „Emerging-Markets-Fonds" kam.[13] Das sind Fonds, die das Geld ihrer Investoren gezielt in aufstrebende Volkswirtschaften investieren, Sie nehmen die Emerging Markets als eine Klasse von Investitionschancen wahr. Gibt es in einem Land Probleme, ziehen sie überall ihr Geld ab. Genau das ist in der Asienkrise passiert.

Weil Finanzmärkte ein so zerstörerisches Potenzial haben, brauchen sie eine Ordnung. Einer der großen Theoretiker der Globalisierung, der Ökonom Jagdish Bhagwati von der Columbia University, unterscheidet daher grundsätzlich zwischen dem Handel mit Gütern und Dienstleistungen und dem mit Kapital. Der erste solle möglichst frei sein, der letztere bedürfe strenger Regulierung: „Mit dem Güterhandel ist es wie mit Zahnpasta: Jeder weiß, dass man regelmäßig die Zähne putzen sollte, aber wenn man es einmal vergisst, fällt einem nicht gleich das Gebiss aus. Finanzprodukte dagegen sind wie Benzin. Wenn Sie einen Fehler machen, brennt Ihnen das Haus ab."[14]

Die Asienkrise war die erste große Krise der globalisierten Finanzmärkte. Sie richtete in den betroffenen Ländern immense Schäden an und lieferte den Gegnern der Globalisierung und des Kapitalismus viele Argumente. Aber sie wurde irgendwann doch eingedämmt und überwunden. Daher galt sie irgendwann als begrenztes Phänomen. Die internationale Staatengemeinschaft versuchte durchaus Lehren aus dem Einbruch zu ziehen: So verabredeten die Industrieländer eine schärfere Bankenregulierung. Banken müssen Kredite jetzt mit umso mehr Kapital unterlegen, je höher die Risiken des Kredits sind. Damit sollen sie für Zahlungsausfälle besser gewappnet sein. Die Regeln sind inzwischen unter dem Begriff „Basel II" bekannt, weil sie unter der Regie der Bank für Internationalen Zahlungsausgleich (BIZ) in Basel ausgehandelt wurden. Allerdings zog sich die Umsetzung der Regeln lange hin, besonders die Vereinigten Staaten traten dabei als Blockierer auf – der Schock der Asienkrise war irgendwann vergessen. Und der Nutzen der Regeln ist aus heutiger Sicht zweifelhaft. Basel II läuft darauf hinaus, dass die Banken in guten Zeiten, wenn die Risiken gering sind, weniger Kapital brauchen, in schlechten Zeiten dagegen mehr. Sie werden also genau dann gezwungen, frisches Kapital aufzunehmen, wenn dies am schwierigsten ist. Dies könnte dann, wenn der Minsky-Moment da ist, die Destabilisierung des Finanzsystems beschleunigen. Die Anreize müssten genau umgekehrt gesetzt werden, sodass die Institute in guten Zeiten Reserven für schlechte bilden.

Einige Länder haben erstaunlicherweise überhaupt nichts aus der Asienkrise gelernt: Das extremste Beispiel ist Island. Die Inselrepublik im Nordatlantik, in der weniger Menschen leben als im Großraum Bonn, hatte sich in knapp zehn Jahren zu einem kleinen, bizarren Finanzzentrum entwickelt. Die drei Banken des Landes häuften Schulden in ausländischer Währung an, die dem Neunfachen des isländischen BIP entsprachen; das Defizit in der Leistungsbilanz erreichte

34,7 Prozent des BIP. Die Entwicklung danach hatte fast gespenstische Parallelen zur Asienkrise. Der Kurs der isländischen Krone brach zusammen und am 16. Oktober 2008, einen Monat nach dem Ende von Lehman Brothers, erklärte die Regierung in Reykjavik, dass sie die Anleihe einer inzwischen verstaatlichten Bank nicht mehr zurückzahlen werde. Damit hatte Island, bis dahin eines der reichsten Länder der Erde, de facto den Bankrott erklärt. Auch die meisten Staaten Osteuropas ließen sich zur Ursünde der Globalisierung verführen: Sie importierten Kapital in ausländischer Währung und ließen zu, dass mit dem Geld Spekulationsblasen besonders auf den Immobilienmärkten produziert wurden: Estland erwirtschaftete auf diese Weise 2008 ein Defizit in der Leistungsbilanz von 13 Prozent des BIP, Rumänien 15 Prozent, Bulgarien sogar 25 Prozent. Sie alle müssen in der jetzigen Krise nicht nur selbst den Preis für den katastrophalen Fehler zahlen, sie gefährden die wirtschaftliche Stabilität in Europa insgesamt. Die Kredite an Osteuropa sind ein wichtiger Risikofaktor für Westeuropas Banken.

Einige Länder jedoch lernten ihre Lektion aus der Asienkrise: die Asiaten selber. Sie wollten nie wieder in so eine gefährliche Situation kommen und bauten daher vor: Die meisten von ihnen strebten ein extrem exportorientiertes Wachstum an und hielten ihre Währungen künstlich niedrig, um im Ausland Wettbewerbsvorteile zu haben, sie erwirtschafteten hohe Überschüsse in der Leistungsbilanz und sammelten gigantische Währungsreserven an – eine Art Versicherung gegen alle Unbilden der Finanzmärkte. Malaysia hatte 2007 einen Überschuss von 15,4 Prozent des BIP, in Hongkong waren es 12,3 Prozent, in Singapur 23,5 Prozent. Vor allem aber zog die Volksrepublik China ihre Konsequenzen. Die Politik der Führung in Peking schien nur noch von zwei Zielen geleitet zu sein: Wirtschaftswachstum um jeden Preis und nie in eine ähnliche Situation kommen wie Thailand und die anderen asiatischen Staaten im Sommer 1997. Im Jahr der Asienkrise war die Leistungsbilanz noch fast ausgeglichen, zehn Jahre später wirtschaftete sie einen Überschuss von elf Prozent.[15] Das ist zwar im Verhältnis zu anderen asiatischen Staaten nicht einmal außerordentlich viel. Aber wegen der schieren Größe der chinesischen Volkswirtschaft änderte der Umschwung in deren Handelsbilanz die Verhältnisse in der Welt von Grund auf. Und jetzt kommen auch die Vereinigten Staaten ins Spiel.

Nach der Ursünde

Schon 1994, also noch vor Ausbruch der Asienkrise, hatte China den Yuan abgewertet, seither war die Währung zu einem niedrigen Kurs an den Dollar gekoppelt. Das machte Ausfuhren aus China billig und Einfuhren teuer. Der gewünschte Erfolg stellte sich schnell ein: Die chinesischen Exporte explodierten und der Überschuss in der Leistungsbilanz stieg bis 2008 auf 371,8 Milliarden Dollar. Auch anderswo in der Welt stiegen die Überschüsse: bei Chinas Nachbarn in Asien zum Beispiel und in vielen Ölförderländern, die durch die gestiegenen Rohstoffpreise an Massen an Reichtum kamen, für die sie zu Hause gar keine Verwendung hatten. Auch einige europäische Länder wie Schweden, Deutschland und die Schweiz trugen zu den Überschüssen bei; die Bundesrepublik erwirtschaftete 2008 mit 267,1 Milliarden Dollar den höchsten Überschuss ihrer Geschichte und den zweithöchsten der Welt. Nun sind die Überschüsse der einen immer die Defizite der anderen; die Weltleistungsbilanz ist definitionsgemäß immer ausgeglichen. Wenn irgendwo neue Überschüsse entstehen, müssen irgendwo anders neue Defizite wachsen. Das war der Fall in Frankreich, Italien, Großbritannien, Spanien und in Osteuropa. Vor allem aber und in einem unglaublichen Ausmaß in den Vereinigten Staaten. Die USA häuften 2008 ein Defizit von 568,8 Milliarden Dollar an, sie nahmen damit, rein rechnerisch, den gesamten Handelsüberschuss Asiens auf. Im bilateralen Verkehr mit China importierten die USA für 266,3 Milliarden Dollar mehr Waren und Dienstleistungen, als sie exportierten. Es ist das größte Ungleichgewicht, das jemals in der Geschichte zwischen zwei Ländern aufgetreten ist. Allein 50 Prozent aller Textilien auf dem amerikanischen Markt stammten aus der Volksrepublik.

Diese enormen Überschüsse hatten notwendigerweise noch eine andere Seite. Wenn ein Land seine Währung an den Kurs einer anderen bindet, muss es zwangsläufig in den Devisenmärkten intervenieren. Die betreffende Notenbank muss ausländische Devisen kaufen, wenn der Kurs der eigenen Währung steigt, und verkaufen, wenn der Kurs sinkt. Dabei ist die Möglichkeit, einen Kurs künstlich hoch zu halten, immer begrenzt, denn zu dem Zweck braucht die Notenbank ja fremde Währungen. Die eigenen Reserven an Dollar oder Euro können dabei schnell zur Neige gehen, wie Thailand im Zuge der Asienkrise feststellen musste. Im umgekehrten Falle jedoch, wenn es darum geht, den Wechselkurs künstlich niedrig zu halten, ist der Spielraum der Notenbank nahezu unbegrenzt. Sie verwendet ja die eigene Währung, um damit ausländische Devisen zu kaufen, und muss, bildlich gesprochen, nur ständig Geld drucken. Eine derartige Strategie birgt ein Risiko: Die zusätzliche Geldmenge kann im Inland schnell Inflation auslösen. Doch diesem Risiko lässt sich leicht dadurch begegnen, dass die Notenbank mit den erworbenen Devisen ausländische Wertpapiere kauft und diese in ihre Tresore legt – das gedruckte Geld wird so „sterilisiert". Und genau dies tat die chinesische Regierung mit großer Konsequenz: Sie band den Yuan an den Dollar, druckte Geld und kaufte, was sie für das Sicherste in Amerika hielt: Anleihen der Regierung in Washington („Treasuries"). Als Ergebnis dieser Politik verfügte die State Administration of Foreign Exchanges (SAFE) in Peking Ende 2008 über Währungsreserven von 2,03 Billionen Dollar, mehr als ein Viertel aller Reserven in der Welt; dazu kam noch die von Peking regierte Sonderwirtschaftszone Hongkong mit zusätzlich 181 Milliarden Dollar an Reserven. Zusammen war das mehr als das Fünffache der Reserven der Eurozone.

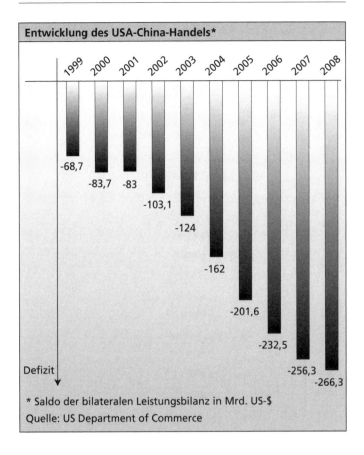

Entwicklung des USA-China-Handels*

1999 2000 2001 2002 2003 2004 2005 2006 2007 2008

-68,7
-83,7   -83
-103,1
-124
-162
-201,6
-232,5
Defizit   -256,3
                                                      -266,3

* Saldo der bilateralen Leistungsbilanz in Mrd. US-$
Quelle: US Department of Commerce

Hinter diesen Zahlen steckt eine ungeheure Dynamik. Anfang 2002, also vor nicht einmal acht Jahren, waren die gesamten Währungsreserven der Welt so hoch wie die chinesischen sechs Jahre später. China produzierte also eine enorme Kapitalschwemme auf dem Globus. Seit August 2008 ist die Volksrepublik der größte Gläubiger der amerikanischen Regierung; Anfang 2009 hielt China Treasuries im Wert von 681,9 Milliarden Dollar. Anders gewendet: Die Chinesen sparten grob die Hälfte ihres Bruttoinlandsprodukts und trugen ein Fünftel zur gesamten Weltersparnis bei. Die Amerikaner sparten gar nichts und nahmen statt-

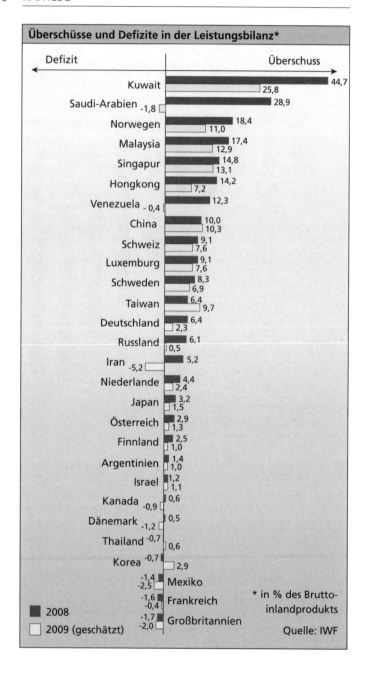

Überschüsse und Defizite in der Leistungsbilanz*

Defizit   Überschuss

Land	2008	2009 (geschätzt)
Kuwait	44,7	25,8
Saudi-Arabien	28,9	-1,8
Norwegen	18,4	11,0
Malaysia	17,4	12,9
Singapur	14,8	13,1
Hongkong	14,2	7,2
Venezuela	12,3	-0,4
China	10,0	10,3
Schweiz	9,1	7,6
Luxemburg	9,1	7,6
Schweden	8,3	6,9
Taiwan	6,4	9,7
Deutschland	6,4	2,3
Russland	6,1	0,5
Iran	5,2	-5,2
Niederlande	4,4	2,4
Japan	3,2	1,5
Österreich	2,9	1,3
Finnland	2,5	1,0
Argentinien	1,4	1,0
Israel	1,2	1,1
Kanada	0,6	-0,9
Dänemark	0,5	-1,2
Thailand	-0,7	0,6
Korea	-0,7	2,9
Mexiko	-1,4	-2,5
Frankreich	-1,6	-0,4
Großbritannien	-1,7	-2,0

* in % des Brutto-
inlandprodukts

■ 2008
☐ 2009 (geschätzt)

Quelle: IWF

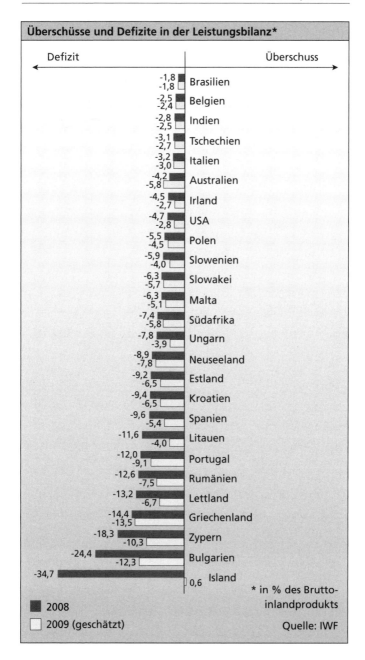

Überschüsse und Defizite in der Leistungsbilanz*

Defizit ◄─────────────────────────────── Überschuss

-1,8 / -1,8	Brasilien
-2,5 / -2,4	Belgien
-2,8 / -2,5	Indien
-3,1 / -2,7	Tschechien
-3,2 / -3,0	Italien
-4,2 / -5,8	Australien
-4,5 / -2,7	Irland
-4,7 / -2,8	USA
-5,5 / -4,5	Polen
-5,9 / -4,0	Slowenien
-6,3 / -5,7	Slowakei
-6,3 / -5,1	Malta
-7,4 / -5,8	Südafrika
-7,8 / -3,9	Ungarn
-8,9 / -7,8	Neuseeland
-9,2 / -6,5	Estland
-9,4 / -6,5	Kroatien
-9,6 / -5,4	Spanien
-11,6 / -4,0	Litauen
-12,0 / -9,1	Portugal
-12,6 / -7,5	Rumänien
-13,2 / -6,7	Lettland
-14,4 / -13,5	Griechenland
-18,3 / -10,3	Zypern
-24,4 / -12,3	Bulgarien
-34,7 / 0,6	Island

* in % des Brutto-
inlandprodukts

■ 2008
□ 2009 (geschätzt)

Quelle: IWF

dessen 70 Prozent der überschüssigen Weltersparnis in Anspruch. Die reichste Nation der Erde wurde der mit Abstand größte Kapitalimporteur, das größte Schwellenland der größte Kapitalexporteur – ein solches Missverhältnis ist in der Weltgeschichte ohne Beispiel. Es wäre so, als hätte im 19. Jahrhundert Deutschland, das sich gerade von einem Agrar- in ein Industrieland verwandelte, das hoch industrialisierte England mit Kapital versorgt.

Es war klar, dass diese Ungleichgewichte nicht lange durchzuhalten waren.

KAPITEL 3

Schwarze Materie

> „In den vergangenen zehn Jahren hat eine Reihe unterschiedlicher Kräfte dazu geführt, dass die Ersparnisse in der Welt spürbar gestiegen sind und sich eine globale Sparschwemme („Savings Glut") gebildet hat, die sowohl den Anstieg des US-Leistungsbilanzdefizits erklären kann als auch die relativ niedrigen Realzinsen, die es heute in der Welt gibt."
>
> US-Notenbank-Gouverneur Ben Bernanke

Seit Ausbruch der Großen Rezession stehen die Wirtschaftswissenschaften bei vielen Laien in einem miserablen Ruf: Warum hat keiner der Ökonomen die Krise vorausgesagt? War die Zunft blind für die Realität? Wozu braucht man Wirtschaftsexperten, wenn sie so ein Jahrhundertereignis nicht vorher erkennen können? Doch der Vorwurf ist nicht ganz fair. In Wirklichkeit gab es sehr viele Warner. Nouriel Roubini von der New York University sagte bereits im September 2006 während einer Konferenz des IWF eine schwere Rezession voraus. Martin Wolf, Ökonom an der Universität von Nottingham und Kolumnist der *Financial Times*, hielt kurz vor Ausbruch der Rezession eine Reihe von Vorlesungen an der Johns Hopkins University, in denen er die globalen Ungleichgewichte, die in die Katastrophe führten, in allen Einzelheiten schilderte.[16] Aber die Debatten über diese Ungleichgewichte waren kompliziert, sie schafften es nur selten in die Schlagzeilen.

Einen Hinweis auf das, was kommen würde, konnte auch bekommen, wer am 10. März 2005 zufällig an einer Versammlung der Virginia Association of Economics in Richmond teilnahm. Dort hielt der heutige Präsident der Notenbank Federal Reserve, Ben Bernanke, eine Rede unter dem etwas sperrigen Titel: „Die globale Sparschwemme und das US-Leistungsbilanzdefizit".[17] Bernanke – er war damals noch nicht Chef der Fed, sondern einfacher Notenbankgouverneur – stellte eine für viele Zuhörer überraschende These auf: Es war nicht die Konsumlust der Amerikaner, die das hohe Defizit im US-Außenhandel verursacht hatte, es waren auch nicht Handelshemmnisse bei den Partnern der USA, über die sich viele Politiker in Washington immer wieder ereiferten. Verantwortlich war eine epochale Umkehrung der Kapitalströme aus den Entwicklungs- in die Industrieländer. Die Währungspolitik Chinas habe für eine globale Sparschwemme („Savings Glut") gesorgt, und die habe am Anfang der gefährlichen Ungleichgewichte in der Welt gestanden. Schuld sei also Peking und nicht die USA.

Bernankes damalige Schuldzuweisung ist aus heutiger Sicht nicht mehr zu halten. Die Währungsmanipulation Chinas, die Exzesse an der Wall Street und die laxe Politik der Notenbank in Washington bedingten sich wechselseitig. Die Frage nach dem Anfang ist so sinnvoll wie die, ob die Henne oder Ei zuerst da war. Der Verdienst Bernankes liegt aber darin, dass er auf das Phänomen der Sparschwemme überhaupt einmal hingewiesen hat. Wer wollte, konnte also schon damals wissen, dass Gefahr im Verzuge war. Denn immer dann, wenn plötzlich große Kapitalmassen auf den Finanzmärkten auftreten, verkehren sich die Verhältnisse. Normalerweise ist Kapital knapp. Wer viel Geld braucht, um zum Beispiel eine neue Fabrik zu bauen oder ein Unternehmen zu kaufen, der muss einige Anstrengung darauf verwenden, einen Kapitalgeber zu finden. Im Normalfall findet also eine ständige Jagd nach knappem Kapital statt. In einer Sparschwemme drehen sich die Verhältnisse um: Aus der Jagd nach Kapital wird eine Jagd nach Anlagemöglichkeiten und Rendite. Solche Konstellationen hat es in der Geschichte immer wieder gegeben: nach dem Goldrausch in Kalifornien 1848 oder nach den Ölpreiskrisen von 1973/74 und 1979/80. Sie haben immer Spekulationsblasen, Finanzkrisen oder beides nach sich gezogen.

Vielleicht wären Spekulation und Krise diesmal nicht ganz so schlimm geworden, hätte es nicht den 11. September 2001 gegeben. Die Terroranschläge islamischer Extremisten auf Amerika veränderten nicht nur die Weltpolitik, sondern auch die Weltwirtschaft. Als die beiden Türme des World Trade Center in sich zusammenbrachen, stand Amerika bereits am Rande einer Rezession. Im Jahr zuvor war die Spekulationsblase um Internetaktien zusammengebrochen, jetzt, nach den Anschlägen, drohten eine Panik an den Börsen und der Absturz der Weltwirtschaft. Das versuchte der damalige Präsident der Federal Reserve, Alan Greenspan, mit allen Mitteln zu verhindern. Er pumpte massiv Geld in das System, er ließ die Banken wissen, dass sie, falls nötig, unbegrenzt Kredit bei der Notenbank haben würden. Und er senkte die Zinsen im Rekordtempo: am 17. September 2001, als die New Yorker Börse nach den Terroranschlägen wieder öffnete, von 3,5 auf 3,0 Prozent, am 2. Oktober auf 2,5 Prozent, am 6. November auf 2,0 Prozent. Die Zinssenkungen gingen auch weiter, als die Wirtschaft schon längst wieder zu wachsen begonnen hatte. Am 25. Juni 2003 erreichte die Federal Funds Rate den historischen Tiefststand von 1,0 Prozent.

Das viele Geld hatte den gewünschten Effekt: Die Rezession war nach acht Monaten schon wieder vorbei, die Folgen für Wirtschaftswachstum und Arbeitslosigkeit blieben begrenzt. Die Geldschwemme löste auch keine Inflation aus, jedenfalls nicht im herkömmlichen Sinne. Die Verbraucherpreise blieben relativ stabil, was aber stieg, waren die Preise für Vermögenswerte – für Aktien, Anleihen und für Häuser. Es begann eine neue Euphorie an den Aktienmärkten und eine Spekulationsblase auf dem Immobilienmarkt. Die Zinsen waren so niedrig, dass sich Privathaushalte und Finanzinvestoren immer weiter verschuldeten. Die Schuldenlast eines Durchschnittshaushalts stieg von 90 Prozent seines verfügbaren Einkommens im Jahr 2000 auf über 140 Prozent, der Schuldendienst von weniger als zwölf Prozent auf 14,5 Prozent.[18] Die Folgen der Schuldenlawine zeigten sich schließlich in der amerikanischen Leistungsbilanz. Im Jahr 2001 lag das Defizit im Handel mit China noch bei vertretbaren 83 Milliarden Dollar, 2006 waren es nicht weniger als 234 Milliarden Dollar. Die Politik des leichten Geldes in Washington und die Sparschwemme aus China bedingten und verstärkten sich gegenseitig. Amerika war an den Ungleichgewichten nicht minder schuld als die Volksrepublik.

Vielen Ökonomen war damals schon klar, dass dies nicht gut gehen konnte. In der politischen Atmosphäre der Ära George W. Bush war die Neigung in Washington allerdings groß, die Probleme einfach zu ignorieren. Amerika war eine Supermacht und musste sich um so Dinge wie globale Ungleichgewichte nicht kümmern. Etliche Experten versuchten sogar, die Defizite einfach wegzudefinieren. Die Argumente dieser Zeit verdienen es festgehalten zu werden – als Beispiele wissenschaftlich verbrämter Ignoranz. Am simpelsten war das Argument, die Defizite stellten gar kein Problem dar, weil sie einfach das Ergebnis dynamischer Märkte seien. Die Investoren auf diesen Märkten wüssten selbst am besten, was für sie gut ist. Ein verhängnisvoller Irrtum, denn es waren ja eben nicht die Entscheidungen privater Investoren, sondern die von Politikern in Washington und Peking, die die Defizite so wachsen ließen. Andere glaubten, die Defizite seien kein Problem, weil die Ausländer sie ja freiwillig finanzierten, indem sie amerikanische Wertpapiere kauften. Auch dies war ein gefährliches Argument, denn es handelte sich bei diesen Ausländern ja im Wesentlichen um die Zentralbank eines großen Landes. Ein anderes Argument war besonders hintersinnig: Die Amerikaner, so hieß es, könnten sich ein höheres Defizit deshalb leisten, weil sie aus ihren eigenen Kapitalanlagen im Ausland viel höhere Renditen erzielten als die Ausländer aus den ihren in Amerika. Aber wenn das wirklich so war – wie lange würden sich die Ausländer die niedrigen Renditen noch gefallen lassen? Und schließlich gab es noch die Sache mit der „Schwarzen Materie": Die Vertreter dieser Theorie behaupteten, die USA produzierten Leistungen, die in der Leistungsbilanz gar nicht auftauchen, zum Beispiel die Sicherheit und die Liquidität, die ein großer Kapitalmarkt bieten. In Wirklichkeit erwirtschafteten die USA daher gar kein Defizit, sondern einen Überschuss. Nicht gestellt wurde dabei die Frage, ob es denn nicht vielleicht auch in den Leistungsbilanzen anderer Staaten derartige „Schwarze Materie" gab, die dort nicht entdeckt wurde. Alles in allem liefen diese Theorien auf ein Argument hinaus: Die USA sind besser als andere und müssen sich um die Niederungen der Makroökonomie nicht kümmern.

Der Ökonom und Buchautor Martin Wolf glaubt, dass es sozialpsychologische Ursachen hat, weshalb die Probleme der globalen Ungleichgewichte so lange bestritten wurden: „Die Vereinigten Staaten sind mindestens ebenso sehr Opfer der Entscheidungen anderer, wie sie ihr Unglück selbst verursacht haben. Das ist eine unpopuläre Sichtweise – für die Vereinigten Staaten, denn es fällt den Amerikanern leichter, schuldig zu sein als impotent; und für den Rest der Welt ist es leichter, die Schuld der USA zu sehen als die eigene."[19] Aber auch die Warner vor den Folgen der globalen Ungleichgewichte täuschten sich in einem wichtigen Punkt. Sie sahen das größte Risiko für die Weltwirtschaft darin, dass es zu einem Dollar-Crash, zum Zusammenbruch der amerikanischen Währung kommen würde. Tatsächlich entfaltete sich die Krise völlig anders, und dies hat viel mit Phil Gramm zu tun.

Die Schnappschildkröte

Phil Gramm wurde 1942 in der Kleinstadt Fort Benning im Bundesstaat Georgia geboren. Er wuchs auf in Columbus, und zwar in sehr bescheidenen Verhältnissen. Sein Vater war nach einem Schlaganfall körperbehindert; er starb, als Phil 14 Jahre alt war. Seine Mutter, Florence Gramm, arbeitete als Krankenschwester in Doppelschichten, um ihre drei Kinder versorgen zu können. Weil sie außerdem noch eine Rente als Veteranenwitwe bekam, konnte sie sich irgendwann einen kleinen Bungalow am Stadtrand von Columbus leisten. Um den zu finanzieren, nahm sie bei einem Geldverleiher einen Hypothekenkredit auf, und der war ziemlich teuer. Das war nur konsequent, denn die Witwe Gramm mit ihren drei Kindern war relativ arm, und der Geldverleiher ließ sich das höhere Risiko durch einen entsprechend höheren Zins entgelten. Florence Gramms Kredit war das, was man heute einen „Subprime Loan", ein zweitklassiges Darlehen, nennen würde. Ihr Sohn Phil sollte daraus Lehren fürs Leben ziehen.

Heute ist Phil Gramm 66 Jahre alt und einer der herausragenden konservativen Politiker Amerikas. In Texas wurde er 1978 noch als Demokrat ins Repräsentantenhaus gewählt; 1983 verließ er die Demokratische Partei und wurde als Republikaner wiedergewählt. Im Jahr darauf bewarb sich Gramm erfolgreich als Senator von Texas. In dieser Funktion wurde er zum klassischen „fiscal conservative": Er kämpfte für einen ausgeglichenen Staatshaushalt, für niedrigere Steuern und gegen Verschwendung in der Regierung. 1985 setzte er ein Gesetz durch, das den Finanzminister zwingen sollte, das Budget auszugleichen; es hatte allerdings in der Praxis kaum Konsequenzen. Wegen seines zuweilen aggressiven Tonfalls erwarb er sich unter Kollegen den Spitznamen „Schnappschildkröte". Bei der letzten Präsidentschaftswahl unterstützte er den republikanischen Bewerber John McCain und brachte diesen kurzfristig in erhebliche Schwierigkeiten. Im Juli 2008, als die Wirtschaftskrise schon zum Hauptthema des Wahlkampfs geworden war, behauptete er, die Vereinigten Staaten befänden sich gar nicht in einer Rezession, sondern nur in einer „mentalen Depression". Die Amerikaner seien zu einer „Nation von Jammerlappen" geworden.

Besonders leidenschaftlich kämpfte Gramm gegen alles, was das freie Spiel der Kräfte auf den Finanzmärkten einschränken könnte. Waren es nicht diese Finanzmärkte, denen seine Mutter ihr Haus verdankte? „Manche Leute schauen auf Subprime Loans und sie sehen das Böse. Ich sehe darin den amerikanischen Traum in Aktion", sagte er im November 2008.[20] „Meine Mutter konnte ihn leben, weil ein Finanzinstitut ihr einen Hypothekenkredit gab, den eine normale Bank nicht vergeben hätte." Als der Politiker dies sagte, befand sich die amerikanische Wirtschaft bereits im freien Fall, aber von seinen Überzeugungen nahm er nichts zurück. „Es gibt diese Idee, dass weniger Fehler gemacht würden, wenn es mehr Regulierung gäbe", meinte er. „Aber dafür sehe ich keinerlei Beleg, weder in unserer Geschichte noch in der anderer Leute. Die Märkte haben besser gearbeitet, als man glaubt."

Diese Äußerung war sehr mutig, um das Mindeste zu sagen. Zwei Monate nach dem Fall von Lehman Brothers konnte es eigentlich keinen Zweifel mehr geben, dass etwas Grundlegendes an den freien Finanzmärkten nicht stimmte. Der Ökonom Paul Krugman nennt Phil Gramm einen „Hohepriester der Deregulierung" und reihte ihn ein als Nummer zwei in der Liste der Hauptverantwortlichen für die Große Rezession (die Nummer eins ist für ihn Alan Greenspan). Mehrere Gesetzesinitiativen Gramms haben dazu beigetragen, dass die globalen Ungleichgewichte erst eine gigantische Finanzmarktspekulation auslösen konnten und schließlich in die Große Rezession führten. 1999 zum Beispiel setzte er mit den republikanischen Abgeordneten Jim Leach und Thomas Bliley das Gramm-Leach-Bliley-Gesetz durch, das das berühmte Glass-Steagall-Gesetz von 1933 widerrief. Letzteres war ein Erbe des New Deal von Präsident Franklin D. Roosevelt gewesen. Als Konsequenz der Weltwirtschaftskrise hatten die USA damals eine strenge Grenze gezogen zwischen Banken, die Kredite vergeben (Geschäftsbanken), und solchen, die das Geld aus Krediten investieren (Investmentbanken). Die Gesetzgeber des New Deal wollten so Interessenkonflikte vermeiden. Geschäftsbanken verwalten die Einlagen ihrer Kunden und sollten daher besonders vorsichtig agieren, Investmentbanken müssen ihrer Natur nach höhere Risiken eingehen und sollten sich ihr Kapital daher auf dem Kapitalmarkt besorgen.

Gramms Gesetz beendete diese Trennung. Finanzinstitute, welcher Art auch immer, konnten jetzt gegeneinander konkurrieren, sie konnten auch miteinander fusionieren, ganz wie sie es für richtig hielten.

Phil Gramm gab den Anstoß für diese Deregulierung, aber er war alles andere als ein Außenseiter, als er die alte Trennlinie abschaffen wollte. Sie galt allgemein als überholt. Beide Häuser des Kongresses stimmten dem Gramm-Leach-Bliley-Gesetz daher mit überwältigender Mehrheit zu, der demokratische Präsident Bill Clinton unterzeichnete es am 12. November 1999. Er legalisierte damit ein Finanzkonglomerat, das es schon längst gab: Citibank, eine alteingesessene Geschäftsbank mit langen Erfahrungen auch in Deutschland (sie hieß hier früher einmal Kundenkreditbank, KKB), hatte im Laufe der 90er-Jahre diverse Firmen erworben und dabei die alten Grenzen überwunden: Travelers Group, eine Versicherung, gehörte dazu ebenso wie Smith Barney, eine Investmentbank. 1998 entstand daraus Citigroup, die zeitweise größte Bank der Welt. Deren Gründer und langjähriger Chef, Sanford Weill, erwog im Jahr 2002 ernsthaft, die Deutsche Bank zu kaufen. Sieben Jahre später war die Citi-Aktie nur noch ein paar Dollar Wert, das Institut überlebte nur noch, weil es von der Regierung in Washington mit Abermilliarden Dollar gestützt wurde. Citi hatte maßgeblich zur Finanzkrise beigetragen und wurde eines ihrer prominentesten Opfer.

Das Problem mit Phil Gramms Gesetz war nicht, dass es die Trennung von Investment- und Geschäftsbanken aufhob. Die war tatsächlich obsolet, in Europa haben sich Universalbanken seit Jahrzehnten bewährt; JPMorgan Chase, eine amerikanische Universalbank, die aus einer Fusion aus der Geschäftsbank Chase Manhattan und der Investmentbank J.P. Morgan entstanden war, überstand die Krise mit relativ geringen Schäden. Gefährlich war das Gesetz, weil es die Grenzen zwischen den unterschiedlichen Finanzinstituten verwischte, ohne dafür zu sorgen, dass diese Institute hinterher einheitlich reguliert wurden. Kein Wunder: Phil

Gramm hielt Regulierung als solche für verwerflich. Auf diese Weise wurden jede Menge Lücken in der Finanzmarktaufsicht geschaffen. Bei Citi wurden die Einlagen der Privatkunden wie bisher vom Staat versichert, die Investmentbank unter dem gemeinsamen Dach konnte jedoch ohne jede Grenze spekulieren. American International Group (AIG), die damals größte Versicherung der Welt, unterstand weiterhin der normalen Versicherungsaufsicht. Die AIG-Tochter für Finanzprodukte konnte unbeaufsichtigt so große Risiken eingehen, dass sie das Unternehmen schließlich im September 2008 zerstörte und fast die Kernschmelze im Weltfinanzsystem ausgelöst hätte.

Potenziert wurden die Gefahren des Gramm-Leach-Bliley-Gesetzes noch durch eine zweite Gesetzesinitiative Gramms. Es ging dabei um den Handel mit Derivaten. Derivate sind Wertpapiere, die sich von anderen Wertpapieren ableiten; sie lösen, vereinfacht ausgedrückt, das Risiko von dem entsprechenden Papier und machen es so handelbar. Futures und Optionen, die wichtigsten Derivate, sind Wetten darauf, dass das fragliche Wertpapier zu einem bestimmten Zeitpunkt einen bestimmten Marktpreis hat. Derivate gibt es schon lange. Bereits im 19. Jahrhundert sicherten sich Farmer im Mittleren Westen gegen unerwartete Preisschwankungen ab, indem sie Mais oder Weizen „auf Termin" verkauften, sie erwarben also Futures. In den 80er-Jahren des vorigen Jahrhunderts bekam der Handel mit Derivaten jedoch eine neue Qualität. Der Einzug der Computer in den Börsenhandel, die Fortschritte der Finanzmathematik und die Globalisierung lösten einen Innovationsschub aus; es entstanden immer mehr und immer raffinierter Derivate. Und Phil Gramm wollte, dass dieser Markt von Staatseingriffen frei gehalten wurde. Sein „Gesetz zur Modernisierung des Handels mit Rohstoffkontrakten" (Commodity Futures Modernization Act, CFMA) wurde von Präsident Bill Clinton zum Ende seiner Amtszeit am 21. Dezember 2000 unterzeichnet. Es sorgte faktisch dafür, dass der Handel mit Derivaten in Amerika völlig ohne Aufsicht blieb.

Die Schäden, die dieses Gesetz anrichten konnte, zeigten sich bereits ein Jahr nach Inkrafttreten. Auf Gramms Betreiben hin hatte der Kongress den Handel mit bestimmten Kontrakten erlaubt, die nicht über regulierte Börsen wie die Chicago Mercantile Exchange (CME), sondern auf unregulierten Plattformen („over-the-counter") gehandelt wurden. Zugeschnitten war diese Vorschrift auf ein Unternehmen, das damals als Ausbund der Modernität galt: Enron. Der Energiehandelskonzern aus Houston (Texas) hatte am 29. November 1999 ein für damalige Verhältnisse unerhörtes Experiment gestartet: „Enron Online". Im herkömmlichen Energiehandel mussten sich immer Käufer und Verkäufer direkt finden: Ein Händler hatte eine bestimmte Menge Erdgas anzubieten und suchte dafür einen Käufer. Die Internetplattform von Enron machte diesen Handel nun ungleich leichter: Käufer und Verkäufer konnten sekundenschnell Angebote vergleichen, es bildete sich eine Art unregulierte Terminbörse. Phil Gramms Gesetz legalisierte diese Börse. Das Geschäft schien keine Grenzen zu kennen. Zu den besten Zeiten wurden bei Enron Online täglich 6 000 Kontrakte im Gesamtwert von 2,5 Milliarden Dollar gehandelt, nicht nur über Erdgas oder Strom, sondern über Aluminium, Holz und sogar Wetten auf das Wetter. Was zunächst niemand in der Außenwelt bemerkte, war die simple Tatsache, dass Enron bei dem Geschäft gar kein Geld verdiente, im Gegenteil: Weil der Konzern bei allen Kontrakten als Partner involviert war, wurden Milliarden Dollar an Kapital gebunden. Enron Online wuchs sich zu einer gigantischen Verlustquelle für den Konzern aus. Das Management versuchte, diese Verluste zu verstecken, und das Ganze endete in einem riesigen Bilanzbetrug. Am 2. Dezember 2001 beantragte Enron Gläubigerschutz nach Kapitel 11 des amerikanischen Konkursrechts; es war der bis dahin größte Konkurs der US-Geschichte. Erwähnenswert ist noch, dass Phil Gramms Ehefrau, die Ökonomin Wendy Gramm, im Verwaltungsrat von Enron saß. Zuvor war sie Chefin der Regulierungsbehörde Commodity Futures Trading Commission (CFTC) gewesen, wo sie sich für die Deregulierung der Finanzmärkte starkgemacht hatte.

Der Kongress zog Konsequenzen aus dem Enron-Skandal und verlangte von den Unternehmen eine Fülle neuer Informationen und verschärfte Haftungsbestimmungen. Das entsprechende Sarbanes-Oxley-Gesetz hatte vor allem zur Folge, das der Berichtsaufwand in den Unternehmen immer weiter stieg. Niemand aber kümmerte sich um die Risiken des Derivatehandels, die während des Skandals sichtbar geworden waren.

Von der Finanzmarktaufsicht freigestellt war auch ein relativ neues Derivat mit Namen Credit Default Swap (CDS). Mit einem CDS kann sich der Käufer eines Wertpapiers, zum Beispiel einer Anleihe, dagegen versichern, dass der Emittent der Anleihe seine Schulden nicht mehr zurückzahlen kann. Wie bei normalen Versicherungen entrichtet der Käufer eines CDS an den Emittenten regelmäßig eine Gebühr; tritt der Versicherungsfall ein und der Kredit wird faul, bekommt er vom Emittenten eine vorher vereinbarte Summe. Von einer herkömmlichen Versicherung unterscheidet sich ein CDS allerdings in ein paar wesentlichen Punkten: Jedes Finanzunternehmen, nicht nur eine regulierte Versicherung, darf CDS emittieren. CDS sind handelbar und vor allem: Man kann ein CDS besitzen, selbst wenn man das „versicherte" Wertpapier dahinter gar nicht besitzt. Diese neue Qualität lässt sich an einem Beispiel illustrieren: Wenn ich ein neues Auto kaufe und dafür eine Vollkaskoversicherung abschließe, dann verschaffe ich mir Sicherheit für den Fall, dass ich einen schweren Verkehrsunfall verursache. Wenn aber mein Nachbar eine Versicherung auf *mein* Auto abschließt, dann wettet er darauf, dass ich ein schlechter Autofahrer bin und er im Falle eines Unfalls einen Gewinn macht.

Genau diese Funktion haben die CDS bekommen: Immer mehr Spekulanten „versicherten" immer mehr Wertpapiere, aber das hatte nichts mehr mit Versicherung zu tun. In Wirklichkeit wurden unglaubliche Risiken angehäuft, um Spekulationsgewinne zu sichern. Der Hedgefonds-Manager John Paulson aus New York wettete mithilfe von CDS erfolgreich auf den Absturz des amerikanischen Immobilienmarktes und verdiente dabei im Krisenjahr 2007 insgesamt 3,7 Milliarden Dollar, den höchsten Jahresgewinn, den je ein Mensch an der Wall Street erzielt hat. Im selben Jahr gab es weltweit CDS im Nominalwert von 62 Billionen Dollar, was das Bruttosozialprodukt der ganzen Welt noch überstieg. Die Deutsche Bundesbank beschrieb die Risiken der CDS bereits 2004 weitsichtig.[21] Weil die Banken mit den neuartigen Papieren Gebühren einnehmen, dafür aber kein Kapital hinterlegen müssen, bekommen sie die Möglichkeit, zusätzliche Risiken einzugehen. Ihr Verschuldungsgrad steigt, auch wenn dies gar nicht in der Bilanz sichtbar wird. Wenn die Zinsen so niedrig sind, wie sie nach 2003 dank der Politik der Fed waren, begünstigt dies die „Flucht in die Rendite", den Drang der Investoren, höhere Risiken einzugehen, um höhere Erträge einfahren zu können; das Gesamtrisiko im Finanzsystem steigt explosionsartig. Der Investor Warren Buffett warnte schon 2002 vor den Gefahren der CDS; die lägen darin, dass beim Ausfall eines Beteiligten auch dessen Geschäftspartner in Schwierigkeiten komme. Dies könne eine „Kettenreaktion" auslösen und, anders als bei normalen Bankgeschäften, habe die Notenbank Federal Reserve keine Mittel, um diese Kettenreaktion zu stoppen. „Diese Derivate sind finanzielle Massenvernichtungswaffen; ihre Gefahren mögen momentan nur latent sein, sie haben aber ein tödliches Potenzial", schrieb Buffett in einem Brief an seine Aktionäre.[22]

Erfunden hatte das neue Instrument 1997 ein Team von Spezialisten bei JPMorgan Chase. Berühmt-berüchtigt gemacht hat die CDS aber ein anderes Unternehmen: AIG. Der charismatische Gründer und langjährige Chef der Versicherung, Maurice „Hank" Greenberg, verlangte von seiner Mannschaft außerordentliche Erträge, und die bekam er auch: In den 90er-Jahren erwirtschaftete AIG eine Durchschnittsrendite von 18 Prozent. Aber die hohen Renditen hatten einen Preis – AIG musste immer höhere Risiken eingehen. 1997 baute Greenberg eine neue Abteilung für Finanzprodukte auf, die sofort groß in das Geschäft mit den CDS einstieg. Als die Hauspreise stiegen, versicherte AIG immer mehr Wertpapiere, die durch Hypothekenkredite besichert waren. Abgewickelt wurden die Geschäfte von einer kleinen Tochtergesellschaft in London; deren Chef, Joseph Cassano, galt eine Zeit lang sogar als Kandidat für die Führung der AIG. Heute kennt die Welt die Realität: Die Abteilung war nichts anderes als ein großer, hochspekulativer Hedgefonds, der sich auf das im Grunde solide AIG-Versicherungsgeschäft gesetzt hatte. CDS im Wert von 400 bis 500 Milliarden Dollar standen Anfang 2008 in den Büchern des Unternehmens. Schließlich sprengte der Fonds die gesamte AIG in die Luft und mit ihr – fast – das Weltfinanzsystem. Am 16. September musste die US-Regierung AIG übernehmen, seither verschlang der Konzern knapp 170 Milliarden Dollar an Staatsgeld.

Bitter ist, dass der Handel mit CDS relativ leicht zu regulieren gewesen wäre: Man hätte die Marktteilnehmer nur zwingen müssen, die CDS auf öffentlichen Plattformen zu handeln. Dann wäre der Markt liquide und transparent und wären die Risiken begrenzt geblieben. Entsprechende Marktplätze, sogenannte Clearing-Häuser, werden jetzt in den Vereinigten Staaten und in Europa aufgebaut. Die Notenbanken bekommen die Aufgabe, alle Händler mit Derivaten, also auch Hedgefonds, zu beaufsichtigen. Wäre diese Regulierung früher gekommen, sähe die Welt heute anders aus.

Eine verhängnisvolle Sitzung

Aber es wäre unfair, alleine Phil Gramm für die Katastrophe von 2008 verantwortlich zu machen. Die Mehrheit der Politiker in den 90er-Jahren verstand die Risiken der Finanzderivate nicht und überhörte alle Warnungen, die es damals schon gab. Eine Mahnung kam zum Beispiel ziemlich genau zehn Jahre vor Ausbruch der Finanzkrise, und zwar von Brooksley E. Born, einer außerhalb der Fachwelt weitgehend unbekannten Frau. Born leitete damals die Commodity Futures Trading Commission (CFTC). Am 7. Mai 1998 veröffentlichte Born ein Papier mit Namen „Concept Release", in dem sie eine schärfere Aufsicht über Finanzderivate verlangte, zum Beispiel über die CDS, die im Jahr zuvor erfunden worden waren. „Wir wollen sicherstellen, dass unsere Regulierung angemessen bleibt angesichts der Veränderungen, die die Finanzmärkte in den letzten fünf Jahren erlebt haben", schrieb Frau Born damals.[23] Born erhielt eine scharfe Abfuhr vom damaligen Finanzminister Robert Rubin, von Notenbankchef Alan Greenspan und vom Chef der Börsenaufsicht SEC, Arthur Levitt. Die drei fürchteten um die „Rechtssicherheit" und die Zukunft des Derivatehandels und verbaten sich weitere Vorstöße von der CFTC. „Concept Release" verschwand in den Archiven und keine neun Monate später, am 19. Januar 1999, trat Born zurück und widmete sich wieder ihrer Anwaltskanzlei. Heute wären sehr viele Menschen in der Welt froh, die drei Männer hätten damals auf Frau Born gehört.

Der nächste verhängnisvolle Fehler folgte sechs Jahre später. Am 28. April 2004 fand, weitgehend unbeachtet von der Öffentlichkeit, eine Sitzung bei der SEC statt, die ebenso kurz wie folgenreich war. Die fünf Mitglieder der SEC tagten ganze 55 Minuten lang, um über einen, wie es schien, winzigen Schritt der Liberalisierung für große Investmentbanken zu beraten. Die Kommission gestattete ihnen mit sofortiger Wirkung, „für die Berechnung der Kapitalvorsorge für bestimmte Kapital- und Marktrisiken interne mathematische Modelle zu verwenden". Das klang etwas esoterisch, bedeutete aber in der Praxis, dass Goldman Sachs, Merrill Lynch, Morgan Stanley, Lehman Brothers und Bear Stearns ihren Bedarf an Eigenkapital selbst berechnen durften. Und es ist wenig überraschend, dass sie diesen Bedarf nach dem Beschluss dramatisch herabsetzten. Je weniger eigenes und je mehr fremdes Kapital bei einer Investition eingesetzt werden, desto höher kann die Rendite auf das eingesetzte Kapital werden. Deshalb nennt man im englischen Sprachraum den Anteil des Fremdkapitals in einem Unternehmen oder an einer Investition auch „Hebel" („leverage"). Eine Bank, die stark „leveraged" ist, kann in guten Zeiten ungewöhnlich hohe Renditen erzielen; allerdings wirkt der Hebel auch in die andere Richtung. Weil Fremdkapital die unangenehme Eigenschaft hat, dass es einem nicht gehört, können Banken mit einem hohen Hebel schnell in die Existenzkrise geraten, wenn die Zeiten schlecht werden.

Im Jahr 2004 aber konnten sich die Beteiligten gar nicht vorstellen, dass die Zeiten einmal schlecht werden könnten. Deshalb wurde der Hebel an der Wall Street sofort verlängert. Vor dem verhängnisvollen Beschluss der SEC investierten die Investmentbanken im Durchschnitt zwölf Dollar für jeden Dollar eigenes Kapital, nach der Entscheidung stieg dieser Anteil auf bis zu 33 Dollar pro Dollar eingesetztes Kapital. Diese Zahl erreichte jedenfalls die kleinste der Wall-Street-Banken, Bear Stearns. Das bedeutete beispielloses Wachstum, beispiellose Gewinne und beispiellose Risiken. Konkret: Wenn eine Bank einen Hebel von 33 zu eins hat, wie Bear Stearns, dann sind nur drei Prozent Abschreibungen auf die Investitionen notwendig, um das gesamte investierte Kapital aufzuzehren.

Theoretisch bekam die SEC auch eine Gegenleistung für das Geschenk, das sie der Wall Street machte: Die Banken räumten ihr das Recht ein, in die Bücher der Banken zu sehen und nach übermäßigen Risiken zu suchen. Nur nutzten die Aufseher dieses Recht nie. Das mag daran liegen, dass

Präsident George W. Bush im August 2005 einen neuen Chef der SEC benannte, Christopher Cox, und der machte seinem Ruf, besonders „wirtschaftsfreundlich" zu sein, alle Ehre. Jedenfalls nahm er die Aufgabe, die Investmentbanken zu kontrollieren, nicht sehr ernst. Dafür zuständig war ein kleines Team von sieben Experten, aber dieses Team hatte seit März 2007 keinen Direktor. Das muss keine böse Absicht gewesen sein, die Aufsicht der Investmentbanken hatte einfach keine Priorität in der Behörde. Wie die Öffentlichkeit später erfuhr, warnten bereits Ende 2007 und Anfang 2008 Mitarbeiter anderer Abteilungen der SEC davor, dass sich ein Sturm zusammenbraute: Bei Bear Stearns gebe es Probleme „hinsichtlich der Konzentration von Hypothekenpapieren, dem hohen Verschuldungsgrad, Mängeln im Risikomanagement bei Hypothekenanleihen und dem Mangel, sich an den Geist bestimmter Kapitalstandards zu halten", hieß es damals.[24] Doch die SEC griff nicht ein. Am 16. März 2008 mussten das US-Finanzministerium und die Federal Reserve den Zusammenbruch von Bear Stearns mit dem Geld der Steuerzahler verhindern. Es war der Anfang vom Ende des Modells der klassischen Wall-Street-Banken. Zur Ironie der Geschichte gehört es, dass mit der Abwicklung der Investmentbanken ausgerechnet Finanzminister Henry Paulson betraut war. Zum Zeitpunkt der fatalen SEC-Entscheidung 2004 war Paulson kein Politiker, sondern gehörte zum Kreis der Begünstigten: Er war Chef von Goldman Sachs.

Der Maestro

Edward Gramlich war ein typischer Wirtschaftsprofessor: in Fachkreisen hochgeachtet, außerhalb der Zunft aber unbekannt. Gramlich begann seine Karriere in den 60er-Jahren als Ökonom bei der Notenbank Federal Reserve in Washington. Später lehrte er an der Universität von Michigan, bis ihn Präsident Bill Clinton 1997 zurück zur Federal Re-

serve holte, diesmal als Gouverneur. Innerhalb der Fed leitete Gramlich einen Ausschuss, der sich mit Fragen der Privathaushalte und der Verbraucherkredite befasste. Und in
dieser Funktion ging er im Laufe des Jahres 2000 voller Sorge zu seinem Chef Alan Greenspan. An welchem Tag dies
genau war, konnte er sich später nicht mehr erinnern, wohl
aber, über welche Sorgen er mit Greenspan sprach. Die Berichte über betrügerische Praktiken auf dem Markt für
Subprime Loans hatten sich gehäuft. Die Federal Reserve,
so schlug Gramlich vor, solle ihre Befugnisse nutzen und
Geldverleiher überprüfen, jedenfalls soweit sie zu Banken
gehörten, die der Aufsicht der Notenbank unterstanden.
Weil er glaubte, dass Greenspan Einwände dagegen haben
würde, machte Gramlich seinen Vorschlag im Vertrauen
und nicht in den Gremien der Fed. „Ich wusste, dass er dagegen eingestellt war, deshalb verfolgte ich die Sache nicht
weiter", berichtete er.

Gramlich erzählte diese Geschichte im Juni 2007 einem
Reporter des *Wall Street Journal*.[25] Es sollte für ihn so etwas
wie ein Vermächtnis werden; drei Monate später starb der
Ökonom an akuter Leukämie. Kurz vor seinem Tod, Ende
August 2007, war er noch zu einer exklusiven Konferenz
der Federal Reserve Bank of Kansas City in Jackson Hole
im Bundesstaat Wyoming eingeladen. Alles, was Rang und
Namen hat in der Geldpolitik, versammelt sich alljährlich
dort, nicht weit vom berühmten Yellowstone-Nationalpark
entfernt, um aktuelle Finanzfragen zu diskutieren. Gramlich
war damals bereits so krank, dass er selbst nicht teilneh-
men konnte. Deshalb bat er einen Freund, seine Rede zu
verlesen.[26] Anders als andere Warner glaubte Gramlich gar
nicht, dass die Subprime Loans selbst das Problem waren,
schließlich hätten diese Kredite zwölf Millionen, meist är-
meren Familien zu Wohneigentum verholfen. Doch auf dem
Markt sei es zugegangen wie im Wilden Westen, weil sich
kein Aufseher darum kümmerte. „Im Markt für erstklassige
Hypotheken, wo wir kaum Aufsicht brauchen, gibt es viel
Aufsicht. Im Subprime-Markt, wo wir die Aufsicht dringend

brauchen, werden die meisten Kredite ohne größere Kontrolle vergeben. Es ist wie in einer Stadt, in der es zwar ein Gesetz gegen Mord gibt, aber keine Polizisten, die es durchsetzen."

Gramlichs Warnung wäre vielleicht eine Gelegenheit gewesen, den Absturz zu stoppen. Aber die Gelegenheit verstrich ungenutzt. Alan Greenspan, der lange Jahre bewunderte Chef der Federal Reserve, sagte später, er könne sich an das Gespräch mit Gramlich nicht mehr erinnern, räumte aber ein, dass er Bedenken gegen strengere Kontrollen gehabt habe, weil er glaubte, die Fed wäre mit dieser Aufgabe überfordert.

Tatsächlich hielt Greenspan den Staat prinzipiell für überfordert. Er wurde so zu einer tragischen Figur. In den 90er-Jahren wurde er als Übervater der Wall Street verehrt, heute gilt er als einer der Hauptschuldigen der Katastrophe. Mehr als 18 Jahre lang, vom 11. August 1987 bis zum 31. Januar 2006, leitete Greenspan die Fed und erreichte in diesen Jahren Kultstatus. Es gab Berichte, wonach eine Investmentfirma einen Altar mit dem Bild Greenspans errichtet hatte, vor dem die Mitarbeiter den großen „Maestro" der Finanzmärkte regelmäßig um Beistand anriefen. Diese Berichte waren zwar frei erfunden, bezeichnend ist aber, dass sie von vielen Menschen geglaubt wurden. Noch heute taucht das Bild vom Greenspan-Altar in Karikaturen auf. Am 23. Oktober 2008 jedoch musste Greenspan, inzwischen 82 Jahre alt, wie ein armer Sünder vor einem Ausschuss des Kongresses in Washington aussagen. Die Anhörung hatte zeitweise den Charakter eines Tribunals. „Sie hätten die Möglichkeit gehabt, die unverantwortlichen Kreditpraktiken zu unterbinden, die in die Subprime-Hypothekenkrise führten", schleuderte Henry Waxman, der demokratische Ausschussvorsitzende Greenspan entgegen. „Viele haben Ihnen geraten, einzugreifen. Nun zahlt die ganze Wirtschaft den Preis dafür, dass Sie es nicht getan haben." Greenspan räumte nur kleinlaut ein, er habe sich geirrt, als er glaubte, das Eigeninteresse der Investmentbanken werde sie vor Exzessen bewahren. Den „Tsunami" der Finanzkrise habe aber keiner vorhersagen können.

Der Tsunami war vermutlich nicht vorhersehbar. Aber sicher wäre es gut gewesen, hätte sich Greenspan näher mit den verheerenden Missständen auf dem Hypothekenmarkt auseinandergesetzt, vor denen ihn sein Kollege Gramlich gewarnt hatte. Die Nachrichten über Irreführung von Kunden, Fälschung von Dokumenten und offenen Betrug kamen schließlich aus allen Bundesstaaten. Sie beschäftigten vielleicht nicht die Politiker in Washington oder die Finanzgenies an der Wall Street, wohl aber Verbraucheranwälte und Sozialarbeiter in den ganzen USA.

KAPITEL 4

Ein amerikanischer Traum

> „Ich war mir bewusst, dass die Lockerung der Kreditstandards
> für weniger solvente Hypothekenschuldner die finanziellen
> Risiken erhöhen würde und dass Subventionen für Wohneigen-
> tum die Marktergebnisse verfälschen. Aber ich glaubte damals
> und glaube heute, dass die Vorteile breit gestreuten Wohn-
> eigentums diese Risiken aufwiegen."
>
> Alan Greenspan

Mary Overton ist Alan Greenspan noch nie in ihrem Leben
begegnet. Es ist sogar möglich, dass sie gar nicht genau
weiß, wer er ist, denn sie liest weder das *Wall Street Journal*,
noch schaut sie sich das Wirtschaftsfernsehen CNBC an.
Doch am Fall der 75-jährigen Witwe aus Brooklyn lässt sich
gut zeigen, warum sich Greenspan mit seinem Glauben in
die Selbstregulierung der Finanzmärkte geirrt hat und warum die große Krise, ausgehend von den globalen Ungleichgewichten zwischen den USA und China, ausgerechnet den
Umweg über den Markt für Eigenheime in den Vereinigten
Staaten genommen hat.

Frau Overton lebt seit gut einem Vierteljahrhundert in
der Lafayette Avenue in Bedford-Stuyvesant. Bedford-Stuyvesant ist ein Stadtteil von Brooklyn mit einer langen, wech-
selvollen Geschichte. Im Jahr 1838 gründeten ehemalige
Sklaven hier eine der ersten freien Siedlungen für Afroamerikaner in den USA. Gegen Ende des 19. Jahrhunderts erlebte der Stadtteil einen steilen Aufstieg, schöne Bürgerhäuser
entstanden. Nach dem Zweiten Weltkrieg jedoch begann,
wie in anderen Teilen New Yorks auch, der Verfall; Bedford-
Stuyvesant wurde zu einem Slum mit Drogen, Straßengangs
und verfallenen Häusern. Im Jahr 1964 erschoss Thomas
Gilligan, ein weißer Polizist, einen schwarzen Teenager namens James Powell. Die Folge waren tagelange Unruhen
und Plünderungen. 1966 kam Robert Kennedy, die große

Hoffnung der Demokratischen Partei, zu einem historischen Besuch in den Stadtteil, um sein Mitgefühl mit den Benachteiligten in den USA zu zeigen.

Bedford-Stuyvesant war immer noch ein armer, heruntergekommener Stadtteil, als der Ehemann von Mary Overton 1983 an der Lafayette Avenue ein vierstöckiges Haus aus der Jahrhundertwende erwarb. Solche Häuser nennt man in Brooklyn Brownstones, sie geben der Millionenstadt an vielen Stellen die Anmutung einer Londoner Vorstadt. Im Falle der Familie Overton erwies sich der Kauf als eine weitsichtige Investition. Die Dinge in dem Viertel verbesserten sich zusehends, es gab weniger Mord und Totschlag, die Crack-Höhlen und Straßengangs verschwanden nach und nach, Bedford-Stuyvesant verwandelte sich in eine angenehme Nachbarschaft. Man sah der Lafayette Avenue ihre schwierige Geschichte zwar auch damals noch an; viel Dreck lag auf den Straßen, es gab unbebaute Grundstücke, aber der Trend ging nach oben, auch bei den Grundstückspreisen.

Frau Overton saß also auf einem kleinen Vermögen, ohne dies richtig zu nutzen. Von ihrem Haus abgesehen war sie eine arme Frau. Die Witwe bezog eine Minirente von 622 Dollar im Monat; außerdem bekam sie 316 Dollar von der Stadt New York, weil sie ihren minderjährigen Enkel versorgte. So war sie durchaus interessiert, als im Mai 2005 der Reklamebrief einer Bank unter der Haustür durchgeschoben wurde, die ihr ein überaus günstiges Angebot zu machen schien: Sie sollte eine Hypothek auf ihr Haus aufnehmen und das Geld zu dessen Renovierung nutzen. Auf dem Prospekt der Bank, sie hieß Ameriquest, stand eine Telefonnummer, und bei der rief Frau Overton an. Kurze Zeit später saß sie in ihrem Wohnzimmer in der Lafayette Avenue einer netten Dame gegenüber, die sich als Finanzmaklerin Melissa Fann vorstellte. Was sie sagte, klang sehr plausibel. Frau Overton würde so viel Geld aus der Hypothek bekommen, dass es nicht nur für die Renovierung, sondern auch für die Bedienung der Schulden reichen würde. Die oberen Stockwerke könnte sie dann vermieten und so ihre Rente aufbessern. Frau Fann hatte auch einen Herrn von einer Baufirma mitgebracht, der alles regeln wollte.

Doch als einige Tage später auf ihrem Küchentisch der Kreditvertrag zur Unterzeichnung lag, wurde Mary Overton stutzig: Ihre Monatsbelastung würde stolze 2 291 Dollar ausmachen – dreimal so viel, wie sie bis jetzt netto zum Leben hatte. Sie sagte vernünftigerweise Nein. Doch jetzt war Frau Fann, die Finanzmaklerin, gar nicht mehr nett, sondern begann, zu drohen: Sie könne jetzt nicht mehr Nein sagen, der Mann von der Baufirma habe schon Material gekauft, und sie werde Frau Overton vor Gericht bringen. Schließlich gab die Witwe nach. „Ich habe mich einschüchtern lassen", sagte sie später. „Das war mein größter Fehler."

Und dann wurde die Witwe ausgenommen nach Strich und Faden. Der Zinssatz des Darlehens war variabel und konnte von 8,99 auf 14,99 Prozent steigen. Von der Hypothek – 285 000 Dollar – gingen 13 624,15 Dollar an Gebühren ab, außerdem ein paar Hundert Dollar an einen Anwalt und einen Notar, die Frau Overton beide nie zu sehen bekam. Davon, dass man aus der Hypothek auch den Schuldendienst finanzieren würde, war keine Rede mehr, denn den Rest der Darlehenssumme überwies die Bank direkt an die Baufirma. Die begann auch gleich mit der Arbeit und riss die Rückwand des Hauses ein – allerdings ohne vorher eine Baugenehmigung einzuholen, weshalb die zuständige Behörde der Stadt New York Einspruch einlegte und das Haus zwei Monate lang nach hinten offen stand. „Zum Glück war damals Sommer", sagte Frau Overton. Sie und ihr Enkel schliefen wochenlang praktisch im Freien.

Und schließlich der Hauskredit selbst: Da sie keinen Cent davon zu sehen bekam, konnte sie auch Zins und Tilgung nicht zahlen. Deshalb wurde sie bald mit hässlichen Anrufen eingedeckt. Die Stimmen am Telefon bedrohten sie, mehrmals am Tag und manchmal auch nach elf Uhr abends. Sie drohten damit, das Haus in der Lafayette Avenue zwangszuversteigern, wenn sie nicht zahlte. In ihrer Not wandte sie sich schließlich an eine Verbraucherschutzorganisation, das „Foreclosure Prevention Project" (FPP) in Brooklyn, was sich ungefähr mit „Projekt zum Schutz vor Zwangsversteigerungen" übersetzen lässt. In New York gibt es viele derartige Institutionen, die sich um das Los der Armen und Benachteiligten in der amerikanischen Wirtschaft kümmern. Die Anwälte von FPP brachten den Fall jedenfalls vor ein Bezirksgericht. Bei Durchsicht der Akten entdeckten sie Erstaunliches: Die Kreditunterlagen waren nicht nur schlampig zusammengestellt, sondern glatt gefälscht, in der erkennbaren Absicht, Mary Overton kreditwürdiger erscheinen zu lassen, als sie war. Am schönsten war eine Bescheinigung, wonach die 75-jährige Frau Kosmetikberaterin der Firma Avon sein soll – Mary Overton hat Übergewicht, wie viele Amerikaner mit geringem Einkommen, sie leidet unter schwerer Arthritis und kann deshalb kaum längere Wege zu Fuß zurücklegen.

Als sich Mary Overton mit ihren Sorgen an die Organisation FPP wandte, dachte sie, das Ganze sei ein ganz normaler Fall von Betrug, mit dem in Finanzsachen ungebildete Leute wie sie immer rechnen müssen. Sie konnte nicht ahnen, dass der „Subprime Loan", der jetzt auf dem Haus in der Lafayette Avenue lastete, Teil eines gigantischen Finanzgebäudes war, das kurz vor dem Zusammenbruch stand. Mary Overton war eines der ersten Opfer der Finanzkrise, noch ehe sie richtig begonnen hatte.

Auch Jessica Attie dachte damals nicht in solchen Dimensionen. Die Anwältin von Mary Overton saß in ihrem Büro in der Court Street in Brooklyn und hatte ein paar Landkarten der Stadt New York vor sich ausgebreitet. Auf den Karten sah man schwarze Schrägstriche und rote Punkte. Die schwarzen Schraffierungen kennzeichneten jene Stadtviertel, in denen Afroamerikaner und Einwanderer aus Lateinamerika die Mehrheit der Bevölkerung stellen. Und jeder rote Punkt stand für ein Haus oder eine Eigentumswohnung, die zur Zwangsversteigerung ausgeschrieben wurde, weil dem Besitzer seine Schulden über den Kopf gewachsen waren. Das Verblüffende dabei: Rote Punkte und schwarze Streifen waren fast deckungsgleich, in Stadtvierteln wie der Bronx, in Teilen von Queens und eben in Bedford-Stuyvesant. „Die Geldverleiher suchen sich gezielt Farbige als Opfer aus", sagte die Anwältin. Afroamerikaner und Einwanderer aus Lateinamerika sind häufig schlechter ausgebildet als Weiße oder Asiaten, sie verdienen weniger und leben oft in schwierigen Familienverhältnissen. „Entweder verkaufen sie ihnen Darlehen, die diese sich nicht leisten können. Oder sie verkaufen ihnen teure Subprime Loans, obwohl sie auch viel billigere normale Hypotheken haben könnten." Dadurch droht immer mehr Familien die Zwangsversteigerung ihrer Wohnung. Die Anwältin kam zu einem traurigen Schluss: „Die Geldverleiher ziehen das Vermögen aus den armen Vierteln ab und transferieren es an die Wall Street."

Jessica Attie ahnte damals, im Februar 2007, nicht, dass das ganze Verfahren der Wall Street ebenso schadete wie den Opfern der Geldverleiher.

An dieser Stelle ist es notwendig, zurückzublicken. Kredite an arme Menschen, Subprime Loans also, sind in ihrem Kern nichts Schlechtes, sondern ein gesellschaftlicher Fortschritt. Früher war Kredit ein Privileg für die Wohlhabenden: Wer viel hatte, dem wurde auf der Bank gegeben. Weil er kreditwürdig war, hatte er es leichter, sich Wünsche zu erfüllen und zu investieren. Kreditgenossenschaften, Sparkassen für arme Leute und Bausparkassen trugen daher zum sozialen Ausgleich bei. Wie wichtig Kredit gerade für Arme ist, ist heute klarer denn je. Der Banker und Visionär Muhammad Yunus aus Bangladesch wurde 2006 mit dem Friedensnobelpreis ausgezeichnet für sein Konzept der Grameen Bank. Die Bank vergibt Kredite an arme Bauern, was im amerikanischen Sprachgebrauch nichts anderes als Subprime Loans bedeutet.

Kredite sind eine Brücke in die Zukunft, ein Weg für Arme, sich ein besseres Leben zu ermöglichen. Banker waren daher in Amerika oft Agenten des sozialen Fortschritts. Zum

Beispiel Amadeo Giannini, der Sohn italienischer Einwanderer, der 1904 in San Francisco eine Bank für arme Immigranten gründete. Aus ihr ging später die Bank of America hervor, heute nach der Bilanzsumme die größte Bank der Vereinigten Staaten. Besonders schön zeigt den Zusammenhang zwischen Arme-Leute-Kredit und Fortschritt George Bailey, der Held in Frank Capras Film *Ist das Leben nicht schön?* von 1946. Bailey, gespielt von James Stewart, ist der Chef einer kleinen Bank in einem Städtchen namens Bedford Falls. Sein Geschäft besteht darin, armen Familien zu einer günstigen Hausfinanzierung zu verhelfen. Der Böse im Film ist Henry F. Potter (Lionel Barrymore), Eigentümer mehrerer heruntergekommener Wohnblocks in der Stadt, ein „Slumlord", wie man heute vielleicht sagen würde. Potter möchte Baileys Geschäft als lästige Konkurrenz zerstören; die Armen sollen gefälligst als Mieter in seinen Slums bleiben. Bailey hilft ihnen aus den Slums heraus. Er und seine Kunden sind wie eine Familie: Der Bankier entsagt seinen Träumen von einer Karriere draußen in der großen, weiten Welt, um die Bank zu retten und den Armen von Bedford Falls zu helfen. Diese revanchieren sich auf ihre Weise. Als die Bank kurz vor dem Bankrott steht, sammeln die Bürger der Stadt, um Bailey das rettende Kapital zur Verfügung zu stellen. Sie übergeben es ihm an einem Weihnachtsabend, weshalb *Ist das Leben nicht schön?* zu einem klassischen Weihnachtsfilm in amerikanischen Familien wurde. In einer Schlüsselszene ruft Bailey seinem Gegenspieler Potter entgegen: *„Sie sagen, sie* (die Armen) *sollen warten und ihr Geld sparen, ehe sie überhaupt wagen dürfen, an ein anständiges Zuhause zu denken. Warten! Auf was warten? Bis ihre Kinder erwachsen sind? Bis sie alt und kaputt sind? Wissen Sie, wie lange es dauert, bis ein Arbeiter 5 000 Dollar gespart hat? Merken Sie sich dies, Herr Potter: Der Pöbel, von dem Sie immer reden, der macht die meiste Arbeit in dieser Stadt, das Zahlen, das Leben, das Sterben. Ist es zu viel verlangt, dass die Leute arbeiten, leben, zahlen und sterben in ein paar anständigen Räumen mit einem Bad?"*

Der Film ist ein Märchen, natürlich. Aber er spiegelt auch ein Stück Realität, und diese Realität liegt darin, dass Schuldner und Gläubiger bei einem Hauskredit normalerweise durch starke gemeinsame Interessen verbunden sind, selbst dann, wenn der Banker nicht so ein märchenhaft guter Mensch ist wie George Bailey. Die Bank muss darauf achten, dass der Hauskäufer auch in der Lage ist, Zins und Tilgung zu bezahlen. Kann er das nicht und bleibt über eine längere Zeit säumig, dann geht das Haus zwar ins Eigentum der Bank über und sie kann es verkaufen. So eine Zwangsversteigerung endet aber für die Bank meist mit einem Verlust. Der Kreditsachbearbeiter der Bank prüft daher in der Regel die Einkommensverhältnisse seines Kunden genau, ehe er einen Kredit vergibt. Als Faustregel gilt, dass eine Familie nicht mehr als 30 Prozent ihres Monatseinkommens für Zins und Tilgung ausgeben sollte. Jenseits dessen wird es schwierig, den normalen Lebensunterhalt zu bestreiten. Es wäre daher aus Sicht der Bank widersinnig, Kunden reich zu rechnen, wie das im Falle von Mary Overton geschah.

Warum waren dann die Erfahrungen von Mary Overton so völlig andere? Warum hatte sie es nicht mit einem George Bailey zu tun, sondern mit einer Bank Ameriquest? Die Antwort liegt in zwei Dingen: erstens in dem maßlosen Anstieg der Immobilienpreise in den USA nach 2001 und zweitens in dem Begriff „Securitization", was man am besten mit „Verbriefung" von Krediten übersetzt. Während der vergangenen 20 Jahre hat sich das Geschäft mit Krediten fundamental verändert. In den Zeiten von George Bailey behielt eine Bank den Kredit ihres Kunden so lange in der Bilanz, bis er abbezahlt war. Moderne Hypothekenbanken in den USA, wie Ameriquest eine war, behielten den Kredit dagegen nicht mehr in ihren Büchern. Sie verkauften ihn so schnell wie möglich an einen Großhändler und der reichte ihn weiter an eine der großen Banken an der Wall Street. Citigroup zum Beispiel oder die Deutsche Bank, vor allem aber Lehman Brothers. Die Investmentbanken bündelten die Kredite, packten sie zu Hypothekenanleihen zusammen und verkauften sie mit Gewinn weiter. Die Namen dieser Anleihen – Mortgage-Backed Securities (MBS) oder Collateralized Debt Obligations (CDO) – sind heute auf der ganzen Welt zu einem Synonym für die Verantwortungslosigkeit geworden, die in die Große Rezession führte.

Die CDO und MBS wurden nun allerdings nicht in böser Absicht eingeführt. Die Experten an der Wall Street hielten sie für ein wunderbares Instrument, um Risiken zu verteilen, sie verdienten außerordentlich gut dabei, glaubten aber auch, dass dies letztlich den Kunden zugutekommen würde. Dabei übersahen sie allerdings einen wesentlichen Punkt: Das Band des Vertrauens zwischen dem Banker und seinen Kunden wurde durch die Praxis der Verbriefung auseinandergerissen. Die Hypothekenmakler von Ameriquest und all den anderen Geldverleihern hatten keinerlei Interesse an der Solvenz der Schuldner, es kam einzig darauf an, dass der Kredit schnell weitergereicht wurde. Und dazu reichte es, dass es so aussah, als könne der Kunde zahlen. Die Anreize im ganzen Prozess der Hausfinanzierung hatten sich umgedreht: Es kam nicht mehr auf den langfristigen, sondern auf den schnellen Gewinn an. Spekulative und Ponzi-Finanzierungen waren plötzlich kein Problem mehr, man hatte das Problem ja ausgelagert. Oder glaubte wenigstens, man habe es.

Nach Ausbruch der Krise tauchten überall in Amerika Berichte darüber auf, wie Missbrauch und Betrug auf dem Markt für Hausfinanzierungen gefördert wurden. Eine ehemalige Kredithändlerin namens Melissa Hernandez offenbarte sich dem Magazin *Business Week*.[27] Frau Hernandez lebt in Los Angeles und ist Vertreterin für medizinische Apparate. Bis zum Ausbruch der Krise war sie jedoch Großhändlerin von Krediten für Ameriquest, also genau der Bank, deren Opfer Mary Overton in Brooklyn wurde. Die Arbeit von Melissa Hernandez bestand darin, Kreditverträge von Hypothekenmaklern zu prüfen und an Lehman und andere weiterzuverkaufen. „Ich habe gesehen, wie Makler ganz offen Einkommenserklärungen und Lohnbescheide auseinandergeschnitten und neu kopiert haben, wie sie das Tipp-Ex entfernten und die Sozialversicherungsnummern änderten", sagte sie. Das ganze System war darauf angelegt, Risiken zu vertuschen, zu verschleiern und an andere weiterzugeben.

Theoretisch hätten sich die Kreditexperten bei Lehman und anderen Finanzinstituten in der Vertriebskette für die verbrieften Kredite darum kümmern müssen, dass die Hausbesitzer zahlungsfähig bleiben. Aber auch sie gaben die Risiken weiter: Sie verkauften sie als Hypothekenanleihen an Anleger auf der ganzen Welt. Außerdem versicherten sie die Wertpapiere bei der größten Versicherung der Welt, AIG. Und zwar mit einem anderen hochmodernen Instrument: Credit Default Swaps (CDS). Theoretisch hätten sich wenigstens die vielen Käufer dieser Hypothekenanleihen fragen müssen, ob denn bei den Krediten, die sie erwarben, alles mit rechten Dingen zugeht. Aber die vertrauten den Ratingagenturen Moody's und Standard & Poor's, die den Hypothekenanleihen die Traumnoten AAA vergaben. Erst nach dem Ausbruch der Krise war klar, dass die Ratingagenturen die Risiken dieses neuen Geschäfts selbst gar nicht verstanden hatten. Jedenfalls fanden die Papiere begeisterte Kunden überall auf der Welt. Die Papiere landeten auch in Deutschland, zum Beispiel in den Bilanzen der Bayerischen Landesbank, der Sächsischen Landesbank, der Industriekreditbank (IKB) oder Hypo Real Estate. Die Folgen werden die deutschen Steuerzahler auf Jahre hinaus belasten. Das System der Verantwortungslosigkeit umfasste schließlich die ganze Welt.

Dabei war offener Betrug, wie in dem Fall von Mary Overton, gar nicht notwendig, um Subprime Loans zu einer Gefahr für Hausbesitzer und das ganze Finanzsystem zu machen. Es reichte, dass die Banken von ihren Kunden einfach nicht wissen wollten, wie viel sie verdienten. Das war völlig legal, hatte aber zerstörerische Konsequenzen: Die Kunden wussten nicht, auf welches Risiko sie sich einließen, sie wussten auch nicht, ob sie sich nicht vielleicht eine billigere normale Hypothek statt des teuren Subprime Loan hätten leisten können. Andere wurden durch kreative Gestaltung über die wahren Kosten ihrer Hypothek getäuscht: Die Zinsen wurden in den ersten beiden Jahren künstlich gedrückt, nur um danach umso stärker zu steigen. Solche „Adjustable Rate Mortgages" (ARM) wurden Hunderttausenden zum Verhängnis, als die Spekulationsblase platzte. Banken finanzierten Häuser zu 100 Prozent, ohne dass der Käufer einen Cent Eigenkapital beisteuern musste; manchmal stundete die Bank im ersten Jahr sogar die Zinsen. Es war unvermeidlich, dass bei so einem Kredit die Schulden des Hauskäufers höher waren als der Wert seiner Immobilie. Es sei denn, die Preise stiegen immer weiter. Und darauf setzten viele; deshalb zog der Subprime-Markt auch viele Zocker an, die kein Wohneigentum erwerben, sondern nur schnelle Gewinne machen wollten, indem sie die Immobilien weiterverkauften. Die zusätzliche Nachfrage trieb die Preise weiter in die Höhe, sie machte den Boom noch verrückter.

Das Auf und Ab auf den Immobilienmärkten war in den Vereinigten Staaten schon immer schärfer ausgeprägt als in Deutschland, der letzte Boom jedoch war ohne historisches Beispiel. Von Januar 2000 an bis zum Juni 2006, dem Höhepunkt der Spekulation, stiegen die Immobilienpreise in den Metropolregionen der USA um 126 Prozent, in einigen Städten lag der Anstieg noch wesentlich höher: In Washington waren es 150 Prozent, in Los Angeles 173 Prozent und in Miami 178 Prozent. Der durchschnittliche Hypothekenschuldner gab am Ende des Booms 23,2 Prozent seines Monatseinkommens für Zins und Tilgung aus.[28] Dabei handelte es sich um Durchschnittswerte, in die auch Häuser eingingen, die weitgehend abbezahlt waren. Es war damit klar, dass manche Amerikaner 40 Prozent ihres Einkommens oder mehr für ihre Hypothek zahlten. Normal ist ein Durchschnittswert von 16 oder 17 Prozent.

Im Frühjahr 2009 waren die Preise wieder auf den Stand von Frühjahr 2004 zurückgegangen. Wenn dieses Buch erscheint, werden vermutlich dreieinhalb Millionen Häuser in den USA zwangsversteigert worden sein. In Nevada, dem am schwersten getroffenen Bundesstaat, haben knapp acht Prozent sämtlicher Häuser zwangsweise den Besitzer gewechselt. Die Tragödie liegt darin, dass die Exzesse des Subprime-Marktes, die so viele Menschen in den Ruin geführt haben, leicht zu vermeiden gewesen wären. Es hätte dazu nur einer relativ einfachen Marktregulierung bedurft. Eine Vorschrift muss sicherstellen, dass am Anfang der Kette, bei der Vergabe des Hypothekenkredits selbst, sorgfältig gearbeitet wird. Und dies ist dadurch zu erreichen, dass die Hypothekenbank gezwungen wird, einen nennenswerten Anteil des Kredits, zum Beispiel zehn Prozent, in den eigenen Büchern zu halten. Die Vorschrift gehört zu den vielen Reformen, die jetzt, nach den bitteren Lehren der Krise, eingeführt werden müssen.

Es waren aber nicht nur die Innovationen auf den Finanzmärkten und die fehlenden Regeln dort, die den amerikanischen Immobilienmarkt zu einem Vehikel der globalen Krise machten. Auch die amerikanische Wirtschafts- und Steuerpolitik leistete ihren Beitrag. Markt- und Staatsversagen trugen zu gleichen Teilen zu der Katastrophe bei.

Staatsversagen

Das eigene Haus ist ein Ziel, das die amerikanische Nation eint. Ein Heim für die eigene Familie in einer Vorstadt zu besitzen, und sei es auch noch so klein, gilt als Inbegriff amerikanischer Werte, „Suburbia" als Hort der Mittelschicht und des Konservatismus. Alte und neue Amerikaner unterscheiden sich diesbezüglich in keiner Weise. Es waren vor allem Einwanderer aus Lateinamerika, die mit ihrer Nachfrage den Subprime-Boom in Südkalifornien, in Nevada und Arizona nährten. Republikaner und Demokraten sind sich einig in dem Ziel, den Anteil der Amerikaner zu erhöhen, die ihr Haus selbst besitzen. Deshalb fördert der Staat in den USA massiv den Erwerb von Wohneigentum. Die einfachste und wirksamste Förderung besteht darin, dass Hypothekenzinsen von der Steuer abgesetzt werden können. Es ist eine gewaltige Subvention für Hauskäufer, Hypothekenbanken und die Bauindustrie. Außerdem wird die Dynamik des amerikanischen Immobilienmarktes durch zwei Institutionen gefördert, für die es in Deutschland keine Entsprechung gibt: Fannie Mae und Freddie Mac. Ihre Entstehung verdanken sie Präsident Franklin D. Roosevelt und dessen New Deal.

Roosevelt ist heute berühmt für seine Sozialgesetze, für Beschäftigungsprogramme und für den Sieg der freien Welt im Zweiten Weltkrieg. Eine der wichtigsten Neuerungen Roosevelts wird aber meist vergessen: Der Erfinder des New Deal machte aus Amerika eine Nation von Eigenheimbesitzern. Bei Ausbruch der Weltwirtschaftskrise 1929 wohnten ungefähr 40 Prozent aller amerikanischen Familien in einem Haus oder einer Wohnung, die ihnen selbst gehörte, ein im internationalen Vergleich eher niedriger Wert. Besonders für ärmere Familien war es damals schwierig, ein Haus zu finanzieren. Hypotheken waren teuer, sie liefen meist nur über drei bis fünf Jahre. Es war auch nicht üblich, den Kredit regelmäßig zu tilgen, sondern er musste am Ende der Laufzeit auf einen Schlag zurückgezahlt werden. Viele konnten das nicht.

Die Weltwirtschaftskrise hatte die amerikanische Gesellschaft zerrissen und die Menschen traumatisiert. Roosevelt wollte die USA dadurch versöhnen, dass er es Normalverdienern ermöglichte, zu vertretbaren Kosten ein Haus zu kaufen. Zu diesem Zweck richtete er 1938 eine staatliche Behörde ein, die Federal National Mortgage Association (FNMA). Deren Aufgabe war es, örtlichen Banken und Sparvereinigungen („Savings and Loan Corporations") Hypothekenkredite zu garantieren und die Institute so in die Lage zu versetzen, mehr und billigere Kredite an Hauskäufer auszugeben. Die Behörde standardisierte die Hypotheken – sie sollten bis zu 80 Prozent der Kaufsumme finanzieren,

20 Jahre lang laufen und es der Familie erlauben, in dieser Zeit die Schulden zurückzuzahlen. Die FNMA brachte Sparer dazu, ihr Geld bei Hypothekenbanken und Sparvereinen anzulegen. Es entstand ein florierender Sekundärmarkt für Hauskredite. Gut 20 Jahre später, im Jahr 1960, wohnten 62,1 Prozent der Amerikaner in den eigenen vier Wänden.

Die FNMA gibt es auch heute noch, allerdings trägt sie nur noch das Akronym, unter dem sie populär wurde: Fannie Mae. Fannie Mae wurde 1968 privatisiert, 1970 gründete die Regierung in Washington außerdem ein Konkurrenzinstitut, die Federal Home Loan Mortgage Corporation, kurz Freddie Mac. Die beiden Institute sind heute merkwürdige Zwitter: Einerseits private Aktiengesellschaften und ihren Anteilseignern verpflichtet. Auf der anderen Seite haben sie einen klaren gesetzlichen Auftrag: die Förderung des Wohneigentums. Im allgemeinen Sprachgebrauch heißen sie daher „Staatlich Geförderte Unternehmen" (Government Sponsored Enterprise, GSE). Die Rolle hatte Vorteile für Aktionäre und Kunden von Fannie Mae und Freddie Mac. Die Finanzmärkte gingen davon aus, dass die Regierung hinter den beiden steht und diese im Ernstfall stützt – zu Recht, wie sich herausstellen sollte. Deshalb galten deren Anleihen als fast so solide wie Staatsanleihen; deren Zinsen waren entsprechend niedrig – ein Vorteil, den sie an ihre Kunden weitergaben. Auch das war eine Subvention für Hauskäufer.

Das Geschäft von Fannie und Freddie war zunächst hochprofitabel. Es gab zwar immer wieder Skandale um die beiden Banken – nichts Ungewöhnliches, wenn Unternehmen stark politisiert sind –, aber um den Bestand musste sich niemand sorgen. Dann kam das Jahr 1999. Die Regierung Bill Clinton drängte Fannie und Freddie, mehr Hauskredite ärmerer Hausbesitzer zu kaufen – in der guten Absicht, den Hauserwerb für Subprime-Schuldner zu erleichtern. Vermutlich wollten Clinton und seine Mitarbeiter auch etwas für die Gleichheit der Rassen in den USA tun, schließlich gingen schon damals besonders viele Subprime-

Kredite an Schwarze und Hispanics. Im September 1999 kündigte Fannie Mae ein Pilotprogramm für die Förderung von riskanteren Hauskrediten an. Seither bauten Fannie und Freddie ihren Marktanteil bei derartigen Hypotheken ständig aus. Zu Beginn der heißen Phase der Krise im Sommer 2008 garantierte allein Fannie Mae 400 Milliarden Dollar an Krediten minderer Qualität. Insgesamt standen die beiden Unternehmen hinter Hypotheken im Gesamtwert von 5,2 Billionen Dollar – knapp die Hälfte des gesamten Marktes. Im Zuge der Krise nahmen die Verluste bei Fannie und Freddie dramatisch zu. Es war klar, dass die beiden viel zu wichtig waren, um sie untergehen zu lassen. Am 7. September 2008 stellte Finanzminister Henry Paulson Fannie Mae und Freddie Mac unter staatliche Zwangsverwaltung. Seither ist die Regierung direkt verantwortlich für den größten Teil des amerikanischen Immobilienmarktes.

Konservative Politiker sehen in den beiden „Gorillas" Fannie und Freddie die Hauptschuldigen für die Finanzkrise. Sie hätten die Exzesse auf den Häusermärkten und die Spekulation gefördert. Die Erklärung ist nicht falsch, sie stimmt aber nur zu einem Drittel, grob gerechnet. Schließlich hatten die beiden Institute weder etwas mit den betrügerischen Praktiken bei Subprime-Krediten zu tun noch mit den exzessiven Risiken, die Unternehmen wie Citigroup, Lehman Brothers oder AIG in ihre Bilanzen packten. Richtig ist aber, dass Fannie und Freddie die Marktergebnisse verfälschten und eine Sicherheit vortäuschten, die sie nicht garantieren konnten. Sie halfen damit Risiken aufzubauen, die jetzt auf dem Weltfinanzsystem lasten.

Es gibt aber auch noch andere, unscheinbare Rechtsvorschriften, die in der Krise ungeahnte Folgen haben sollten. Wer in Deutschland ein Haus oder eine Wohnung auf Kredit kauft, der muss sein gesamtes Vermögen verpfänden für den Fall, dass er seine Hypothek nicht mehr bedienen kann. Diese gesamtschuldnerische Haftung gibt es in vielen amerikanischen Bundesstaaten nicht. Der Käufer haftet nur mit seinem Hausvermögen und mit sonst nichts, selbst wenn er eine Million Dollar Bargeld und alle Juwelen der Welt besitzen sollte. Und das hat Konsequenzen, besonders dann, wenn das Hausvermögen negativ wird.

Einfach davonrennen

Raymond Zulueta ist eines der vielen Opfer der Immobilienkrise. Und er gehört zu denen, die selbst dazu beigetragen haben, dass sie zu Opfern wurden. Der Familienvater aus San Francisco hatte sein Eigenheim zu 100 Prozent fremdfinanziert, weil er, wie so viele andere, auf immer weiter steigende Immobilienpreise gesetzt hatte. Ende 2006 kam die Wende. Die Preise begannen zu sinken, in Kalifornien besonders stark. Dann lief auch noch der niedrige Einstiegszins auf die Hypothek aus, mit der ihn seine Bank einst geködert hatte. Zuluetas monatliche Zinslast stieg auf 2 600 Dollar, eine Summe, die er sich nicht mehr leisten konnte. Die Schulden übertrafen den Wert seiner Immobilie bei Weitem, sein Vermögen wurde negativ. Zulueta suchte Rat bei einem Anwalt und handelte dann: Er stellte alle Zahlungen ein, ließ einen Lkw kommen, packte die Möbel ein und zog mit Frau und Tochter in eine Mietwohnung, die ihn nur noch 1 300 Dollar im Monat kostet. Den Schlüssel für sein überschuldetes Haus lieferte er ganz einfach bei seiner Bank ab. Die musste nun versuchen, bei dramatisch sinkenden Preisen so viel wie möglich für das Objekt zu erlösen.

Im ersten Quartal 2009 hatten 21,9 Prozent aller Hausbesitzer in den Vereinigten Staaten ein negatives Immobilienvermögen: Der Wert ihres Eigenheims ist niedriger als die Summe, die sie der Bank schulden.[29] Sie befinden sich „unter Wasser", wie man in den USA sagt. Im Bundesstaat Nevada, wo besonders viele Einwanderer aus Lateinamerika auf die Subprime Loans hereingefallen waren, dürfte inzwischen die Hälfte aller Hausfinanzierungen unter Wasser sein, in Michigan, dem Herz der amerikanischen Autoindustrie, und in Arizona ein Drittel. Hinter diesen Zahlen verbirgt sich oft große Not. Häufig fallen der Verlust des Hauses und des Jobs zusammen. Rezession und Subprime-Krise verstärken sich auf fatale Weise. Familien verlieren ihr Haus und müssen nun plötzlich in Wohnwagen, in Motels oder bei Verwandten leben.

Aber das ist eben nicht die ganze Realität. Denn viele machen es genau so wie Raymond Zulueta. Für sie ist es rational, Haus und Schulden einfach der Bank zu überlassen. „Wenn Sie in Kalifornien ein Haus von 400 000 Dollar und Schulden von 500 000 Dollar haben, können Sie Ihre Probleme einfach bei der Bank abladen", sagt Chad Ruyle, ein 30-jähriger Anwalt aus San Diego in Südkalifornien. „Sie können sogar noch bis zu acht Monate in Ihrem Haus wohnen, ohne etwas zu bezahlen." Ruyle gründete im Januar 2008, rechtzeitig zu Beginn der Krise, eine Firma namens „You Walk Away" („Du gehst weg"). Es war eine geniale Geschäftsidee, seine Kanzlei blüht. Ruyles wichtigstes Produkt ist das „Walk Away Kit" zum Preis von 995 Dollar, eine Art Rundum-sorglos-Paket für überschuldete Hausbesitzer, die einfach weggehen wollen: Beratung durch einen Anwalt und einen Steuerberater, Formbriefe an die Bank, die unter anderem sicherstellen sollen, dass der Schuldner hinterher nicht mehr mit Anrufen behelligt werden kann.

Niemand weiß, bei wie vielen Zwangsversteigerungen der Hausbesitzer tatsächlich auf diese Weise sein Eigentum verlassen hat. Der Verband der amerikanischen Hypothekenbanken beobachtete jedoch „eindeutig eine wachsende Bereitschaft seitens der Schuldner, von ihren Hypotheken davonzulaufen". Dabei gibt es erhebliche Unterschiede von Bundesstaat zu Bundesstaat. „In Kalifornien und Arizona sind Schuldner ziemlich gut geschützt, in Ohio ist die Lage schlecht, New York liegt irgendwo in der Mitte", sagt Anwalt Ruyle. Die Praktiken seiner Firma sind nicht unumstritten. Manche Verbraucheranwälte werfen „You Walk Away" vor, die Risiken des „Einfach-Weggehens" herunterzuspielen. Jeder, der dies einmal gemacht hat, wird auf absehbare Zeit von keiner Bank mehr einen neuen Kredit bekommen. Aber viele Betroffene nehmen das in Kauf, wenn sie anderenfalls arm werden würden.

Anwalt Ruyle weist Kritik an seiner Praxis zurück: „Das Problem der Zwangsversteigerungen war schon da, wir haben es nicht gemacht. Man kann nicht die Scheidungsanwälte dafür verantwortlich machen, dass es Scheidungen gibt." Unbestreitbar ist aber, dass das Recht überschuldeter Hausbesitzer, im Notfall einfach den Schlüssel der Bank zurückzugeben, einen machtvollen Anreiz darstellt, unvorsichtig zu werden und sich ein Haus zu kaufen, das man sich eigentlich nicht leisten kann. Aus Sicht der Finanzmärkte ist es ein Zusatzrisiko für jeden, der amerikanische Immobilienkredite kauft. Ein Risiko, an das viele in den heißen Jahren des Booms nicht dachten, nicht an der Wall Street, aber auch nicht in Deutschland bei den scheinbar so soliden Instituten wie Hypo Real Estate, IKB, Bayerische Landesbank, Sachsen LB, HSH Nordbank und all den anderen.

Zu den Hausbesitzern, denen geholfen werden konnte, gehört Mary Overton in Brooklyn. Ihr Fall ist letztlich einigermaßen gut ausgegangen. Von den Anwälten unter Druck gesetzt, stimmte Ameriquest einem Vergleich zu und nahm das absurde Darlehen zurück, die Witwe konnte ihr Haus in Brooklyn behalten und wohnt dort bis heute. Allerdings nur im Erdgeschoss. Die oberen Stockwerke haben die Bauarbeiter seinerzeit unbewohnbar gemacht. Die Bank Ameriquest ist längst im Strudel der Krise untergegangen. Am 31. Juli 2007 wurde die Bank an Citigroup verkauft und als eigenständige Einheit geschlossen. Und irgendwo auf der Welt musste irgendeine Bank oder ein Investor ein Wertpapier abschreiben, in dem Mary Overtons Kredit steckte, als kleiner Beitrag zur großen Krise.

KAPITEL 5

Wall Street und Main Street

> „Wir haben einen kritischen Augenblick erreicht, es gibt
> eine gewisse geistige Gärung, eine Aktivität der Spekulation
> und des Unternehmergeistes. Wenn sie richtig gelenkt
> wird, mag sie nützlichen Zwecken dienen; wenn sie aber
> sich selbst überlassen wird, könnte sie verderbliche Folgen
> nach sich ziehen."
>
> Alexander Hamilton 1792

Es war eine der Gelegenheiten, bei denen die ganze Wut
Amerikas ausbrach, über die Krise und über die, die sie verursacht hatten. Am 24. April 2009 trat im Kapitol in Washington der Bankenausschuss des Repräsentantenhauses
zusammen, um drei Männer ins Verhör zu nehmen: Notenbankchef Ben Bernanke, Finanzminister Timothy Geithner
und den Präsidenten der Federal Reserve Bank of New York,
William Dudley. Die Abgeordneten wollten wissen, warum
die drei es zugelassen hatten, dass AIG für über 160 Millionen Dollar Boni an Manager zahlte, nachdem der Konzern
doch nicht weniger als 170 Milliarden Dollar Hilfe vom
Staat bekommen hatte. Und warum etliche Milliarden Steu-
ergeld an europäische Banken geflossen sind, um vertragli-
che Verpflichtungen von AIG zu erfüllen. Die drei Männer
versuchten sich damit zu verteidigen, dass sie sich an geltende Verträge halten müssten und dass der Zusammenbruch
von AIG eine Katastrophe für das amerikanische Volk bedeutet hätte. Es half ihnen nicht viel. Der Zorn traf sie von
rechts und von links. Wie es sein könne, dass Vermögen gerettet würden, die bei AIG versichert waren, während normale Amerikaner, die in der Krise 40 oder 50 Prozent ihrer
Ersparnisse verloren haben, leer ausgingen, wollte der Republikaner Don Manzullo aus Roxford in Illinois wissen.
Der linke Demokrat Brad Sherman aus San Fernando in Kalifornien forderte von Geithner ultimativ eine Liste all der

Manager, die mehr als eine Million Dollar verdienen, jeden-
falls, sofern sie Geld von der Regierung bekommen haben.
Konservative und Progressive waren sich einig in ihrer Wut
auf „Wall Street". Und in der richtigen Wall Street in New
York schrien Demonstranten die Parole: „Bail out people.
Not banks" („Rettet Menschen. Nicht Banken").

Das Verhör im Repräsentantenhaus machte klar, wie groß
der Graben zwischen den Eliten im Finanzdistrikt in Manhattan einerseits und den Durchschnittsamerikanern andererseits in Wirklichkeit ist. Vom Ausland aus betrachtet,
gehört die Wall Street zur Großmachtrolle der USA, fast
ebenso sehr wie deren Flugzeugträger, Raumfähren und
Atomwaffen. Kaum jemand aber nimmt jenseits der US-
Grenzen wahr, wie fremd und sogar feindlich die meisten Amerikaner der Wall Street gegenüberstehen. Ausdruck
dieser Fremdheit ist die Formel „Wall Street gegen Main
Street". „Main Street", also die „Hauptstraße", steht für das
normale, arbeitsame und ernsthafte Amerika, „Wall Street"
für Exzesse, Gier, Spekulantentum und Überheblichkeit. Es
geht um „wir hier gegen die dort". „Das mag gut für Wall
Street sein, aber ist es auch gut für Main Street", ist eine bei
politischen Debatten häufig gebrauchte Formel. In der Finanzkrise ist die Ablehnung in Hass umgeschlagen und der
macht es der Regierung in Washington überaus schwer, im
Kongress eine Mehrheit dafür zu bekommen, die Bilanzen
der Banken mit noch mehr Dollar-Milliarden zu säubern.
Präsident Obama hatte es im Wahlkampf zwar verstanden,
die Wut auf die Wall Street für sich und sein Reformpro-
gramm zu nutzen. Aber nun muss er mit der Wall Street zusammenarbeiten, um die Krise zu lösen. Jetzt projiziert die
Öffentlichkeit den Gegensatz Main Street/Wall Street auf
Obamas Kabinett. Im März, als die Geschichte mit den
AIG-Boni bekannt wurde, hatten 60 Prozent der Amerikaner
eine gute Meinung von Obama, er galt als „einer von uns",
als Bewohner der Main Street. Sein Finanzminister Geithner
dagegen wird als Gewächs der Wall Street gesehen. 60 Prozent lehnten ihn ab; er galt als einer von „denen".

Der Gegensatz zwischen Wall Street und Main Street ist deshalb so wirkmächtig, weil er tief in der amerikanischen Geschichte wurzelt. Der historische Hintergrund spielt eine große Rolle, wenn es jetzt um die Lösung der Krise geht.

Eigentlich ist die Wall Street nur ein unscheinbares Sträßchen im Süden Manhattans; sie beginnt bei der neugotischen Dreieinigkeitskirche am Broadway und endet nach sieben Minuten Fußmarsch unten nahe des East River. Ihren Namen hat sie von einer Mauer, die der holländische Gouverneur Manhattans, Peter Stuyvesant, dort Ende des 17. Jahrhunderts mithilfe afrikanischer Sklaven anlegen ließ. Die Mauer sollte die Kolonie vor den Indianern und den Engländern schützen, was offensichtlich nicht geglückt ist, jedenfalls was die Engländer betrifft. Zum Symbol für die Großfinanz wurde die Wall Street durch ein Café. An der Ecke Wall Street und Water Street stand Ende des 18. Jahrhunderts das Merchant's Coffee House, das sich als Treffpunkt New Yorker Geschäftsleute etablierte. In der Nähe dieses Cafés sollen 24 Händler der Überlieferung nach am 17. Mai 1792 unter einer Platane („buttonwood tree") eine Reihe von Regeln über den Handel mit Wertpapieren geschlossen haben. Dieses „Buttonwood Agreement" gilt als inoffizielles Gründungsdokument der New York Stock Exchange. Die Geschichte mit der Platane ist zwar vermutlich nur eine Legende, richtig ist aber, dass in der Zeit die ersten Regeln für den Börsenhandel in Amerika entstanden. Heute firmiert die New York Stock Exchange tatsächlich unter der Adresse „11 Wall Street". Der Eingang für Händler und Besucher befindet sich jedoch in der Broad Street; dort stehen auch die mächtigen Säulen des Börsengebäudes, die Fotografen aus der ganzen Welt aufnehmen, wenn sie ein Symbol für die „Wall Street" brauchen.

Die Geschichte der Wall Street begann, durchaus bezeichnend, mit einem Skandal. Es war in den Jahren, in denen sich die jungen Vereinigten Staaten von Amerika vom Unabhängigkeitskrieg gegen das britische Mutterland erholten. Alexander Hamilton, einer der Gründerväter der USA und deren erster Finanzminister, versuchte die Finanzen der gerade gegründeten Republik zu ordnen. Dabei traf er eine für die Entwicklung des amerikanischen Kapitalismus wegweisende Entscheidung: Trotz der schweren Kriegslasten würden die Vereinigten Staaten nicht den Staatsbankrott anmelden. Hamilton ordnete erstens eine Währungsreform an: Die „Continentals", eine Papierwährung, mit denen die Revolution finanziert worden war, tauschte er im Verhältnis 100 zu eins in Golddollars um. Die Schulden des Bundes und der 13 Einzelstaaten erkannte er an. Darunter waren 13,2 Millionen Auslandsschulden, vor allem gegenüber dem verbündeten Frankreich. Hamilton war ein klassischer Liberaler in der britischen Tradition. „Verzichtest du auf den Schutz des Eigentums, verzichtest du auch auf die Freiheit", sagte er einmal. Dank Hamiltons Entscheidung lohnte es sich, mit amerikanischen Staatsanleihen zu handeln, es entstanden die Anfänge eines ergiebigen Kapitalmarkts.

Allerdings war Hamiltons Kurs unter den Gründervätern der USA heftig umstritten. Hamiltons Gegenspieler war Thomas Jefferson aus Virginia, der fürchtete, die Spekulanten in New York könnten die demokratischen Ideale der jungen Republik gefährden. Der Bürger einer Republik, so dachte Jefferson, sollte nicht spekulieren, sondern sein Feld bestellen. Aus heutiger Sicht hat Jeffersons Position leicht komische Züge: Schließlich waren es meist Sklaven, die in Virginia und bei Jefferson selbst die Feldarbeit verrichteten. Aber Jeffersons Abneigung gegen Spekulanten und Lebemänner in New York wurde von den Bauern, Handwerkern und Pflanzern in den ehemaligen Kolonien geteilt, ob sie nun Sklaven besaßen oder nicht (Hamilton selbst war Gegner der Sklaverei).

Im Frühjahr 1792 schienen sich die schlimmsten Befürchtungen Jeffersons zu bestätigen. Der Staatssekretär Hamiltons im Finanzministerium, William Duer, hatte im großen Stil Insiderhandel getrieben. Er versuchte in Frankreich billig amerikanische Staatsanleihen aufzukaufen in der Erwartung, dass die Franzosen noch nicht wussten, wie entschlossen Hamilton war, die Staatsschulden zu bedienen. Außerdem versuchte er, Aktien der damaligen Bank of New York zu manipulieren. Das Ergebnis war im April 1792 der erste Börsenkrach in der Geschichte der USA. William Duer war pleite und musste den Rest seines Lebens im Gefängnis verbringen.

Eine Konsequenz des Krachs von 1792 war das „Buttonwood Agreement", das der Wall Street erste Regeln gegen Anlegerbetrug gab. Im Übrigen waren die Folgen für die amerikanische Wirtschaft nicht besonders schlimm. Die meisten Bürger der 13 Staaten arbeiteten damals noch für lokale Märkte und waren nicht auf Finanzierungen angewiesen. Aber die Auseinandersetzung zwischen Hamilton und Jefferson hallt seither durch die US-Geschichte. Es ist wie ein ständiges Hin und Her: Mal sind Jeffersons Ideale das Leitmotiv der Politik, mal sind es die Hamiltons. Auch das Jahr 2008 markiert eine derartige Wasserscheide. Mehr als ein Vierteljahrhundert lang orientierte sich Washington an der Wall Street, jetzt kommt die große Wende, Wall Street wird zurückgedrängt, Main Street bestimmt den Grundton der Politik. Es ist ein Muster, das es in über 200 Jahren immer wieder gegeben hat.

Ein besonders radikaler Vertreter der Anti-Wall-Street-Linie war Andrew Jackson, einer der Vorväter der heutigen Demokratischen Partei. Jackson, dessen Amtszeit als Präsident der Vereinigten Staaten von 1829 bis 1837 dauerte, gehört zu den widersprüchlichsten Politikern der amerikanischen Geschichte. Einerseits sorgte er dafür, dass das Wahlrecht ausgeweitet wurde, jedenfalls unter weißen Männern, andererseits verteidigte er aber die Institution der Sklaverei und war besonders rücksichtslos den Indianern gegenüber. Er veranlasste den berüchtigten „Indian Removal Act", ein Gesetz, das die Vertreibung der meisten verbliebenen Indianerstämme aus dem Osten der USA legalisierte. Vor allem aber hasste Jackson Banken; er sah sie als „Monster", die den Charakter der Amerikaner verdarben. Einer der Gründe für diesen Hass dürfte gewesen sein, dass Jackson in einer Börsenpanik 1819 selbst viel Geld verloren hatte. Jackson spekulierte mit Land, Pferden und – Sklaven. Mit Jefferson teilte er das Ideal vom Amerikaner als einem hart auf seinem Land arbeitenden Bauern oder Pflanzer. In den Bankenhass der Anhänger Jacksons mischten sich auch Ressentiments des ländlichen Amerika gegen Großstädte und deren Unordnung, gegen Neueinwanderer und gegen Juden.

Im Besonderen kämpfte Jackson gegen eine spezielle Bank: die Second Bank of the United States (SBUS) in Philadelphia. Die SBUS war die offizielle Bank der Bundesregierung und verwaltete die Staatsschulden der USA; in einigen Punkten war ihre Rolle der einer Zentralbank vergleichbar. Jackson bezeichnete die Bank als einen „Fluch" und eine „Hydra", die sich zu einer „Maschine der Unterdrückung des Volkes anstelle eines Beauftragten des Volkswillens" entwickelt habe. Man müsse den Kopf der Hydra abschlagen, damit die Institutionen der Nation zu ihrer „ursprünglichen Einfachheit und Reinheit zurückkehren können". 1836 verlor die SBUS ihren Status als Bank der Regierung. Von da an bis 1913 gab es in den Vereinigten Staaten keine zentrale Instanz mehr, die in Krisenzeiten das Finanzsystem hätte stützen können. Im selben Jahr wies Jackson das US-Finanzministerium an, nur noch Gold und Silber als Bezahlung für öffentliches Land zu akzeptieren. Dieser „Edelmetall-Erlass" („Specie Circular") kam einer drastischen Abwertung der umlaufenden Banknoten gleich. Das löste einen Inflationsschub und wilde Spekulationswellen aus. Die Lage lässt sich durchaus mit dem vergleichen, was in der Asienkrise und in der heutigen Finanzkrise geschah. Wer Banknoten besaß, erlitt einen dramatischen Vermögensverlust, seine Zahlungsverpflichtungen blieben aber gleich. Massenhafte Pleiten waren die Folge.

Anders als Jackson geglaubt hatte, kehrten die USA nicht zum einfachen Leben zurück, der junge Kapitalismus entwickelte sich nur noch wilder und ungeordneter. Die Anti-Banken-Politik Jacksons war nicht der einzige Grund für die Welle an Krisen, die nun folgten, aber sie trug wesentlich dazu bei. Am 10. Mai 1837 kam es zu einem Börsenkrach in New York, nachdem alle Banken an der Wall Street sich geweigert hatten, mit Gold und Silber zu bezahlen. Infolge dieser Panik brachen knapp die Hälfte aller amerikanischen Banken zusammen, es folgte eine Rezession in den USA und in Teilen Europas, deren Dauer manche Historiker auf sieben Jahre ansetzen. Bereits 1848 brach schon wieder eine schwere Krise aus, gefolgt von der nächsten, neun Jahre später.

Lehrstück für Karl Marx

Die Finanzkrise des Jahres 1857 war die erste, auf die der Terminus „Weltwirtschaftskrise" passt. Am Anfang stand die Politik, genauer: der Krimkrieg (1853 bis 1856), in dem England, Frankreich und das Osmanische Reich gemeinsam die Expansion Russlands zum Mittelmehr gestoppt hatten. Der Krieg hatte dazu geführt, dass Westeuropa mehrere Jahre von den Getreideimporten aus der Ukraine abgeschnitten war. Die Europäer suchten Ersatz und fanden ihn in den Vereinigten Staaten. Amerikas Weizenexporte schossen in die Höhe, im Mittleren Westen wurde immer neues Land unter den Pflug genommen, die Preise für Grund und Boden stiegen, eine wilde Landspekulation begann. Geld für diese Spekulation war genügend vorhanden. Bereits im Dezember 1848 hatte der kalifornische Goldrausch eingesetzt; die Menge an Währungsgold war seither weltweit gestiegen und hatte einen Boom ermöglicht. Ausländisches Kapital finanzierte den Aufbau des Eisenbahnnetzes bis zum Pazifik. Die Kurse von Aktien und Anleihen stiegen, zwischen 1850 und 1857 erhöhte sich die Zahl der Banken um nicht weniger als 50 Prozent; sie alle gaben Banknoten heraus, die wie Geld behandelt wurden.

Der deutsche Journalist und Ökonom Max Wirth kommentierte damals mit leichter Süffisanz: *„Die Yankee's schienen im Eldorado zu schwelgen und der durch Ueberspecu-*

lation und Creditüberspannung eine Zeit lang mit Leichtig-
keit gemachten enormen Gewinnste für alle Ewigkeit genie-
ßen zu wollen. Sie brüsteten sich mit bekannter Ruhmredig-
keit wie die politischen Ereignisse im Orient, während sie
Europa zur Geschäftsstille verurtheilt, wesentlich zur Pros-
perität Nordamerika's beigetragen ... hätten." [30]

Es war eine klassische Euphorie mit allem, was die Vor-
phase der Großen Rezession über 150 Jahre später auszeich-
nen sollte: eine Kapitalschwemme, die Anhäufung von Risiken im Finanzsektor und bissige Kommentare in Europa
über die leichtsinnigen Amerikaner. Dass dies nicht immer
weitergehen konnte, war klar, nur wollte es zunächst niemand wahrhaben.

Der Minsky-Moment 1857 kam nicht in den USA, sondern in Europa. Die Regierungen von England und Frankreich hatten viel Geld für den Krimkrieg zahlen müssen, das
führte zu Handelsdefiziten und zum Abfluss von Währungsgold. Um diesem Abfluss entgegenzuwirken, mussten britische und französische Banken ihre Zinsen erhöhen. Nun
kehrten sich plötzlich die Kapitalströme um. Weil sie zu
Hause jetzt höhere Renditen erzielen konnten als in den
USA, zogen europäische Investoren ihr Geld aus amerikanischen Anlagen ab; US-Banken ging das Kapital aus. Gleichzeitig brach die Landspekulation zusammen: In Europa kam
wieder russisches Getreide auf den Markt, entsprechend
ging die Nachfrage nach Weizen aus Amerika zurück.

Die Entwicklung der Jahre 1856 und 1857 ähnelte verblüffend den Krisenjahren 2007 und 2008: Immobilienspekulation, Rohstoffboom, Handelsungleichgewichte, Zusammenbruch. Und wie im September 2008 mit dem
Zusammenbruch der Lehman-Bank war es auch damals
ein eher zufälliges Ereignis, das den Absturz in die Krise
auslöste. Am 24. August 1854 stellte in New York die Ohio
Life Insurance and Trust Company ihre Zahlungen ein.
Ohio Life war eine Finanzfirma, die sich heftig an der Eisen-
bahnspekulation beteiligt hatte. Zuletzt hatte Ohio Life fünf
Millionen Dollar in Bahntrassen im Mittleren Westen inves-

tiert. Eigentliche Ursache der Bankpleite war aber, dass ein Mitarbeiter des Instituts in New York in erheblichem Umfang Geld von Kunden veruntreut hatte. Die Nachricht, dass Ohio Life nicht mehr zahlen konnte, löste eine Panik an der Börse aus, die Kurse der an der Wall Street notierten Aktiengesellschaften brachen um zehn Prozent und mehr ein. Um die Lage zu stabilisieren, orderten einige große Banken aus New York, Boston und Philadelphia in Kalifornien Gold aus Regierungsbeständen im Gegenwert von zwei Millionen Dollar. Mit dem Edelmetall wollten sie ihre Reserven aufstocken und so das Publikum beruhigen. Der Versuch entsprach dem Versuch der großen Banken 2007 und 2008, noch im letzten Augenblick frisches Kapital aufzunehmen.

Weil es damals noch keine durchgehende Eisenbahnlinie zwischen der amerikanischen Ost- und Westküste gab, musste das Gold – insgesamt über 13 Tonnen – zunächst von San Francisco aus per Schiff auf dem Pazifik in den Golf von Panama gebracht, von dort 75 Kilometer über Land transportiert und an der Atlantikküste wieder auf ein Schiff verladen werden, und zwar den Schaufelraddampfer SS Central America. Am 12. September 1857 jedoch geriet die SS Central America vor der Küste von South Carolina in einen Hurrikan und sank. Über 400 Menschen kamen bei der Katastrophe ums Leben. Als die Nachricht vom Untergang New York erreichte, brach dort eine neue Panik aus. Am 13. Oktober kam es zu einem großen Börsenkrach mit Folgen, die die Welt bisher noch nicht gesehen hatte: Die Hälfte aller New Yorker Banken war zahlungsunfähig, 100 000 Menschen in der Stadt und in Brooklyn wurden binnen kurzer Zeit arbeitslos. Am 10. November 1857 stürmte eine wütende Menschenmenge das alte Zollhaus in Manhattan, um an das dort gelagerte Währungsgold zu kommen. Die Regierung musste Soldaten mobilisieren, um die Ordnung wiederherzustellen.

Die nachfolgende Rezession war zwar relativ kurz, aber dafür überaus heftig. Ihre politischen, gesellschaftlichen und kulturellen Folgen reichen bis in die Gegenwart. Der Krach von 1857 war die erste Krise, die sich mithilfe moderner Kommunikationsmittel ausbreitete. Die großen Städte der amerikanischen Ostküste waren damals bereits durch Telegrafenkabel verbunden. Die Auswirkungen kannten praktisch keine Grenzen. Industriewaren aus England blieben in amerikanischen Häfen liegen, weil niemand sie bezahlen konnte. Auf dem europäischen Kontinent war besonders die Hafenstadt Hamburg von dem Einbruch des Welthandels betroffen. Deutschland erlitt auf seinem Weg in die Industrialisierung einen schweren Rückschlag. In Amerika verschärfte die Krise den Gegensatz zwischen Nord- und Südstaaten. Die Nordstaaten, und dort besonders die neue Partei der Republikaner, wollten die junge Industrie des Landes durch Zölle schützen. Die überwiegend agrarischen Südstaaten waren an offenen Grenzen für ihren Handel mit Baumwolle interessiert. Sie waren von der Krise weniger betroffen als der Norden und fühlten sich in ihrem Willen bestärkt, die Sklavenwirtschaft unter allen Umständen zu erhalten. Daher dürfte die Krise von 1857 den Weg in den Amerikanischen Bürgerkrieg (1861 bis 1865) beschleunigt haben.

In Europa fühlte sich der Philosoph und Privatgelehrte Karl Marx durch die Krise in seiner Theorie vom nahen Ende des Kapitalismus bestärkt. Am 29. Oktober 1857 schrieb er aus London an seinen Freund Friedrich Engels: *„Der American crash ist herrlich und noch lange nicht vorbei. Den Sturz der Masse der Importhäuser haben wir noch zu erwarten, bis jetzt scheinen nur einzelne gefallen zu sein. Die Rückwirkung auf England scheint ... eröffnet. Tant mieux. Der Handel ist jetzt wieder auf 3–4 Jahre Klatsch, nous avons maintenant de la chance.“* [31] In der Sache täuschte sich Marx grundlegend. Er dachte, die Krise sei ein Zeichen für den nahen Zusammenbruch, übersah dabei aber die Besonderheiten der Finanzmärkte und die politischen Verwerfungen, die am Anfang der Krise gestanden hatten. Er konnte daher auch nicht die schnelle Erholung nach der Krise erklären. Auf jeden Fall war die Krise von 1857 wichtig für die Entwicklung der marxistischen Krisentheorie. Zehn Jahre später erschien in London der erste Band von Karl Marx' Hauptwerk *Das Kapital*.

Dabei sollte die wilde Zeit des amerikanischen Kapitalismus erst noch beginnen. Deren Start lässt sich am besten mit dem 23. Juni 1865 markieren, dem Ende des Bürgerkriegs zwischen den Nord- und den Südstaaten. Die USA verwandelten sich innerhalb kurzer Zeit von einem Bund von Siedlerrepubliken in eine moderne kapitalistische Nation. Regeln für diesen Kapitalismus gab es noch nicht; im „Gilded Age", dem „Vergoldeten Zeitalter" Amerikas machten die Räuberbarone die Gesetze, rücksichtslose Einzelgänger, die den Aufstieg aus oft bescheidenen Verhältnissen zu märchenhaftem Reichtum geschafft hatten. An der Wall Street wurde dabei, anders als in ihren Anfängen, weniger mit Anleihen, dafür umso mehr mit Aktien gehandelt. Aktien sind ein machtvolles Instrument, um große Mengen Kapital zu sammeln, aber die Politik versagte dabei komplett. 1868 hatten die Amerikaner Ulysses Grant zum Präsidenten der USA gewählt. Grant war zwar ein begnadeter General gewesen, dem die Nordstaaten ihren Sieg im Bürgerkrieg verdankten, als Präsident erwies er sich als einer der unfähigsten in der Geschichte des Landes. In den insgesamt acht Jahren seiner Amtszeit hatte er nie auch nur ansatzweise den Überblick über die Regierungsgeschäfte. Das äußerte sich in einem schier unvorstellbaren Ausmaß an Korruption: Richter, Gouverneure, Minister – alle waren käuflich im Gilded Age.

Zwei Männer, die sich dies zunutze machten, waren Jim Fisk und Jay Gould. Die beiden berüchtigtsten unter den Räuberbaronen hatten ursprünglich ein Vermögen gemacht, indem sie eine Eisenbahnlinie, die Erie Railroad, ausplünderten, deren Aktien fälschten und sich mit dem Schiffs- und Eisenbahnmagnaten Cornelius Vanderbilt einen regelrechten Eisenbahnkrieg lieferten. Nach Ende des Eisenbahnkrieges versuchten Fisk und Gould, den Goldmarkt zu manipulieren. Auch hier stand die Politik im Hintergrund. Präsident

Abraham Lincoln hatte den Bürgerkrieg teilweise durch Inflation finanziert. Er hatte Banknoten ausgegeben, sogenannte „Greenbacks", die nicht durch Gold gedeckt waren. Nun, nach dem Ende des Krieges, wurde allgemein erwartet, dass Präsident Grant die Greenbacks mit Gold zurückkaufen würde, um die Finanzen des Landes wieder auf eine solide Grundlage zu stellen – genau so, wie Alexander Hamilton dies nach der Revolution gemacht hatte. Jim Fisk entwickelte nun mit Jay Gould einen simplen Plan: Ehe die Regierung mit den Verkäufen beginnen würde, wollten sie selbst den Goldmarkt beherrschen.

Zu dem Zweck bestachen sie den Schwager des Präsidenten, einen Finanzinvestor namens Abel Corbin. Dieser sollte Grant dazu bewegen, erst einmal mit den Verkäufen von Gold zu warten. Gleichzeitig begannen Fisk und Gould Gold zu horten, was den Preis immer weiter in die Höhe trieb. Als der Präsident endlich begriff, was geschah, wies er das Finanzministerium an, sofort zu verkaufen. Am 24. September 1869 brach die Goldspekulation zusammen, begleitet von einer Panik an der Wall Street, die viele Anleger um ihr Vermögen brachte und eine kurze, heftige Rezession auslöste. Es war der erste „Schwarze Freitag" der Finanzgeschichte. Fisk wurde am 6. Januar 1872 vom Freund seiner Geliebten auf der Treppe eines Hotels am Broadway erschossen.

Ein Jahr später, im September 1873, brach an der Wall Street eine neue Panik aus. Anlass war der Zusammenbruch einer angesehenen Bank, Jay Cooke & Company, die Ursache aber eine politische. Präsident Grant führte, nach dem Beispiel vieler europäischer Länder, den Goldstandard ein. Nur noch Gold galt in den USA als Zahlungsmittel, Silber wurde demonetisiert. Das Ergebnis war eine drastische Schrumpfung der Geldmenge, verbunden mit einem Rückgang der Preise auf breiter Front. Eisenbahngesellschaften, die sich hoch verschuldet hatten, brachen ebenso zusammen wie die Banken, die ihnen das Geld geliehen hatten. Der Krach löste in Nordamerika und Europa eine schwere Krise aus, die erst 1896 überwunden wurde. Sie hat in den USA den Namen „Lange Depression", in Deutschland wurde sie als „Gründerkrise" bekannt, weil sie zwei Jahre nach Gründung des Deutschen Reiches ausbrach.

Rettung in der Bibliothek

Mit dem Krach von 1873 war das Zeitalter der Räuberbarone noch nicht zu Ende. Das Erbe des Gilded Age prägte den Charakter Amerikas als Industrienation auf Dauer, und der Reichtum, der damals geschaffen wurde, gab der Finanzmetropole New York in den folgenden Jahren ein neues Gesicht. Die Magnaten der Wall Street wollten Amerikas Kultur verfeinern und europäischen Geschmack nach Amerika bringen. Noch heute lassen sich die Spuren in Manhattan besichtigen: das Metropolitan Museum am Central Park, die Carnegie Hall an der Seventh Avenue, die New York Public Library am Bryant Park. Eines der schönsten Erbstücke des Gilded Age aber ist die Morgan Library an der Kreuzung von Madison Avenue und 36. Straße. Der Architekt Charles Follen McKim baute es 1903 im neoklassizistischen Stil für den Bank- und Industriefürsten John Pierpont Morgan. Morgan war eine der wichtigsten Figuren für den Aufstieg des amerikanischen Kapitalismus. Die heutige Großbank JPMorgan Chase hat ihre Wurzeln in Morgans Reich. Dabei war sein Reichtum, verglichen mit dem anderer Industriemagnaten seiner Zeit, eher gering. Bei Morgans Tod 1913 wurde bekannt, dass er ein Vermögen von 80 Millionen Dollar hinterließ, was in heutiger Kaufkraft ungefähr 1,7 Milliarden Dollar entsprochen hätte. John D. Rockefeller, der Herrscher über Standard Oil, soll damals gesagt haben: „Komische Vorstellung, dass er nicht einmal ein reicher Mann war." In der Villa Morgans an der Madison Avenue spielte sich im Jahre 1907 ein Drama ab, das bis heute nachwirkt.

Die Stimmung an der Wall Street war nervös damals. Ein

Jahr davor, am 18. April 1906, hatte ein Erdbeben die Stadt San Francisco zerstört – ein Schock für das fortschrittsgläubige Land und für die Börse. Die Aktienkurse brachen ein, vor allem Eisenbahnen und Versicherungswerte stürzten in den Keller. Seither hatten sich die Kurse zwar wieder erholt, die Lage blieb aber gespannt. Im Weißen Haus regierte Präsident Theodore Roosevelt; er war Banken und Unternehmen gegenüber sehr kritisch eingestellt und versuchte, durch scharfe Kartellgesetze die Macht der großen Trusts zu brechen. Vor allen versuchte er, das Monopol von Rockefellers Standard Oil zu beseitigen. Das Gilded Age war vorbei, im „Progressiven Zeitalter" dominierten die Werte der Main Street. Die Amerikaner hatten genug von den Räuberbaronen, und Roosevelt war der Mann der Zeit. Als erster Präsident seit Jahrzehnten trieb er eine nennenswerte Wirtschaftspolitik.

Die Nervosität auf den Finanzmärken beschränkte sich aber nicht nur auf die USA. Europas Großmächte hatten sich in diverse koloniale Abenteuer in Asien und Afrika verstrickt und brauchten Geld. Deshalb zogen sie Geld ab, das bisher für den Ausbau der Wirtschaft in den Vereinigten Staaten zur Verfügung gestanden hatte. Die Kapitalströme kehrten sich wieder einmal um, Finanzgeschäfte wurden immer riskanter. Damals gab es in Amerika zwei Klassen von Finanzinstituten: auf der einen Seite normale Banken, die verpflichtet waren, 25 Prozent ihrer Ausleihungen als Reserven zurückzuhalten, auf der anderen Seite sogenannte Trusts, Finanzinstitute, die ähnliche Geschäfte machten wie Banken, aber völlig unreguliert waren. Sie verwalteten Einlagen von Kunden, vergaben Kredite und finanzierten Eisenbahnen und Hochhäuser. Im Gegensatz zu den normalen Banken mussten sie jedoch keinerlei Reserven vorhalten, sie konnten Kredite in jeder Höhe vergeben, Risiken eingehen und entsprechend gut verdienen. Sie stellten eine völlig unkalkulierbare Gefahr für das Finanzsystem dar.

Es war ein Schema, das sich 100 Jahre später wiederholen sollte. Wenn die Bankenregulierung lückenhaft ist, flieht

Kapital auf der Suche nach Rendite aus dem regulierten in den nicht regulierten Bereich. Was 1907 die Trusts waren, das waren 2008 Investmentbanken, Hedgefonds und die Abteilung für Finanzprodukte der Versicherung AIG. Als es zum Zusammenbruch kam, blieben in beiden Fällen die Folgen der Fehlspekulation nicht auf die Aktionäre, Kunden und Gläubiger der gescheiterten Firmen begrenzt, gefährdet war das Finanzsystem als solches, nicht nur in den Vereinigten Staaten, sondern auf der ganzen Welt.

Und wie 2008 spielten auch 1907 menschliches Unvermögen und offener Betrug eine Rolle. Im Mittelpunkt dieses Betrugs standen zwei Männer – F. Augustus Heinze, Sohn deutscher Einwanderer aus Brooklyn, und ein Investor namens Charles W. Morse. Die beiden versuchten den amerikanischen Kupfermarkt zu manipulieren und kauften zu diesem Zweck so viele Aktien der Bergbaugesellschaft United Copper Company wie möglich auf, um den Preis in die Höhe zu treiben. Sie „cornerten" den Kupfermarkt, wie es in der Fachsprache heißt. Doch die Manipulation misslang, und am 15. Oktober 1907 brach der Aktienkurs von United Copper ein. Das Problem war, dass ein Finanztrust namens Knickerbocker Trust Heinze und Morse das Geld für ihre Spekulation geliehen hatte und dass dieser Tatbestand in New York bekannt war. Kunden von Knickerbocker wurden misstrauisch und begannen ihr Geld abzuziehen. Am 18. Oktober erklärte die National Bank of Commerce, sie werde ab sofort keine Geschäfte mehr mit Knickerbocker machen. Am 22. Oktober, einem Dienstag, bildeten sich vor dem Hauptquartier von Knickerbocker an der Fifth Avenue, lange Schlangen von Kunden, die ihr Geld zurückhaben wollten. Bis Mittag hatten die Angestellten acht Millionen Dollar ausgezahlt, doch um 14 Uhr schloss Knickerbocker die Schalter – es gab keine Barreserven mehr. Danach brach eine allgemeine Panik aus. Die Kurse an der Wall Street gingen in den Keller, der Kreditmarkt brach zusammen. Innerhalb weniger Tage waren zehn wichtige Trusts in New York zahlungsunfähig.

Nun begann John P. Morgan, Herr über ein riesiges In-
dustrie- und Finanzkonglomerat, zu handeln. Am Abend
des 22. Oktober lud er zwei führende Banker New Yorks
und den Finanzminister der USA, George Cortelyou, in seine Bibliothek an der Madison Avenue ein. Im Laufe der
Sitzung erkannte er, dass es keinen Sinn mehr hatte, Knickerbocker zu retten, wohl aber eine andere Bank: die Trust
Company of America. Der Trust sah sich, wie andere auch,
einem massiven Abzug von Kundengeld gegenüber. J. P.
Morgan kam zu dem Schluss, dass die Trust Company die
entscheidende Stelle war, um die Krise zu stoppen. Er organisierte eine konzertierte Aktion der entscheidenden Männer
in Amerikas Hochfinanz, um das Unternehmen zu stützen.
Mehrere New Yorker Banker stellten Kredite bereit – insgesamt 8,25 Millionen Dollar. Das Geld erlaubte es der Bank,
am nächsten Tag durchzuhalten, als, wie zu erwarten, die
Kunden Schlange standen und ihr Geld zurückhaben wollten. Auch die Regierung handelte: Finanzminister Cortelyou
zahlte insgesamt 25 Millionen Dollar in mehrere Banken ein
und stärkte so deren Eigenkapital. John D. Rockefeller, damals der reichste Mann der Welt, versicherte einem Reporter der Nachrichtenagentur Associated Press, er sei bereit,
notfalls die Hälfte seines persönlichen Vermögens einzuset-
zen, um die Krise zu stoppen.

Tags drauf kam nachmittags um 13.30 Uhr der Chef der
New York Stock Exchange, Ransom Thomas, zu Morgan
und eröffnete ihm, dass er die Börse würde schließen müs-
sen. Den Brokern auf dem Börsenparkett ging das Geld aus.
Angesichts des allgemeinen Kursverfalls bekamen sie keine
Kredite mehr, um ihre Geschäfte abwickeln zu können.
Nach Meinung Morgans hätte es eine Katastrophe bedeutet, wäre der Börsenhandel an der Wall Street tatsächlich
gestoppt worden. Innerhalb einer Stunde hatte er einen Kredit von 23,6 Millionen Dollar zusammen, um die Börse am
Laufen zu halten. Jacob Schiff, Partner der Bank Kuhn,
Loeb & Co. in New York, sagte damals voller Bewunde-
rung: „Niemand anders hätte die Banken dazu bringen kön-

nen, gemeinsam zu handeln und sich die Hände zu reichen, als Morgan in seiner autokratischen Art." [32]

Der letzte Akt der Rettungsaktion fand am 2. November 1907, einem Samstag, in der Bibliothek Morgans statt. Ein weiteres Finanzunternehmen, der Börsenhändler Moore & Schley, stand kurz vor dem Zusammenbruch. Die Firma, eine Stütze der Wall Street, hatte sich massiv verschuldet und die Kredite mit Aktien einer Stahlfirma besichert, der Tennessee Coal Iron and Railroad Company (TCI). Diese Aktien hatten in den Tagen zuvor massiv an Wert verloren, daher hätte Moore & Schley eigentlich Geld nachschießen müssen, was die Firma aber nicht hatte. In der Situation ging Morgan einen weiteren Schritt: Er beschloss, TCI durch seinen eigenen Stahlkonzern United Steel aufkaufen zu lassen. Damit stiegen einerseits die TCI-Aktien und Moore & Schley verfügte wieder über genügend Sicherheiten, um weiterarbeiten zu können, andererseits hatte Morgan sein eigenes Imperium vergrößert. Die Fusion widersprach eigentlich den geltenden Kartellgesetzen, Morgan brachte aber Präsident Theodore Roosevelt dazu, den Kauf zu genehmigen. Die Krise war beendet, aber nur um den Preis, dass ein sehr mächtiger Mann in Amerikas Wirtschaft noch mächtiger wurde.

Die Geburt der Fed

Die Panik von 1907 bedeutete eine Wende. Es war die letzte Krise des unregulierten Kapitalismus, die überwiegend mit privaten Mitteln überwunden wurde. Allerdings war es keine klassische Marktlösung mehr. Treibende Kraft war ein einzelner, autokratischer Kapitalist. J. P. Morgan hatte nicht nur das Geld und die Macht, um die Panik zu beenden und die Märkte zu stabilisieren, er hatte auch die Weitsicht und das Verantwortungsbewusstsein, um die eigenen Interessen mit denen der Allgemeinheit zu verbinden. Die Wall Street hatte Glück mit Morgan, aber es war klar, dass die Zeit vorbei war, in denen sich die Welt auf die Weitsicht privater Autokraten verlassen konnte. Im Progressiven Zeitalter hatte sich der Grundton der amerikanischen Gesellschaft grundlegend gewandelt. Anders als im Gilded Age herrschte breites Misstrauen gegen die Wall Street, dagegen wurde von Politikern wieder etwas erwartet. Als Reaktion auf die früheren Exzesse war eine breite Reformbewegung entstanden. Die Demokratie auf Gemeindeebene wurde gestärkt, die öffentliche Verwaltung professionalisiert und die Korruption bekämpft. Viele Institutionen versuchten, das Los der Armen zu verbessern, der Beruf des Sozialarbeiters entstand.

Präsident Theodore Roosevelt hatte im Gegensatz zu seinen Vorgängern keinerlei Probleme damit, massiv in die Privatwirtschaft einzugreifen. Als 1902 ein Streik der Arbeiter in den Kohlebergwerken die Energieversorgung der Städte gefährdete, schickte er erst die Armee in die Minen, um die Produktion zu sichern. Danach lud er Gewerkschaften und Bergwerksbesitzer ins Weiße Haus ein, wo er sie zu einem Kompromiss zwang. Die Arbeitgeber sperrten sich lange, willigten dann aber doch ein. Roosevelt förderte den Naturschutz und veranlasste die Gründung der ersten Nationalparks der USA. Er regulierte die Tarife der Eisenbahnen und trat als „Trust-Buster" auf, als ein Politiker, der die mächtigen Kartelle in der Wirtschaft bekämpfte.

Vor diesem Hintergrund machten sich die Vereinigten Staaten daran, ihr Finanzwesen zu reformieren. Die damals schon größte Industrienation der Erde brauchte eine Zentralbank, genauer: einen „Lender of Last Resort", eine Institution, die als Kreditgeber bereitstand, wenn Panikattacken die Finanzmärkte überkamen. Dieser historische Hintergrund ist für die amerikanische Geldpolitik von großer Bedeutung, er markiert einen wesentlichen Unterschied zu den Institutionen der europäischen Geldpolitik: Die Deutsche Bundesbank und die Europäische Zentralbank wurden gegründet, um den Geldwert zu sichern, am Anfang des Federal Reserve System der USA dagegen stand der Auftrag, das Finanzsystem in Krisenzeiten zu stützen. Die praktischen Aufgaben der

Notenbanken ähneln sich, aber der genetische Code ist auf beiden Seiten des Atlantiks völlig verschieden. Das hat Konsequenzen bis in die Gegenwart. Die EZB erhöhte noch in den Anfängen der Finanzkrise 2007 die Zinsen, weil sie, ihrem klar formulierten gesetzlichen Auftrag gemäß, auf die steigende Inflation reagieren wollte. Die amerikanische Notenbank reagierte von Anfang an pragmatischer und aggressiver.

Der Weg zur Gründung einer amerikanischen Zentralbank allerdings war lang und beschwerlich. Schließlich waren gerade einmal 70 Jahre vergangen, seit eine vergleichbare Institution, die Second Bank of the United States, in aller Form abgeschafft worden war. Die Reformbemühungen litten unter einem inhärenten Widerspruch. Einerseits sollte die Wall Street ja gebändigt werden, andererseits musste eine Notenbank mit der Wall Street zusammenarbeiten, sie war auf den Sachverstand der Finanzwelt angewiesen. Der Zusammenhang war einem misstrauischen Publikum auf der Main Street nur schwer zu vermitteln. Ganz ähnliche Probleme mit der Öffentlichkeit sollte ein Jahrhundert später Präsident Obamas Finanzminister Timothy Geithner bekommen, als er versuchte, mithilfe von Experten der Wall Street die Große Rezession einzudämmen. Nach 1907 jedenfalls wurde der Aufbau der Notenbank ein ständiges Hin und Her zwischen Wall und Main Street.

Am 30. Mai 1908 berief der Kongress eine Nationale Währungskommission ein, die nach einem passenden Modell für die Vereinigten Staaten suchen sollte. Vorsitzender dieser Kommission wurde Nelson Aldrich, ein einflussreicher republikanischer Senator aus Rhode Island. Als Erstes begab sich Aldrich nach Europa, um zu untersuchen, wie die dortigen Nationalstaaten ihre Geldprobleme lösten. Aldrich besuchte unter anderem England, Frankreich, Russland, Belgien, die Schweiz und Deutschland. Besonders beeindruckte ihn dabei das Modell der Reichsbank, die seit Gründung des Deutschen Reiches 1871 über die Ausgabe von Mark-Banknoten wachte. Aldrich schlug für die USA eine der Reichsbank vergleichbare Zentralbank vor. Sie sollte Goldreserven halten, Banknoten ausgeben und den privaten Banken bei Bedarf als Kreditgeber dienen. Die Bank stellte sich Aldrich aber, anders als in Deutschland, nicht als staatliches, sondern als privates Monopol vor. Der Senator war in seinem Denken und auch persönlich aufs Engste der Wall Street verbunden. Seine Tochter Abby Green Aldrich hatte 1901 den Sohn John D. Rockefellers geheiratet. Zwei Jahre nach seiner Europareise, im Jahr 1910, berief Aldrich Vertreter führender Wall-Street-Banken zu einer Klausur auf die Insel Jekyll Island vor der Küste Georgias. Vertreten waren die von John D. Rockefeller und John P. Morgan kontrollierten Institute ebenso wie Paul Warburg, ein in Hamburg geborener Banker. Warburg setzte die Gedanken Aldrichs in einem konkreten Plan um: ein Kartell aus den führenden Banken des Landes, die praktisch ohne Regierungsaufsicht als Zentralbank arbeiten sollten. Diese „National Reserve Association" sollte die Banknotenausgabe regulieren, Reserveeinlagen der Mitgliedsbanken verwalten und als Kreditgeber für Notfälle bereitstehen.

Gegen den Aldrich-Plan erhob sich ein Sturm der Entrüstung. Vor allem der Westen und der Süden der USA wollten nicht akzeptieren, dass die Eliten New Yorks, Bostons und Philadelphias die Kontrolle über das gesamte Geldwesen übernehmen würden. Die Demokraten im Kongress, die sich als Vertreter des ländlichen Amerika sahen, machten sich die Proteste zu eigen, waren aber untereinander auch zerstritten. Die Progressiven wollten eine staatliche Zentralbank wie in Deutschland, die Konservativen einen lockeren Verbund einzelstaatlicher Regionalbanken. Schließlich wurde 1912 der progressive Demokrat Woodrow Wilson zum Präsidenten gewählt; er gab den Aldrich-Plan auf und nahm einen neuen Reformanlauf. Das Gesetz über das *Federal Reserve System*, das Wilson am 23. Dezember 1913 unterzeichnete, war ein klassischer Kompromiss; es enthielt Teile der Vorstellungen Aldrichs und Warburgs, und sah ein dezentrales System regionaler Notenbanken vor, das aber durch eine starke nationale Struktur zusammengebunden wurde.

Daher ist das Fed-System bis heute äußerst kompliziert. Die Federal Reserve hat einen klaren gesetzlichen Auftrag: Sie soll für stabiles Geld und Wirtschaftswachstum sorgen und die Funktionsfähigkeit des Finanzsystems garantieren; der Präsident („Chairman") und die Mitglieder des Verwaltungsrats werden vom Präsidenten ernannt. Getragen wird das Fed-System von den zwölf regionalen Landeszentralbanken („Federal Reserve Banks"), die ihre jeweiligen Fed-Bezirke repräsentieren. Sie sind private Institute, die ihren Mitgliedsbanken gehören, müssen ihre Gewinne aber in Washington abliefern. Alle national operierenden Banken und gut ein Drittel der Regionalbanken sind Mitglied des Federal Reserve System. Eine Sonderrolle spielt die Federal Reserve Bank of New York. Sie ist zuständig für Marktgeschäfte der Notenbank, ihr Präsident hat einen ständigen Sitz im Lenkungsgremium der Fed, dem Offenmarktausschuss. Im Verwaltungsrat der New York Fed sitzen meist auch Vertreter der Wall-Street-Banken und können deren Politik beeinflussen. Zurzeit sitzen zwei Chefs von Regionalbanken in dem Gremium, außerdem Jamie Dimon, Chef von JPMorgan Chase, einer der größten Banken der USA.

Es war noch fast das ganze Jahr 1914 nötig, bis das Federal Reserve System in den USA so weit aufgebaut war, bis die Notenbanker effektiv arbeiten konnten. Diese Verzögerung hatte möglicherweise tragische Konsequenzen. Am 1. August 1914 brach in Europa der Erste Weltkrieg aus, und die internationale Finanzordnung hörte auf zu bestehen. Die junge Fed konnte also erst mit über vier Jahren Verzögerung einigermaßen normal arbeiten. Vermutlich reichten die relativ geringen Erfahrungen der Institution nicht aus, um die größte denkbare Herausforderung zu meistern, die danach kommen sollte: die Weltwirtschaftskrise.

KAPITEL 6

Der Heilige Gral

> „Geschichte ist eine gute Lehrmeisterin.
> Aber sie hat unaufmerksame Schüler."
> George Stigler

Bruce Springsteen hat in den 90er-Jahren eine traurige Ballade geschrieben unter dem Titel „Der Geist von Tom Joad". Darin geht es um das Schicksal illegaler Einwanderer in Amerika. Im ersten Vers heißt es:

Men walkin' 'long the railroad tracks
Goin' someplace there's no goin' back
Highway patrol choppers comin' up over the ridge
Hot soup on a campfire under the bridge
Shelter line stretchin' round the corner
Welcome to the new world order
Families sleepin' in their cars in the southwest
No home no job no peace no rest.

The highway is alive tonight
But nobody's kiddin' nobody about where it goes
I'm sittin' down here in the campfire light
Searchin' for the ghost of Tom Joad.

(Bruce Springsteen 1995)

Die Wanderarbeiter aus dem Lied leben in Papphütten an Eisenbahngeleisen und am Rand der Autobahnen, immer auf der Flucht vor der Polizei. Sie wärmen sich an Lagerfeuern und warten auf den „Geist von Tom Joad". Tom Joad, das ist der Held aus John Steinbecks Roman *Früchte des Zorns* von 1939, ein armer Farmer, der die Dürre, die Sandstürme und die Armut in Oklahoma flieht und als Wanderarbeiter nach Kalifornien zieht, nur um dort Ausbeutung,

Ausgrenzung und Demütigung zu erleben. *Früchte des Zorns* war der Schlüsselroman der Weltwirtschaftskrise, und Bruce Springsteen zeigt mit seinem Lied, wie sehr die Katastrophe, die mit dem Börsenkrach 1929 begann, noch im kollektiven Gedächtnis Amerikas verankert ist. Die Jahre der „Great Depression", wie sie im englischen Sprachraum heißt, waren, nach dem Bürgerkrieg, das zweite große Trauma der US-Geschichte, eine Zeit des Hungers und des Elends, in der es schien, als sei der amerikanische Traum für die meisten Menschen ausgeträumt. Die Große Depression änderte das Verhältnis von Staat und Markt in Amerika unwiderruflich, sie prägte Politik, Gesellschaft, Familiengeschichten und schließlich die Popkultur der ganzen Welt. Der Sänger Woody Guthrie zog nach 1930 durch die USA, sammelte Arbeiterlieder, dichtete, komponierte und sang. Er beeinflusste Popstars wie Pete Seeger, Bob Dylan, Richie Havens, Donovan, Bruce Springsteen und viele andere. Guthries 1944 geschriebenes Lied „This Land Is Your Land" wurde zur Hymne aller Progressiven in den Vereinigten Staaten. Konservative und Linke in Amerika ziehen dabei ganz unterschiedliche Lehren aus der Geschichte der Weltwirtschaftskrise, aber sie sind sich in einem einig: Nie wieder!

Auch für Deutschland war die Weltwirtschaftskrise traumatisch, sie endete mit der Machtübernahme Hitlers und führte in den Zweiten Weltkrieg. Aber im kollektiven Gedächtnis steht die Depression in einer Reihe von Wirtschaftskatastrophen, die mit der Hyperinflation des Jahres 1923 begann und erst mit der Währungsreform 1948 ein Ende hatte. Die Reaktion der deutschen Ökonomen auf diese Katastrophen war „Ordnungspolitik", ein Begriff, der in andere Sprachen nur schwer übersetzbar ist. Die Konzeption der sozialen Marktwirtschaft, das Erfolgsmodell Westdeutschlands nach dem Krieg, beruhte auf der Idee, dass der Staat die „Ordnung" der Wirtschaft sichern und für Wettbewerb, stabiles Geld und sozialen Ausgleich sorgen muss. Amerikaner haben aus der Geschichte gelernt, dass schnelles, entschlossenes Handeln auch eine apokalyptische Krise beenden kann. Niemand hatte in den USA „ordnungspolitische" Bedenken, als Präsident George W. Bush – in der Theorie eigentlich allen Staatseingriffen abhold – Ende 2007 ein Konjunkturprogramm von 145 Milliarden Dollar aufsetzte, um damit die drohende Rezession zu verhindern. Nach der Wahl von Barack Obama zum Präsidenten gab es große Unstimmigkeiten zwischen Deutschen und Amerikaner über die weitere Krisenpolitik. Die amerikanische Regierung drängte die Bundesregierung zu noch teureren Konjunkturprogrammen, während sich die Deutschen um die Gesundheit der Staatsfinanzen sorgten und zunächst einmal durch umfassende Regulierung verhindern wollten, dass die Ordnung der Weltwirtschaft noch einmal so zerfällt, wie es in dieser Krise geschehen ist.

„Die Weltwirtschaftskrise zu verstehen, das ist der Heilige Gral der Makroökonomie", schrieb Ben Bernanke, der heutige Präsident der Federal Reserve in einem Essay.[33] Damals war er noch Wirtschaftsprofessor in dem beschaulichen Universitätsstädtchen Princeton in New Jersey und einer der angesehensten Forscher über die Geschichte der Weltwirtschaftskrise weltweit. Bis zum Untergang von Lehman Brothers am 15. September 2008 waren sich fast alle namhaften Ökonomen in der Welt einig, dass eine Wiederholung der Großen Depression ausgeschlossen sein würde, einfach deshalb, weil die Menschen aus den damaligen Fehlern gelernt haben. Seither ist diese Sicherheit verschwunden, das Undenkbare ist denkbar geworden und die Große Rezession der historische Test darauf, ob die Menschen wirklich aus der Katastrophe der Jahre 1929 bis 1933 gelernt haben.

Nach dem Ersten Weltkrieg konnte es eigentlich keinen Zweifel mehr daran geben, dass globale politische Probleme ohne die Vereinigten Staaten, damals längst die größte Wirtschaftsmacht der Erde, eigentlich nicht mehr lösbar waren. Aber Amerika nahm diese Verantwortung nicht wahr. Präsident Woodrow Wilson hatte zwar den Völkerbund erfunden, der Kongress lehnte es aber ab, den Versailler Vertrag zu ratifizieren, wodurch die Vereinigten Staaten nie Mitglied wurden. Wilson wurde 1919 mit dem Friedensnobelpreis ausgezeichnet, doch gegen Ende seiner Amtszeit war er krank und politisch wirkungslos. Die Vereinigten Staaten wurden konservativ und isolationistisch.

Auch wirtschaftspolitisch versuchten sie in die Vergangenheit zurückzukehren. Als Nachfolger Wilsons zog der Republikaner Warren Harding ins Weiße Haus ein. Er hatte den Wahlkampf mit dem Versprechen geführt, „Normalität" wiederherzustellen. Harding unterstrich seinen Anspruch, zu den guten alten Zeiten zurückzukehren, indem er nicht das gebräuchliche englische Wort für Normalität verwendete, „normality", sondern das etwas altmodischere „normalcy". Er traf die Stimmung der Amerikaner: Harding brachte 1920 mehr als 60 Prozent der Stimmen hinter sich, der bis dahin höchste Wahlsieg in der Geschichte der USA. Und die Rückkehr zur Normalität schien zunächst zu funktionieren. Wie in Europa auch hatte der Übergang zur Friedenswirtschaft in den Vereinigten Staaten eine scharfe Rezession ausgelöst, die Arbeitslosigkeit stieg zeitweise auf bis zu 20 Prozent. Aber die Rezession wurde schnell beendet, schneller als in den meisten europäischen Ländern, und zwar mit den Mitteln des 19. Jahrhunderts: Löhne wurden gekürzt, Steuern gesenkt, der Staat begann mit dem Abbau seiner Schulden. Die Unternehmen nutzten die günstigen Bedingungen, stellten zu den niedrigen Löhnen neue Arbeiter ein, und die Wirtschaft begann wieder zu wachsen. Harding trug zu diesem Aufschwung selbst aber wenig bei, seine Regierung verstrickte sich in Korruptionsskandalen; Harding gilt heute als einer der schlechtesten Präsidenten, die je im Weißen Haus regierten. Nach zwei Jahren im Amt starb Harding an den Folgen einer Lebensmittelvergiftung.

Sein Nachfolger, der bisherige Vizepräsident Calvin Coolidge, setzte Hardings Programm fort. Im Gegensatz zu diesem war Coolidge integer. Er war zutiefst davon überzeugt, dass es zum Laisser-faire-Kapitalismus keine Alternative gab. Kein Präsident vor ihm war so der Wall Street verbunden wie er. Von Coolidge stammt der Satz: „Die Aufgabe von Amerika ist es, Geschäfte zu machen" („The business of America is business"). Coolidge senkte den Spitzensteuersatz von kriegsbedingten 77 Prozent auf 25 Prozent, er suchte den engen Kontakt zu den Wirtschaftsbossen und vermied jede Intervention gegen Kartelle oder Machtmissbrauch in der Wirtschaft, außerdem begrenzte er die Einwanderung und versuchte die Farmer zu schützen.

Zunächst schien der Erfolg Coolidge recht zu geben. Es begannen die Goldenen 20er-Jahre. Die Vereinigten Staaten waren unzweifelhaft die reichste Nation der Erde; im Jahr 1926, dem besten der Nachkriegszeit, wuchs das amerikanische Bruttoinlandsprodukt um 6,6 Prozent. Die moderne Konsumkultur entstand: Mit Fords T-Modell wurde das Auto erstmals zu einem Massenprodukt, das sich auch Durchschnittsverdiener leisten konnten. Bis 1927 wurden insgesamt 15 Millionen Ford T verkauft. Viele Familien konnten sich ein Radio ins Wohnzimmer stellen, die chemische Industrie brachte neue Konsumprodukte auf den Markt. Es war die Zeit des Jazz, der wilden Partys und der Prohibition, wie sie der Schriftsteller F. Scott Fitzgerald in seinem Roman *Der große Gatsby* beschrieben hat. Eugene G. Grace, der Präsident von Bethlehem Steel, verdiente 1929 als erster Angestellter eines börsennotierten Unternehmens in den USA mehr als eine Million Dollar im Jahr. Die Aktienkurse spiegelten den ungebrochenen Glauben an den Fortschritt. Der Dow-Jones-Index stieg von seinem Tiefpunkt am 24. August 1921 (63,90 Punkte) bis zum 3. September 1923 (381,17 Punkte) um nicht weniger als 496,5 Prozent.

Die Wall Street war nicht mehr nur eine Sache der Reichen und der Superreichen. Auch Normalverdiener beteiligten sich an dem großen Spiel mit Aktien und Dividenden, sie liehen sich häufig das Geld für die Aktien in der Hoffnung, Zins und Tilgung aus den Kursgewinnen bezahlen zu können. Es war damals schon möglich, Aktiengeschäfte zu

90 Prozent auf Pump zu finanzieren. Am 16. Oktober 1929 machte der Ökonom Irving Fisher von der Yale University eine Bemerkung, für die er später viel verspottet werden sollte: „Die Börsenkurse haben einen Stand erreicht, der wie ein gleichbleibend hohes Niveau aussieht." Eine Woche später erlebte die Wall Street ihren Schwarzen Donnerstag. Es war der offizielle Beginn der Weltwirtschaftskrise.

Das Problem war, dass die Goldenen 20er-Jahre in keiner Weise „normal" waren. An vielen Farmern und vor allem an neuen Einwanderern ging das Wirtschaftswachstum vorbei. Die Kluft zwischen Reichen und Armen weitete sich. Der Rassismus grassierte – obwohl schwarze Soldaten für ihr Land im Ersten Weltkrieg gekämpft hatten und obwohl der Jazz als „schwarze" Musik das Land eroberte. Der Ku-Klux-Klan wurde 1915 wiederbelebt, es gab in den Südstaaten immer wieder Lynchmorde. Schon der Friedensnobelpreisträger Woodrow Wilson hatte die Rassentrennung in der öffentlichen Verwaltung ausgedehnt. Haushalte und Banken verschuldeten sich in Erwartung immer weiter steigender Immobilien- und Aktienpreise auf gefährliche Weise. Vor allem aber war die internationale Wirtschaftsordnung durch den Krieg aus den Fugen geraten. England kehrte zum Goldstandard der Vorkriegszeit zurück, ein katastrophaler Fehler, der eine schwere Wirtschaftskrise nach sich zog. Die Handels- und Kapitalströme zwischen den großen Industrieländern waren grob verzerrt. Das Deutsche Reich musste als Verlierer des Krieges hohe Reparationen zahlen und suchte jede Gelegenheit, sich diesen Pflichten zu entziehen. Frankreich und Großbritannien hatten hohe Kriegsschulden bei Amerika, die ihre Wirtschaft belasteten. Im Ergebnis führte die ungelöste Reparations- und Kriegsschuldenfrage dazu, dass sich Deutschland in Amerika das Geld lieh, um seine Reparationen zu bezahlen, und damit England und Frankreich in die Lage versetzte, ihren Schuldenberg in den Vereinigten Staaten abzubauen. Viele der Kredite, die amerikanische Banken an Deutschland vergaben, waren kurzfristiger Natur. Die Deutschen finanzierten mit dem

Geld aber langfristige Ausgaben. In vielem ähnelten die Verhältnisse in der zweiten Hälfte der 20er-Jahre verblüffend denen zu Beginn des 21. Jahrhunderts, als der Weg in die Große Rezession begann: wachsende Schulden, kurzfristige Kredite für langfristige Projekte, globale Ungleichgewichte.

An der Wall Street nahm all dies niemand wahr. Viele glaubten, es könne immer nur nach oben gehen. Das Jahr 1928 war, mit einem Anstieg um 300 Punkte oder 48,22 Prozent, das drittbeste in der Geschichte des Dow Jones. Aktienspekulation war zu einem Jedermannsgeschäft geworden, wie der britische Ökonom John Maynard Keynes rückblickend und missbilligend notierte: „Wenn sich die Organisation der Anlagemärkte verbessert, nimmt jedoch auch das Risiko zu, dass die Spekulation überhandnimmt. In einem der größten Märkte der Welt, New York, ist der Einfluss der Spekulation enorm. Amerikaner neigen dazu, übermäßig daran interessiert zu sein, was die durchschnittliche Meinung darüber ist, was die durchschnittliche Meinung sein könnte. Diese Neigung findet ihre Nemesis an der Börse."[34]

Dann kam der Schwarze Donnerstag (wegen der Zeitverschiebung heißt er in Europa meist, leicht missverständlich, „Schwarzer Freitag"). Am 24. Oktober 1929 startete der Börsenhandel an der New York Stock Exchange nervös, aber die Kursverluste waren zunächst nicht außergewöhnlich. Die Aktienkurse hatten sich schon in den Tagen zuvor von ihren Höchstständen entfernt. Der Markt war nach allgemeiner Meinung überkauft und bedurfte einer Korrektur. Im Laufe des Vormittags nahm der Druck zu; einige Anleger, die ihre Papiere auf Pump erworben hatten, gerieten unter Druck, es sammelten sich Verkaufsaufträge, denen aber keine entsprechenden Kaufaufträge gegenüberstanden. Gegen elf Uhr brach plötzlich Panik aus und alle Kurse stürzten in den Keller, innerhalb kurzer Zeit lösten sich elf Milliarden Dollar in Luft auf, was 1,5 Prozent des damaligen Bruttoinlandsprodukts der USA entsprach.

Die Mächtigen der Wall Street versuchten damit genauso umzugehen wie bei der Panik von 1907: Führende Banker trafen sich um 13 Uhr im Büro von J. P. Morgan zu einer Krisensitzung. Sie beauftragten den Vizechef der New York Stock Exchange, Richard Whitney, in den Markt einzugreifen. Whitney erwarb noch am Nachmittag große Mengen an Aktien des Stahlkonzerns U.S. Steel. Damit gelang es, die Börse erst einmal zu stabilisieren, der Dow-Jones-Index verlor an diesem Tag nur 2,1 Prozent und landete bei 299 Punkten. Der Absturz schien noch einmal abgewendet, ein Stück „Normalität" gesichert. Doch das war eine schlimme Täuschung. Nach dem Wochenende begann der Weg in den Abgrund: Am „Schwarzen Montag" und am „Schwarzen Dienstag" verlor der Dow Jones 12,8 und 12,0 Prozent, es waren die beiden bis dahin höchsten Tagesverluste der New Yorker Börsengeschichte.

In der Rückschau erscheint die Weltwirtschaftskrise mit ihren Abermillionen Arbeitslosen, der Machtergreifung Hitlers in Deutschland und dem Zweiten Weltkrieg oft wie eine unvermeidbare Folge des Börsenkrachs am Schwarzen Donnerstag. In Wirklichkeit war nichts zwangsläufig. Zwar wären nach der Spekulationsblase der 20er-Jahre in den USA auf jeden Fall eine scharfe Korrektur der Aktienmärkte und eine Rezession unvermeidlich gewesen. Aber dabei hätte es bleiben können. Es waren politische Fehler, die aus dem Unvermeidlichen eine globale Depression und die größte Wirtschaftskrise aller Zeiten machten.

Einer dieser Fehler war der Protektionismus. Präsident Herbert Hoover hatte 1928 in seinem Wahlkampf versprochen, amerikanische Farmer durch höhere Zölle zu schützen. Es war ein ziemlich sinnloses Versprechen. Zwar ging es den Bauern in den 20er-Jahren tatsächlich schlecht, aber das lag daran, dass die Rohstoffpreise nach dem Ersten Weltkrieg stark eingebrochen waren und die Exportnachfrage fehlte; ernsthafte Importkonkurrenz gab es für die amerikanische Landwirtschaft nicht. Aber Polemik gegen angeblich unfaire Konkurrenz kam und kommt bei Wählern immer gut an. Die Begründung Hoovers war auch reichlich bizarr: Er verlangte „Gleichheit in der Protektion". Weil die amerikanische Industrie hohen Zollschutz hatte, stand der amerikanischen Landwirtschaft ein solcher auch zu. Die Argumentation entfaltete nach dem Amtsantritt Hoovers 1929 eine fatale Eigendynamik. Willis Hawley, republikanischer Kongressabgeordneter aus Oregon, und Reed Smoot, ebenfalls republikanischer Senator aus Utah, bereiteten im Kongress den ersten Entwurf für ein Handelsschutzgesetz vor. Der konzentrierte sich anfangs tatsächlich auf die Landwirtschaft, doch im Zuge der Beratungen fügten immer mehr Abgeordnete ihre eigenen protektionistischen Wünsche hinzu. Allein im Senat gab es 1 253 Änderungsanträge. Zum Schluss gab es ein Gesetz mit 21 000 Einzelpositionen, das die Zölle für über 900 Einzelprodukte erhöhte. Der Zoll für Lebendvieh erhöhte sich von 1,50 Cent auf 2,50 Cent für das Pfund, der für Gusseisen von 75 Cent auf 1,125 Dollar pro Tonne, der für die Großpackung Streichhölzer von acht auf 20 Cent. Für Schuhe wurde erstmals überhaupt eine Abgabe erhoben, und zwar gleich in Höhe von 20 Prozent auf den Großhandelspreis.

Etliche Fehler wurden während der Weltwirtschaftskrise aus Unerfahrenheit begangen. Beim Smoot-Hawley-Gesetz war jedoch von vornherein klar, wie schädlich es sein würde. Insgesamt 1 028 amerikanische Ökonomen, darunter die angesehensten Vertreter des Faches, unterzeichneten eine Petition, in der sie Präsident Herbert Hoover anflehten, das protektionistische Monster nicht zu unterzeichnen. Es half nichts: Am 17. Juni 1930 trat Smoot-Hawley in Kraft. Damals, im Sommer 1930 sah es gerade so aus, als sei das Schlimmste der Krise schon vorüber. Die Aktienkurse hatten sich ein wenig erholt, die Arbeitslosigkeit war zwar von knapp fünf Prozent im Oktober 1929 auf 8,2 Prozent gesprungen, der weitere Anstieg schien jedoch gestoppt. Die neuen Zolltarife wirkten in der Situation wie ein Schock. Die USA als größte Wirtschaftsmacht der Erde verabschiedeten sich faktisch aus dem freien Welthandel. Der brach dadurch innerhalb weniger Monate zusammen. Die wichtigsten Handelspartner der USA, Kanada, Großbritannien und Frankreich, reagierten mit Strafzöllen auf Smoot-Hawley, in Deutschland wurden ohnehin bestehende Autarkiebestrebungen verstärkt. Von 1930 bis 1933 gingen die Einfuhren in die Vereinigten Staaten um 66 Prozent zurück, die Ausfuhren des Landes um 61 Prozent. Die Arbeitslosigkeit erreichte 1931 bereits 15,9 Prozent.

Der Wirtschaftshistoriker Harold James beschreibt die verheerende Wechselwirkung zwischen Protektionismus und Finanzkrisen: „Die Finanzkatastrophe beschwor sämtliche Ressentiments und Reaktionen des 19. Jahrhunderts herauf, aber in einer viel militanteren und heftigeren Form. Breite Bevölkerungsschichten, aber auch Politiker nahmen Abschied von einer am Gedanken der Völkerverständigung orientierten liberalen Vision einer geeinten und prosperierenden Welt und neigten immer mehr zu der Auffassung, dass Konflikte unvermeidlich seien und nationale Belange Priorität hätten."[35] Bis jetzt hat das Trauma der Weltwirtschaftskrise dafür gesorgt, dass 2008 und 2009 ein ähnlicher Rückschlag für Handel und Völkerverständigung ausgeblieben ist. Aber die Wut vieler Menschen auf den liberalen Kapitalismus ist groß, und das macht die Politik schwer kalkulierbar.

Der nächste Schritt auf dem Weg in die Katastrophe war eine globale Bankenkrise. Sie ging wieder von den Vereinigten Staaten aus. Bereits 1930 brachen amerikanische Institute zu Dutzenden zusammen, besonders folgenschwer war der Bankrott der New York's Bank of United States und von Caldwell & Co. in Nashville, Tennessee, die wichtigste Investmentbank in den Südstaaten. Dann erfasste die Krise Europa. Am 11. Mai 1931 erklärte die Creditanstalt in Wien ihre Zahlungsunfähigkeit, es folgte am 13. Juli die zweitgrößte Bank des Deutschen Reiches, die Darmstädter und Nationalbank. Alle diese Institute hatten etwas gemein: Sie waren unzureichend mit Kapital ausgestattet und wurden daher durch Zahlungsausfälle bei wichtigen Kunden im

Zuge der Krise in den Abgrund gezogen. Der Bankenkrise in Europa folgten Wellen von Zusammenbrüchen in Lateinamerika und erneut in den Vereinigten Staaten. Als am 4. März 1933 Herbert Hoovers Nachfolger, Präsident Franklin D. Roosevelt, sein Amt antrat, hatte in den meisten Bundesstaaten keine einzige Bank mehr geöffnet, der Kreditmarkt in den Vereinigten Staaten war praktisch zusammengebrochen.

Es war, noch mehr als das Smoot-Hawley-Gesetz, der schlimmste Fehler der Politiker in den 30er-Jahren, auf diese Bankenkrise nicht entschlossen und aggressiv reagiert zu haben. Als Hauptschuldige machte der spätere Wirtschaftsnobelpreisträger Milton Friedman die noch junge und unerfahrene Federal Reserve aus. In einem epochemachenden Buch[36] wiesen Friedman und die Ökonomin Anna Schwartz nach, dass die Fed Anfang der 30er-Jahre eine dramatische Schrumpfung der Geldmenge zuließ, was die Wirtschaft damals regelrecht erstickte. Die Fed hätte, so Friedman und Schwartz, das tun sollen, was sie 2008 in einer vergleichbaren Situation auch wirklich tat: massiv Geld in die Wirtschaft pumpen. Aus der Sicht des Jahres 1931 und in der Logik des nominell immer noch auf Gold basierenden Weltwährungssystems handelte die Fed allerdings völlig folgerichtig, denn die Bankenkrise führte dazu, dass Gold aus Amerika abfloss. Um diesen Abfluss zu stoppen, erhöhte die Federal Reserve Bank of New York am 8. Oktober 1931 ihren Diskontsatz von 1,5 auf 2,5 Prozent. Und als dies nicht reichte, um das Gold im Lande zu halten, legte sie am 15. Oktober mit einer Erhöhung auf 3,5 Prozent nach. Das alles stabilisierte den Dollar nicht, sondern löste eine Deflation aus, die das gesamte Wirtschaftsleben lähmte. Die Preise fielen, es wurden keine Kredite mehr ausgereicht, weil alle damit rechneten, dass es immer weiter nach unten gehen würde. 1932 stieg die Arbeitslosigkeit auf 23,6 Prozent, 1933 auf 24,9 Prozent, die Wirtschaft befand sich im freien Fall.

Notenbankpräsident Ben Bernanke teilt die Überzeugung von Milton Friedman und Anna Schwartz, dass die Fed die

Hauptschuldige der Weltwirtschaftskrise war. Daher machte er von Herbst 2007 an das genaue Gegenteil der damaligen Politik: Er schuf Geld. Noch ehe die Krise begann und
alle Märkte ruhig schienen, sagte Bernanke einmal, man
müsse in Notfällen auch bereit sein, Geld aus dem Hubschrauber über der Wirtschaft abzuwerfen, weshalb er sich
an der Wall Street den Spitznamen „Helikopter Ben" erworben hatte. Als er 2007, mit nur geringer Verzögerung,
begriff, wie ernst die Lage war, reagierte er schnell und
entschlossen. Er senkte die Leitzinsen schrittweise immer
weiter, bis sie am 16. Dezember 2008 in einem Korridor
zwischen 0,0 bis 0,5 Prozent landeten, dem niedrigsten Wert
in der Fed-Geschichte. Außerdem ging er zu immer mehr
unkonventionellen Methoden über, um die Geldmenge zu
erhöhen: Die Fed kaufte in großem Stil Wertpapiere auf,
zuletzt amerikanische Staatsanleihen in dreistelliger Milliardenhöhe. Die Bilanz der Fed wurde dadurch von 874 Milliarden Dollar am 1. August 2007 auf 2,07 Billionen Dollar
am 25. März 2009 aufgebläht. Im populären Sprachgebrauch
bedeutet das: Die Fed druckte Geld, weil sie um jeden
Preis eine Wiederholung der Großen Depression vermeiden
wollte.

Klar ist inzwischen, dass die aggressive Geldpolitik der
Federal Reserve und der anderen Notenbanken die Große
Rezession nicht verhindern konnte. Ein Grund dafür ist die
Tatsache, dass die Sache mit der Geldmenge nicht die ganze
Geschichte ist. Die Finanzkrise war nicht nur eine Liquiditäts-, sondern auch eine Solvenzkrise. Durch die Kombination von spekulativ überhöhten Immobilienpreisen und
der Überschuldung der privaten Haushalte kamen Haushalte
und Finanzinstitute sofort in Zahlungsprobleme, als sich
der Preistrend drehte. Am Anfang der Krise stand ein Schuldenproblem. Und genau so war es in der Weltwirtschaftskrise.[37]
Um das Jahr 1925 war in Florida ein wilder Häuserboom
ausgebrochen. Die Spekulanten erwarteten, dass wegen besserer Eisenbahnverbindungen immer mehr Menschen aus
dem Nordosten der USA in den sonnigen Bundesstaat zwi

schen Golf von Mexiko und Atlantik ziehen würden. Auch damals wurde die Spekulation durch moderne Finanzprodukte angeheizt; Immobilienmakler verkauften „Binder", Wertpapiere, in denen das Recht, ein Haus zu erwerben, verbrieft war.[38] In New York verschuldeten sich Broker immer weiter, um am Aktienboom teilhaben zu können. Sie mussten den Offenbarungseid leisten, sobald das Geschäft schlechter wurde.

Damals wie heute geriet also der Kredit in der Gesellschaft völlig außer Kontrolle. Das bedeutet nicht, dass die Geldpolitik der Fed und der anderen Notenbanken falsch war, es erklärt aber, warum sie den Absturz nicht verhindern konnte. Zumindest hätte die amerikanische Politik viel früher von direkten Hilfen für bedrängte Hausbesitzer begleitet werden müssen, ein Schritt, den viele Kritiker der offiziellen Krisenpolitik schon seit den Anfängen der Krise gefordert hatten. Und für die Zukunft müssten effektive Sicherungen dagegen eingebaut werden, dass sich zu viele Menschen zu sehr verschulden.

Ruf zu den Waffen

Nach dem totalen Zusammenbruch der Wall Street nach 1931 musste es eine harte Gegenreaktion von der Main Street geben. Der Mann, der diese Reaktion durchsetzte, entstammte einer der vornehmsten Familien Amerikas. Franklin Delano Roosevelt wuchs auf einem eleganten Anwesen im Tal des Hudson River im Bundesstaat New York auf. Obwohl Angehöriger des New Yorker Geldadels, orientierte sich Roosevelt an den Progressiven in Amerika. Bei Ausbruch der Weltwirtschaftskrise war er Gouverneur des Bundesstaates New York. Als er bei der Wahl 1932 den republikanischen Amtsinhaber Herbert Hoover herausforderte, versprach er seinen Landsleuten einen „New Deal", was sich ungefähr mit „neuer Vertrag" übersetzen lässt. Auch wenn bei einem Spiel die Karten neu gegeben werden, spricht man von einem neuen „Deal". Der politische Begriff „New Deal" stammte ursprünglich von dem Publizisten Stuart Chase, Roosevelt nahm ihn auf dem Nominierungsparteitag der Demokraten im Sommer 1932 auf: „Ich verspreche dem amerikanischen Volk einen New Deal. Das ist mehr als ein Wahlkampf, das ist ein Ruf zu den Waffen."

Die martialische Sprache war mit Bedacht gewählt. Roosevelt und seine New Dealer handelten in der festen Überzeugung, dass von ihrem Erfolg die Zukunft der Vereinigten Staaten abhing. Und vermutlich hatten sie recht. Am Abend vor seinem Einzug ins Weiße Haus sagte ein Besucher zu Roosevelt: „Wenn Sie Erfolg haben, werden Sie der größte Präsident in der Geschichte der USA sein." Worauf dieser geantwortet haben soll: „Und wenn ich scheitere, der letzte." In seiner Antrittsrede forderte der Präsident Vollmachten, „die so groß sind wie die, die ich bekommen würde, wenn uns ein äußerer Feind überfiele". Anne O'Hare McCormick, eine Reporterin der *New York Times*, schrieb am 7. Mai 1933, die Stimmung in Washington erinnere sie „auf merkwürdige Weise an Rom in den ersten Wochen nach dem Marsch der (faschistischen) Schwarzhemden oder an Moskau bei Beginn des Fünfjahresplanes. Amerika verlangt heute buchstäblich nach Befehlen." Einige Mitarbeiter Roosevelts spielten sogar mit dem Gedanken, den Präsidenten mit diktatorischen Vollmachten auszustatten.[39] Aber Roosevelt widerstand der Versuchung.

Der New Deal spaltet bis heute die amerikanische Gesellschaft. Wenn man als Ausländer in den USA die politischen Ansichten eines Gesprächspartners herausfinden will, muss man nur nach seiner Meinung über FDR fragen: Glaubt er, dass der New Deal die Große Depression verlängerte und dass Roosevelt nahe dran war, die USA dem Kommunismus auszuliefern, dann ist man auf einen Konservativen gestoßen. Sagt der Betreffende dagegen, dass Roosevelt die USA und die Welt gerettet hat, ist er ein „Liberaler", ein Linker. Tatsächlich gab Roosevelt dem Staat einen Einfluss auf das Leben der Amerikaner, der vor 1929 unvorstellbar gewesen wäre. Er beschäftigte junge Männer in Arbeitsbeschaffungsprogrammen, gründete mit der Tennessee Valley Authority (TVA) ein mächtiges staatliches Energieunternehmen, führte eine staatliche Rente ein, begrenzte die Wochenarbeitszeit und verordnete Mindestlöhne. Und bei vielem testete er die Grenzen der Verfassung. Seine National Recovery Administration (NRA), eine Art staatlich verordnetes Kartell für große Industriezweige, wurde vom Obersten Gerichtshof untersagt.

Die Erinnerung an den New Deal ist bis heute ein wirkmächtiger Faktor in der amerikanischen Politik. Wer als Demokrat Reformen durchsetzen will, muss aufpassen, dass er nicht als „Big Government Democrat" verschrien wird, als ein Demokrat, der einfach nur den Staatseinfluss auf die Wirtschaft ausdehnen will. Das wäre ein sicheres Rezept, um die Mitte der Gesellschaft und damit die nächsten Wahlen zu verlieren. Barack Obama war in seinem ganzen Wahlkampf erkennbar bemüht, die „Big-Government"-Falle zu vermeiden. Er will Amerika reformieren, ohne bei Moderaten oder Konservativen die Angst vor einem neuen New Deal zu wecken.

Unbestritten ist, dass es Roosevelt gelang, die Lage zu stabilisieren und den Amerikanern wieder Vertrauen einzuflößen. Den zentralen Satz aus der Rede bei seiner Amtseinführung kennt noch heute jeder gebildete Amerikaner auswendig: „Das Einzige, was wir zu fürchten haben, ist die Furcht selbst." Roosevelt schaffte es gleich zu Beginn, die Bankenkrise zu beenden: Der Präsident erklärte allgemeine „Bankferien". Alle Kreditinstitute wurden für vier Tage komplett geschlossen; anschließend durften die meisten wieder öffnen, allerdings erst nach einer Prüfung durch das Finanzministerium. Diejenigen, denen das gelang, hatten das staatliche Siegel der Unbedenklichkeit und fanden Vertrauen und frisches Geld, die anderen verschwanden vom Markt. Für viele Sparer bedeutete das Gesetz jedoch eine teilweise Enteignung: Sie bekamen nur noch 85 Cent auf jeden Dollar ihrer Einlagen. Viele Institutionen des New

Deal haben bis heute Bestand und sind unverzichtbar geworden: die Börsenaufsicht Securities and Exchange Commission (SEC), die Einlagensicherung Federal Deposit
Insurance Corporation (FDIC), die die Bankkonten der
Amerikaner versichert, die Rentenversicherung („Social Security") und schließlich die Hypothekenbank Fannie Mae.

Die Entscheidungen des New Deal prägten den American
Way of Life auch dort, wo viele es nicht vermuten würden.
Roosevelt trug entscheidend dazu bei, dass aus den Vereinigten Staaten ein Autoland wurde, und zwar auf einem
Umweg: über die Stärkung der Gewerkschaften. 1935 unterzeichnete der Präsident ein Gesetz, das allen Arbeitern in
der Privatwirtschaft das Recht gab, sich in einer Gewerkschaft
zu organisieren. Dieser „Wagner Act" veränderte die Verhältnisse am Arbeitsplatz in den USA. Wie sehr, zeigte sich
ein Jahr später. Am 30. Dezember 1936 traten die Arbeiter
des General-Motors-Werks in Flint bei Detroit in den Streik.
Sie wollten durchsetzen, dass ihre Gewerkschaft, die United
Auto Workers (UAW), von dem Autokonzern als offizieller
Verhandlungspartner anerkannt wurde. Das GM-Manage-
ment versuchte vor Gericht, gegen die Streikenden vorzugehen und schickte die Polizei. Es war alles vergeblich. Am
11. Februar 1937 gab der Weltkonzern nach, die UAW und
GM unterzeichneten ihre erste Grundsatzvereinbarung. Von
da an arbeiteten Big Business und Big Labor in Detroit Hand
in Hand. Die Autoindustrie bot gute Jobs für gutes Geld,
auch für Arbeiter, die nicht so gut oder gar nicht ausgebildet
waren. Und die Autos wurden gut verkauft, weil Detroit die
Standards setzte und in ganz Amerika die Löhne entsprechend stiegen. Der Wagner Act und Detroit schufen die
amerikanische Mittelklasse, das prägende soziale Phänomen
der 50er-, 60er- und 70er-Jahre. Zwar wurde das Gewerk-
schaftsgesetz 1947 teilweise aufgeweicht, in der Autoindustrie
funktionierte das Kartell von Gewerkschaften und Management weiter, so lange wenigstens, solange es keine ausländische Konkurrenz für General Motors, Ford, American
Motors und Chrysler gab, solange man sich nicht um

Energieeffizienz und Umweltschutz kümmern musste. Es dauerte aber bis Ende 2008, dass General Motors und Chrysler zusammenbrachen und das alte Modell Detroit endgültig gescheitert war.

Roosevelt schleifte auch den traditionellen Widerstand in der amerikanischen Öffentlichkeit gegen große staatliche Projekte in Friedenszeiten. Nur so war es möglich, die nötigen Straßen für ein Land zu bauen, das seinen Mobilitätsbedarf fast ausschließlich mithilfe des Autos deckte. Am 29. Juni 1956 unterzeichnete Präsident Dwight Eisenhower das Gesetz über den Bau eines Netzes von Autobahnen quer durch die Vereinigten Staaten. Pläne für die „Interstates" gab es schon in der Amtszeit Roosevelts, aber es waren letztlich militärische Überlegungen, die zum Federal Aid Highway Act führten: Eisenhower hatte als Oberbefehlshaber der amerikanischen Streitkräfte in Deutschland erkannt, wie nützlich Autobahnen für eine Armee sein konnten, und übertrug diese Erkenntnis auf die USA. Es war die hohe Zeit des Kalten Krieges und in den 50er-Jahren war die Erinnerung an den Zweiten Weltkrieg noch frisch, als die Amerikaner eine japanische Invasion an der Westküste fürchteten. Tatsächlich wurden die Interstates zum Inbegriff des amerikanischen Lebensgefühls, sie machten es dem Durchschnittsamerikaner möglich, die Weite seines Landes zu erfahren, sie wurden zum Schauplatz unzähliger Roadmovies. Eine Gallone (3,7 Liter) Benzin kostete 30 Cent, sodass es wirklich nicht darauf ankam, wie viel Energie ein Buick, ein Dodge oder ein Oldsmobile fraßen.

Ein Erbe des New Deal schließlich veränderte die ganze Welt. Roosevelt und sein Finanzminister Henry Morgenthau sorgten dafür, dass nach dem Zweiten Weltkrieg eine neue, globale Finanzordnung entstand. Sie funktionierte zwar nur, großzügig gerechnet, zwei Jahrzehnte, aber ihre Reste gibt es bis heute. Das Fehlen einer funktionierenden Nachfolgelösung für Roosevelts und Morgenthaus Modell ist noch nie so sichtbar geworden wie in der jetzigen Krise.

KAPITEL 7

Gier

> „Gier ist richtig, Gier funktioniert, Gier sorgt für Klarheit,
> kommt auf den Punkt und erfasst den Geist der Evolution."
> „Gordon Gekko" in dem Film *Wall Street* 1987.

Abby Joseph Cohen gehörte zu den unbestrittenen Wall-Street-Stars der vergangenen Jahre. Ihre Karriere war typisch für viele. Geboren wurde sie 1952 im Kleine-Leute-Stadtteil Queens, sie studierte an der Cornell und der George Washington University und begann als Ökonomin bei der Notenbank Federal Reserve. Anfang der 80er-Jahre wechselte sie zu der Investmentfirma Drexel Burnham Lambert nach New York und heuerte 1990 bei Goldman Sachs an. Bei Goldman begründete sie ihren Ruhm dadurch, dass sie als eine der Ersten den Aktienboom der 90er-Jahre vorausgesagt hatte. Mehr als 14 Jahre hatte der Dow Jones gebraucht, vom 14. Dezember 1972 bis zum 8. Januar 1987, um von 1 000 auf 2 000 Punkte zu steigen. Die nächsten Tausenderschritte schaffte er im Vierjahresrhythmus. Zwischen 1995 und 1999 aber sprang er von 4 000 auf 10 000 Punkte. Dies hatte Cohen prognostiziert, sie erkannte, dass sich vor allem durch das Verschwinden der Inflation die Rahmenbedingungen für die Unternehmen grundlegend zum Besseren gewandelt hatten und dass dies höhere Aktienkurse rechtfertigte. Abby Cohen war seither die Optimistin vom Dienst an der Wall Street. Zwar irrte sie sich gelegentlich auch mal, im Großen und Ganzen jedoch war ihr Optimismus gerechtfertigt. Die Chefstrategin von Goldman Sachs war in der Lage, die Märkte zu bewegen.

Auch im Dezember 2007 ist Abby Cohen optimistisch. Von ihrem Hochhausbüro an der Südspitze Manhattans hat man einen fantastischen Blick hinüber zur Freiheitsstatue und nach Brooklyn; unter ihrem Fenster fährt die Fähre nach Staten Island hinüber. Kurz vor Weihnachten gibt Cohen der *Süddeutschen Zeitung* ein Interview und ist dabei überraschend klar in ihren Aussagen.[40] Die Frage „Werden die USA 2008 in eine Rezession rutschen?" beantwortet sie mit einem knappen „Nein". Auf überraschte Nachfragen begründet die Strategin ihre Aussage so: „Aktien werden derzeit zum 15-Fachen ihres Gewinns gehandelt. Normal wäre bei der niedrigen Inflation ein Kurs-Gewinn-Verhältnis von 18 oder 19. Das bedeutet also Potenzial nach oben. Nach unserer Einschätzung wird der faire Wert des S&P-500-Index der 500 größten amerikanischen Aktiengesellschaften Ende 2008 bei 1 675 liegen, derzeit haben wir 1 475. Den angemessenen Wert für den Dow Jones schätzen wir auf 14 750 Punkte."

Tatsächlich hatte die Rezession zu dem Zeitpunkt, als das Interview in Cohens Büro geführt wurde, bereits begonnen. Der Dow Jones beschloss das Krisenjahr 2008 bei 8 776,39 Punkten ab, ein Minus von 33,8 Prozent. Damit war 2008 – nach 1931 und 1907 – das drittschlechteste Jahr in der Geschichte des Index. Der S&P verlor sogar 38,5 Prozent und landete bei 903,2 Punkten; auch für diesen Index war es nach 1931 und 1937 das drittschlimmste Jahr. Der technologieorientierte NASDAQ-Index schloss mit einem Minus von 40,5 Prozent und einem Jahresendstand von 1 577,3 Punkten sogar so schlecht ab wie noch nie. Abby Cohen lag um 40 Prozent beim Dow Jones und um 45 Prozent beim S&P daneben, die Welt war in die schlimmste Rezession seit der Weltwirtschaftskrise gestürzt.

Abby Cohen ist für diese Fehlleistung in der Folge an der Wall Street viel verspottet worden; Goldman Sachs zog sie bereits im Januar 2008 von ihrem Job als Chefstrategin ab. Ein wenig unfair ist der Spott, denn fast niemand erkannte die wahre Dimension der Krise damals. Fast alle Experten lagen falsch, Abby Cohen hatte nur den Mut, ihre falschen Prognosen besonders pointiert zu formulieren. Ihre Einschätzung ist symptomatisch: An der Wall Street nahm man in den vergangenen 20 Jahren immer nur einen Teil der Rea-

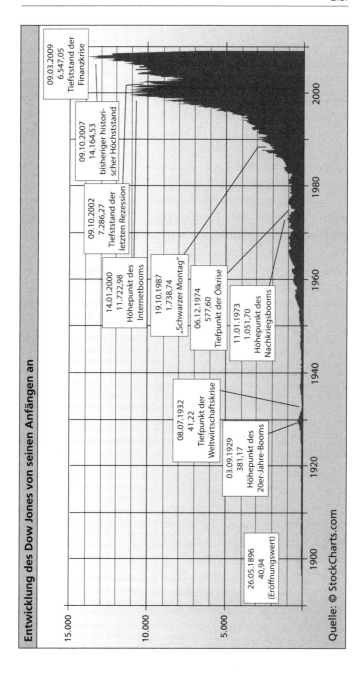

Entwicklung des Dow Jones von seinen Anfängen an

09.03.2009
6.547,05
Tiefststand der
Finanzkrise

09.10.2007
14.164,53
bisheriger histori-
scher Höchststand

09.10.2002
7.286,27
Tiefststand der
letzten Rezession

14.01.2000
11.722,98
Höhepunkt des
Internetbooms

19.10.1987
1.738,74
„Schwarzer Montag"

06.12.1974
577,60
Tiefpunkt der Ölkrise

11.01.1973
1.051,70
Höhepunkt des
Nachkriegsbooms

08.07.1932
41,22
Tiefpunkt der
Weltwirtschaftskrise

03.09.1929
381,17
Höhepunkt des
20er-Jahre-Booms

26.05.1896
40,94
(Eröffnungswert)

15.000

10.000

5.000

1900   1920   1940   1960   1980   2000

Quelle: © StockCharts.com

lität wahr, die verbesserten Rahmenbedingungen, die höheren Gewinne, die rasch steigende Produktivität. Übersehen wurde, dass diese Fortschritte von einem ständig steigenden Kreditniveau und wachsenden Risiken im Weltfinanzsystem begleitet waren. Diese Risiken äußerten sich in einer ungewöhnlichen Fülle von Finanzkrisen: in Mexiko, in Asien, in Russland und schließlich in New York selbst. Aber alle diese Krisen schienen begrenzt zu sein und nicht das Gesamtsystem zu betreffen. Tatsächlich jedoch waren diese Krisen Ausdruck ungelöster Probleme im Gesamtsystem.

Der Schlüssel zum Verständnis dieser Zusammenhänge liegt in den Reformen des New Deal. Am 22. Juli 1944 trat im Hotel Mount Washington in einem abgeschiedenen Hochtal in New Hampshire namens Bretton Woods die Währungskonferenz der Vereinten Nationen zusammen. Hier, in der Idylle der White Mountains, legten die Siegermächte des Zweiten Weltkriegs die Währungsordnung der Nachkriegszeit fest. Dabei spielte, natürlich, amerikanische Machtpolitik eine Rolle. Entscheidend war aber etwas anderes: Anders als nach dem Ersten nahmen die Vereinigten Staaten nach dem Zweiten Weltkrieg ihre Verantwortung für die Welt wahr. Sie nutzten einerseits die Tatsache, dass sie die mit großem Abstand mächtigste Nation der Erde waren; bei Kriegsende 1945 wurde über ein Drittel des Weltsozialprodukts in den USA erwirtschaftet. Sie ließen sich bei ihren Nachkriegsplänen aber auch von den Idealen und der Entscheidungsfreude des New Deal leiten. Ziel der Ordnung von Bretton Woods war es, den freien Welthandel zu sichern und gleichzeitig die Kapitalströme in der Welt so zu zähmen, dass eine neue Weltwirtschaftskrise ausgeschlossen war.

Der Architekt des Systems war ein typischer New Dealer: Harry Dexter White, damals Staatssekretär im Finanzministerium unter Henry Morgenthau, ein Linksintellektueller, der von einer neuen, gerechten Weltordnung unter Führung der USA und der Sowjetunion träumte (und überdies nach dem Krieg als sowjetischer Spion enttarnt wurde). Als Koautor rang mit ihm, als Vertreter der britischen Regierung, John Maynard Keynes. Angesichts der Machtverhältnisse – England war in seiner Kriegsfinanzierung komplett von den USA abhängig – konnte Keynes aber nur den kleineren Teil seiner Ideen umsetzen. White baute sein System rund um den Dollar. Alle Industrieländer banden ihre Währungen zu einem festen Kurs an die amerikanische. Dafür verpflichtete sich Washington, Dollar jederzeit in Gold umzutauschen, und zwar zum Kurs von 35 Dollar für eine Feinunze. Aufwertungen und Abwertungen der Wechselkurse waren möglich, aber nur durch gemeinsamen Beschluss. Der Internationale Währungsfonds (IWF) stand als eine Art Versicherung bereit für Länder, die in Zahlungsschwierigkeiten gerieten und die Internationale Bank für Wiederaufbau und Entwicklung (heute als „Weltbank" bekannt) sollte den Wiederaufbau des kriegszerstörten Europa finanzieren. Es war eine wohlgeordnete Währungswelt, Devisenspekulation lohnte sich nicht, der Kapitalverkehr über die Grenzen war reglementiert. Die Finanzmärkte waren gezähmt, die Aktienkurse wurden von den Gewinnen der Industrieunternehmen getrieben, aber nicht von den riskanten Geschäften hochspekulativer Finanzinstitute.

Das System von Bretton Woods passte gut in die Nachkriegszeit, aber es hatte einen Strukturfehler. Für Währungen gilt ein ehernes Gesetz: Entweder man hat innere oder man hat äußere Stabilität, beides zusammen geht nicht. Wenn Staaten sich auf feste Wechselkurse einigen, dann akzeptieren sie damit automatisch ein weniger an innerer Stabilität, schließlich sind sie verpflichtet, den Kurs zu sichern, auch wenn dies ihrer eigenen Binnenwirtschaft schaden sollte. Das schien in den Aufbaujahren nach dem Zweiten Weltkrieg irrelevant, aber es wurde sofort dann zum Problem, als der Anker des Systems von Bretton Woods, der Dollar, Schaden nahm. Es begann mit dem Vietnamkrieg in den 60er-Jahren. Die Präsidenten Lyndon B. Johnson und Richard Nixon finanzierten den unpopulären Krieg nicht mit Steuern, für die sie die Zustimmung des Kongresses gebraucht hätten, son-

dern mit Staatsschulden. Weil die Wirtschaft ohnehin über-
hitzt war, stiegen die Preise. Im Januar 1968, als die Tet-
Offensive Nordvietnams die Wende im Krieg einleitete, lag
die Inflationsrate in den USA bei 3,6 Prozent, zwei Jahre
später waren es 6,2 Prozent. Die Federal Reserve hätte unter
diesen Bedingungen eigentlich die Zinsen erhöhen müssen,
sie tat das aber nicht aus politischem Opportunismus. Jetzt
geriet die amerikanische Leistungsbilanz ins Defizit und die
Welt wurde mit Dollars überschwemmt. Die europäischen
Notenbanken, darunter die Deutsche Bundesbank, versuchten noch eine Zeit lang die Wechselkurse zu sichern, indem
sie Milliarden Dollar aufkauften, aber schließlich erkannten
alle die Vergeblichkeit der Bemühungen. Am 15. August
1971 kündigte Präsident Richard Nixon offiziell die Gold-
bindung der amerikanischen Währung auf, der Kurs stürzte, wie zu erwarten war, ab. Das System von Bretton Woods
war gescheitert. Seit 1973 werden die großen Währungen
frei gehandelt. Die US-Regierung kümmerte sich nicht sonderlich um die Folgen der Dollar-Krise. Diese Haltung drück-
te Richard Nixons Finanzminister John Connally seinen
europäischen Kollegen gegenüber in dem legendären Satz
aus: „Der Dollar ist unsere Währung, aber euer Problem."
     Der Übergang zu flexiblen Wechselkursen war unter die-
sen Bedingungen ohne Alternative.[41] Was damals niemand
ahnte: Mit dem Zusammenbruch von Bretton Woods begann
eine Epoche globaler Ungleichgewichte und Finanzkrisen,
die im Grunde bis in die Gegenwart dauert. Die zwei schweren Ölkrisen von 1973/74 und 1979/80 schufen nicht nur
Massenarbeitslosigkeit in den Industrieländern, sie führten
auch zu riesigen Überschüssen in den Ölländern, die nach
Anlagen suchten. Die großen westlichen Banken leiteten
diese Überschüsse in Entwicklungsländer, besonders in Lateinamerika um, wo sie, so der Plan, Wachstum und Entwicklung finanzieren sollten. Tatsächlich führten sie in die
erste große Schuldenkrise der Nachkriegszeit und hatten für
Lateinamerika ein verlorenes Jahrzehnt zur Folge.
     Auch für die amerikanische Wirtschaft waren die 70er-

Jahre düster. Die Vereinigten Staaten schienen die besten
Jahre schon hinter sich zu haben. Nach dem Ölembargo der
arabischen Staaten im Herbst 1973 grassierte zeitweise die
Furcht vor einer Katastrophe, wie sie dann im September
2008 tatsächlich eintrat: dass sich Rezession und Finanzkrise
verbinden könnten. Im Juni 1974 war in Deutschland die
Herstatt-Bank zahlungsunfähig, Folge einer Reihe von Fehl-
spekulationen auf dem Devisenmarkt. Im Oktober 1974
stellte in Long Island die Franklin National Bank ihre Zahlungen ein; es war die bis dahin größte Bankpleite in der
Geschichte der USA. Im März 1975 konnte die Federal Reserve eine zweite Pleite, die der Security National Bank, nur
durch die staatlich gestützte Fusion mit der Chemical Bank
verhindern. Der Federal Reserve gelang es damals, das Finanzsystem zu stabilisieren, indem sie massiv Geld in die
Wirtschaft pumpte. Aber Amerika musste dafür einen Preis
zahlen: Die Inflation beschleunigte sich.
Die Wall Street schien in den 70er-Jahren am Ende zu
sein. Der Dow Jones schloss am 31. Dezember 1979 bei
838 Punkten, das waren ganze 29 Punkte mehr als zu Beginn
des Jahrzehnts. Am 13. August 1979 erschien die *Business
Week* unter dem Titel: „Der Tod der Aktie: Wie die Inflation
die Börse zerstört." Das Magazin schrieb unter anderem:
*„Die Massen sind schon lange von Aktien zu Anlagen ge-
wechselt, die höhere Erträge und mehr Schutz vor der
Inflation versprechen. Nun haben die Pensionsfonds, die
letzte Hoffnung des Marktes, das Recht bekommen, Aktien
und Anleihen zu verlassen und in Immobilien, Futures und
sogar Diamanten zu investieren. Der Tod der Aktie sieht
nach etwas Permanentem aus."*[42] Wegen des Niedergangs
der Wall Street stand die Stadt New York 1975 am Rande
der Pleite. Steuern auf die Gewinne des Finanzsektors machen schließlich einen wesentlichen Teil der Einnahmen der
Stadtverwaltung aus. Die Stadt verfiel zusehends, Mord
und Totschlag in den Straßen nahmen in beängstigendem
Tempo zu. Ein nächtlicher Spaziergang auf dem Broadway
hinunter nach Lower Manhattan konnte lebensgefährlich

sein. Zwischen 1963 und 1973 verdreifachte sich die Zahl der Morde in New York von 500 auf über 1 500 jährlich. Die Bevölkerungszahl sank scheinbar unaufhaltsam. Am 13. Juli 1977 fiel in der Stadt New York und in einigen Vorstädten für 25 Stunden der Strom aus. Der „Blackout" wurde zu einem Trauma für die New Yorker. Besonders arme Stadtteile in Brooklyn und der Bronx wurden von Plünderungen und Brandstiftungen heimgesucht. In Bushwick, Crown Heights und Bedford-Stuyvesant brannten Dutzende Geschäfte und Wohnblocks aus. Welche Angst damals in der Stadt umging, zeigt eindrucksvoll der Film *Soylent Green* (deutscher Titel: *Jahr 2022 ... die überleben wollen*), der 1973 in die Kinos kam. Er spielt im Jahr 2022, in New York leben 40 Millionen Menschen. Es gibt weder Wasser für alle noch genügend Essen oder Wohnraum. Die meisten Menschen kennen weder frisches Brot, Fleisch noch Gemüse; sie ernähren sich von grünen Tabletten namens „Soylent Green", die, wie sich im Laufe der Handlung zeigt, aus Menschenfleisch hergestellt werden.

Zu den kleinen Wundern der New Yorker Geschichte gehört es, dass die Stadt schließlich gerettet werden konnte. Felix Rohatyn, ein österreichischer Einwanderer, der 1942 im letzten Augenblick vor den Nazis fliehen konnte, organisierte die Restrukturierung der Schulden der Stadt und sicherte so deren finanzielles Überleben. Er gründete einen Sonderfonds namens Municipal Assistance Corporation (auf Deutsch etwa: „Städtische Hilfsgesellschaft"), in die Schulden in Höhe von zwölf Milliarden Dollar eingingen. Der Fonds emittierte Anleihen, die durch Steuern gedeckt waren. Die Stadt verpfändete also de facto ihre künftigen Einnahmen. Die Regierung in Washington gab einen Kredit, die Lehrergewerkschaft kaufte aus den Mitteln ihres Pensionsfonds Anleihen der Municipal Assistance Corporation im Wert von 150 Millionen Dollar und zeigte so ihr Engagement für die gemeinsame Sache. Das Konzept funktionierte, New York konnte binnen weniger Jahre sein Budget ausgleichen, der langsame Wiederaufstieg der Stadt begann.

Insgesamt aber waren die 70er-Jahre eine Zeit tiefen Selbstzweifels und der nationalen Selbstzerfleischung. Die größte Industrienation der Welt schien sich unaufhaltsam zu deindustrialisieren. Der Stagnation in der Wirtschaft entsprach die Depression in den Seelen. Als Symbol für diese Zeit gilt Jimmy Carter, der gutmeinende, aber glücklose 39. Präsident der USA, der von 1977 bis 1981 im Weißen Haus regierte. „Rezession ist, wenn dein Nachbar seinen Job verliert, Depression ist, wenn du deinen Job verlierst, Aufschwung ist, wenn Jimmy Carter seinen Job verliert", sagte Carters Gegner im Wahlkampf 1980, Ronald Reagan, und traf damit die Stimmung der Bevölkerung.

Aber das Urteil ist ungerecht. In Wirklichkeit wurde in den 70er-Jahren die Grundlage für den Wiederaufstieg der Finanzmärkte gelegt, im Guten wie im Schlechten. Die Befreiung der Wall Street aus den Fesseln des New Deal brachte Amerika Wachstum und lang anhaltende Prosperität, es begann aber auch eine neue Kultur des Abenteurertums in der Geldwirtschaft, die eine Generation später in die Große Rezession führen sollte. Alles begann mit ein paar auf den ersten Blick unscheinbaren Reformen. Am 1. Mai 1975, also noch vor der Wahl Carters, ordnete die Börsenaufsicht Securities and Exchange Commission (SEC) die Deregulierung des Börsenhandels an. Bisher hatte die Regierung relativ hohe Gebühren für Börsenmakler vorgeschrieben, ähnlich wie dies noch heute für Notare oder Architekten in Deutschland gilt. Das sicherte den Maklern ein relativ bequemes Auskommen, machte Börsengeschäfte für Normalverbraucher aber teuer. Mit der Deregulierung gab es plötzlich Preiskonkurrenz bei Börsengeschäften, die Gebühren stürzten in den Keller, und es begann der Aufstieg von Discount-Brokern wie Charles Schwab, Großunternehmen, die mit niedrigen Kosten arbeiteten und den Aktienkauf auch für Kleinverdiener erschwinglich machten.

Für die zweite Reform zeichnete Jimmy Carter selbst verantwortlich. Er unterzeichnete 1980 ein Gesetz zur Deregulierung der Banken. Damit wurden Fusionen zwischen

Kreditinstituten erleichtert, außerdem hob Carter die noch aus der Weltwirtschaftskrise stammende Obergrenze für Zinsen auf Girokonten, Spar- und Termineinlagen auf. Die diesbezügliche „Regulation Q" lief in einer Übergangszeit bis 1985 aus. Nach und nach begannen Banken, mit höheren Zinsen um Kundeneinlagen zu werben. Beide Gesetze waren vollkommen berechtigt. Warum sollten Broker auch nicht mit niedrigeren Preisen um Anleger werben dürfen? Warum sollten Banken nicht höhere Sparzinsen anbieten, besonders in Zeiten hoher Geldentwertung? Doch die Reformen hatten Nebenwirkungen, die niemand erwartet, geschweige denn geplant hatte.[43]

Eine Konsequenz waren ganz normale Ausweichreaktionen der Betroffenen. Die Investmentbanken an der Wall Street flohen vor dem wachsenden Wettbewerb in ihrem Kerngeschäft und stießen in Bereiche vor, in denen sie ungestört hohe Gewinne machen konnten. Wegen der Konkurrenz der Billigbroker war im klassischen Aktiengeschäft nicht mehr viel Geld zu verdienen, wohl aber im Handel mit neuen, komplexen und hochriskanten Wertpapieren. Um dieses Geschäft zu finanzieren, brauchten sie mehr kurzfristige Kredite, und die lieferten ihnen die normalen Geschäftsbanken mit Freude, denn diese mussten ihrerseits ihren Kunden für ihre Einlagen höhere Zinsen zahlen und waren darauf angewiesen, höhere Renditen zu erwirtschaften. Bereits jetzt zeigte sich ein Verhaltensmuster, das 2008 zur Katastrophe beitragen sollte: Investmentbanken verschuldeten sich immer mehr langfristig, besorgten sich das Geld dafür aber durch immer mehr kurzfristige Kredite. Diese „Fristentransformation" ist Teil des normalen Bankgeschäfts, aber es kommt auf das Maß an. Je mehr eine Bank auf kurzfristige Kredite vom Geldmarkt angewiesen ist, desto anfälliger wird sie in Krisenzeiten. Im Laufe des Booms ging dieses Maß verloren. Und im September 2008 trocknete der Markt für diese Kredite plötzlich aus. Niemand nahm dieses Risiko damals jedoch wahr.

Unmittelbar sichtbar waren dagegen die Folgen einer an-

deren Entscheidung Jimmy Carters: Am 6. August 1979 er-
nannte er einen neuen Präsidenten der Notenbank Federal
Reserve: Paul Volcker. Der damals 52 Jahre alte Ökonom
gehörte Carters Demokratischer Partei an, war in wirtschaftspolitischen Dingen aber eher konservativ. Volcker
war davon überzeugt, dass Amerikas Wirtschaft nur gesunden würde, wenn die galoppierende Inflation besiegt wurde.
Im Frühjahr 1980 war die Geldentwertung auf 14 Prozent
gestiegen. Frühere Notenbankchefs hatten die Inflation hin-
genommen, weil sie die ökonomischen und politischen Folgen eines konsequenten Stabilitätskurses fürchteten. Volcker
glaubte, dass ihm gar nichts anderes übrig blieb, als diese
Entwicklung zu stoppen. Und er hatte dabei die Rücken-
deckung von Jimmy Carter. Unter Volckers Regie verknapp-
te die Fed die Geldmenge und ließ den Leitzins, die Federal
Funds Rate, steigen, so lange, bis er im Juni 1981 beispiellose 19,10 Prozent erreicht hatte. Das Ergebnis war, wie zu
erwarten, eine schwere Rezession, die bis dahin schlimmste
in den USA seit dem Zweiten Weltkrieg. Sie brachte unzählige Firmenzusammenbrüche mit sich. Unter anderem musste der drittgrößte der US-Autokonzerne, Chrysler, 1980 mit
Mitteln der Steuerzahler gerettet werden. Aber die Rosskur
hatte Erfolg: 1983 war die Inflationsrate auf 3,21 Prozent
gesunken. Jimmy Carter allerdings musste den Preis für den
Kampf gegen die Inflation bezahlen. Die Rezession von
1980 war die wichtigste Ursache dafür, dass die Amerikaner
ihn am 4. November 1980 aus dem Amt jagten und seinem
konservativen Herausforderer Ronald Reagan einen Erd-
rutschsieg bescherten.

Reagan war ein begnadeter Kommunikator und er verstand etwas von Symbolen. Einer seiner ersten Schritte war
es, die Porträts der beiden Wall-Street-Feinde Thomas Jefferson und Andrew Jackson abzuhängen und durch das von
Calvin Coolidge zu ersetzen, dem Präsidenten der Goldenen
20er-Jahre. Die Botschaft war klar: Amerika sollte die Epoche des Staatsinterventionismus hinter sich lassen, die mit
der Weltwirtschaftskrise begonnen hatte, das Land kehrte

zum unverfälschten Kapitalismus zurück. Reagan leitete eine Welle von marktwirtschaftlichen Reformen ein, er senkte die Steuern, baute Regulierungen ab und legte sich mit den Gewerkschaften an. Viele der Reformen Reagans waren notwendig und haben die amerikanische Wirtschaft dynamisiert. Auch seine Steuersenkungen waren richtig, schließlich lag der Spitzensteuersatz in den USA damals noch bei 73 Prozent. Aber einige Entwicklungen auf den Finanzmärkten, die er anstieß, sollten sich ein Vierteljahrhundert später als verhängnisvoll erweisen.

Hemden von Brooks Brothers

Wall Street ist nicht nur eine Straße oder ein Geschäftsmodell, es ist auch ein Stil. Aus der Art, wie man sich in den Banken kleidet, lässt sich ablesen, wie die Geschäfte dort gerade betrieben werden. Der große Dichter Walt Whitman beschrieb im 19. Jahrhundert einen typischen Wall-Street-Broker: „Der Anzug konsequent respektabel, der Hut in die Stirn gezogen, ein dünnes Gesicht, trocken, wohlrasiert, der Mund mit einem lasterhaften Zug, die Augen scharf und schnell, gebogene Augenbrauen, eine sture Stirn, der Schritt ruckartig und hektisch."[44] Bis in die frühen 80er-Jahre des 20. Jahrhunderts hinein kam es an der Wall Street tatsächlich noch auf „respektable" Anzüge an. Relikte aus dieser Zeit finden sich auch heute noch in New York. Ein Gefühl dafür bekommt, wer den Herrenausstatter Brooks Brothers in der Madison Avenue besucht. Brooks Brothers wurde am 7. April 1818 von einem gewissen Henry Sands Brooks gegründet und ist seither ununterbrochen im Geschäft. Heute gehört das Geschäft zwar einer Gruppe italienischer Investoren, aber der Stil des Hauses atmet den Geist der alten Wall Street: Die Auslagen sind mit dunklem Holz getäfelt, die meisten Verkäufer konservativ gekleidete Herrn mittleren Alters. An der Kasse kann man ein Buch mit Goldschnitt kaufen. Titel: *How to Be a Gentleman* – Wie

man ein Gentleman ist. Der „Mann im Hemd von Brooks
Brothers" war nicht nur der Titel einer berühmten Kurz-
geschichte der Schriftstellerin Mary McCarthy, er war auch
ein Typus: der des konservativen, nicht besonders fantasie-
begabten, aber in Gelddingen bewanderten Mannes, des
typischen Angestellten einer Wall-Street-Firma eben.

Wer einmal bei Brooks Brothers war und dann Michael
Douglas als „Gordon Gekko" in Oliver Stones Film *Wall
Street* von 1987 gesehen hat mit breiten Hosenträgern und
gegeltem Haar, der ahnt, welch ein Kulturbruch Ende der
70er-Jahre in der Welt des Geldes stattfand. Zwei gesellschaftliche Gruppen trugen diesen Umbruch: die Babyboomer, die
in den 60er- und 70er-Jahren gegen den Mief ihrer Jugendzeit
rebelliert hatten – und die konservativen Reformer, die die
wirtschaftlichen Grenzen der Post-New-Deal-Ära beseitig-
ten. Beide fühlten sich als Revolutionäre, deren Aufgabe es
war, die Regeln und Vorurteile des amerikanischen Nach-
kriegsestablishments über den Haufen zu werfen. Zum Beispiel gab es ein junges Finanzgenie namens Michael Milken
(Jahrgang 1946). Milken arbeitete bei der Investmentfirma
Drexel Burnham & Co. und revolutionierte das Geschäft
mit Firmenanleihen. Bis dahin waren Anleihen relativ konservative Wertpapiere, mit denen sich Unternehmen Geld
auf dem Kapitalmarkt besorgen konnten. Milken machte
daraus ein machtvolles Instrument, mit dem er die Firmen-
landschaft Amerikas umpflügte: Er finanzierte den Kauf von
Firmen mit Anleihen und lud die Schulden diesen Firmen
auf. Weil das Risiko dabei extrem hoch war, mussten auch
die Zinsen hoch sein, Milkens Anleihen wurden daher als
„Junk Bonds" (Schrottanleihen) bekannt. Ging alles gut,
konnten die Zinsen aus den Erträgen der übernommenen
Firma bezahlt werden, wenn nicht, war das Übernahmeopfer
zerstört. Finanzjongleure wie Ivan Boesky oder Carl Icahn
machten mit solchen Übernahmen ein Vermögen; 20 Jahre
später sollten Finanzinvestoren, die nach diesem Modell arbeiteten, als „Heuschrecken" berühmt-berüchtigt werden.
Einige der Helden der 80er-Jahre landeten im Gefängnis.

Ivan Boesky wurde 1986 zu drei Jahren Haft wegen Insiderhandels verurteilt. Michael Milken saß 22 Monate wegen Betrugs; Boesky und Icahn lieferten die Vorbilder für die Figur des Gordon Gekko.

Die Politik war der Wall Street damals so wohlgesonnen wie noch nie sei den Zeiten von Calvin Coolidge. Eine der wichtigsten Figuren in diesem Zusammenhang war John Shad, ein überzeugter Marktwirtschaftler, den Ronald Reagan zum Chef der Börsenaufsicht SEC machte. Shad sah sich nicht so sehr als Kontrolleur, sondern als Freund der Finanzbranche, wie er einem Verband von Wall-Street-Firmen am 2. Dezember 1981 in Boca Raton (Florida) versicherte: „Wenn es gelegentlich mal eine feindselige Haltung zwischen der Kommission und der Finanzbranche gab, so gehört diese der Vergangenheit an."[45] Shad setzte bei der SEC eine ganze Reihe von Deregulierungen durch, die meisten davon waren klein, aber wirkungsvoll. So wurde das Mindestkapital, das Finanzinstitute vorhalten müssen, wenn sie Kredite vergeben, von vier auf zwei Prozent verringert – sie durften sich also wesentlich höher verschulden. Außerdem setzte Shad auf weniger Staatskontrolle und mehr Selbstregulierung der Finanzmärkte, weil er glaubte, so das Eigeninteresse der Firmen mobilisieren zu können. Ein Vierteljahrhundert später zeigte sich, dass Shads Theorie einfach falsch war.

Moral Hazard

Unbeabsichtigte Folgen der Deregulierung der Finanzmärkte zeigten sich relativ schnell, und zwar am Schicksal der Savings and Loan Associations. Die S&L sind genossenschaftlich verfasste lokale Banken; ihr Geschäftsmodell ähnelt dem deutscher Bausparkassen: Sie sammeln Spareinlagen von ihren Mitgliedern und verleihen das Geld in Form von langfristigen Hypotheken an Hauseigentümer. Das Geschäft war ursprünglich streng reguliert: S&L durften nicht mehr als 5,5 Prozent Sparzins bezahlen, Hauskredite mussten sie innerhalb eines Umkreises von 50 Meilen um den Sitz der Genossenschaft vergeben. Das Modell passte gut in die streng regulierte Nachkriegswelt. Als jedoch Ende der 70er-Jahre die Inflation in den USA zweistellige Werte erreichte, gerieten die S&L in massive Probleme. Die Sparer waren mit den niedrigen Zinsen nicht mehr zufrieden und legten ihr Geld lieber in ertragreichere Geldmarktfonds normaler Banken. Gleichzeitig machten die S&L hohe Verluste mit langfristigen Hypotheken, die sie noch zu niedrigeren Zinsen vergeben hatten. Um ihnen zu helfen, lockerte Reagan 1982 die Vorschriften für die Branche. S&L durften das Geld der Sparer jetzt anlegen, wo sie wollten, in Anleihen, Aktien und in Gewerbeimmobilien. Die Deregulierung geschah in bester Absicht, nur war sie leider unvollständig und fehlerhaft. Die S&L durften zwar alles machen, was auch normale Banken durften – nur unterlagen sie, anders als diese, nicht der normalen Bankenaufsicht. Überdies waren S&L-Einlagen bis zur Höhe von 100 000 Dollar vom Staat versichert. Die Regierung gab den Instituten also eine Garantie, ohne gleichzeitig darauf zu achten, was mit dieser Garantie gemacht wurde. Das Ganze war ein beispielhafter Fall von „Moral Hazard", eine Einladung dazu, das System zu missbrauchen. Und genau dies geschah auch. Viele Manager der bisher so beschaulichen Bausparkassen konnten mit ihren neuen Freiheiten nichts anfangen, einige legten es regelrecht darauf an, die Ungereimtheiten in der Regulierung auszunutzen.

Zum Beispiel Charles Keating. Der einstige Leistungsschwimmer, Marinesoldat, republikanische Wahlkämpfer und Organisator einer Kampagne gegen Pornografie übernahm 1972 die Leitung einer Immobilienfinanzfirma in Phoenix (Arizona) namens American Continental Corporation. Auf Keatings Betreiben hin kaufte American Continental 1984 Lincoln Savings, eine Savings and Loan Association in Irvine (Kalifornien). Lincoln Savings war eine typische Bausparkasse, das Geschäft war solide, aber langweilig. Das änderte Keating umgehend. Er feuerte das alte Management und schlug einen aggressiven Kurs ein. Binnen vier Jahren verfünffachten sich die Anlagen der S&L von 1,1 auf 5,5 Milliarden Dollar. Keating investierte in Aktien, gewerbliche Immobilienprojekte und Schrottanleihen. Damit verstieß es gegen geltende Regeln, denn er riskierte mit seinen Investitionen Spareinlagen, die staatlich garantiert waren. Die Aufsichtsbehörde Federal Home Loan Bank Board wurde hellhörig, aber Keating wehrte sich, unter anderem mit einem Unbedenklichkeitsbescheid, den Alan Greenspan, der spätere Chef der Fed und damals noch Wirtschaftsberater von Ronald Reagan, ausgestellt hatte. Auch fünf Senatoren stellten sich hinter den Investor – Keating hatte sie zuvor großzügig mit Spenden unterstützt.

Unterdessen häuften sich bei der Muttergesellschaft American Continental die Verluste. In der Situation griff Keating zu einem hinterhältigen Trick: Seine Leute drängten Anleger dazu, ihre staatlich versicherten Guthaben aufzulösen und in höher verzinsliche, nicht versicherte Zertifikate von American Continental umzuwandeln. Damit entzog er der Aufsichtsbehörde ihre Handlungsgrundlage und machte gleichzeitig die Kunden schutzlos. Als American Continental schließlich zusammenbrach, verloren etwa 23 000 Kunden ihre Ersparnisse, der Gesamtschaden betrug über 250 Millionen Dollar. Die amerikanische Regierung musste Lincoln Savings mit einer Kapitalzufuhr von 3,4 Milliarden Dollar retten, Keating wurde zu zehn Jahren Haft verurteilt. Insgesamt kostete die Savings-and-Loan-Krise die amerikanischen Steuerzahler 153 Milliarden Dollar, etwa drei Prozent des Bruttoinlandsprodukts; 326 Manager mussten ins Gefängnis, 1 600 Sparkassen wurden von der Regierung geschlossen.

Die Bankenkrise löste nun aber keine Rückkehr zu früheren Restriktionen für den Finanzsektor aus, im Gegenteil: Sie trieb das Spiel von Risiko und Innovation an der Wall Street erst richtig an. An dieser Stelle muss von Lewis Ranieri die Rede sein. Ranieri wurde vor 62 Jahren in Brooklyn geboren und wollte eigentlich Koch werden. Da er jedoch unter Asthma litt, musste er sich etwas anderes suchen und nahm Ende der 70er-Jahre einen Aushilfsjob bei Salomon Brothers an, einer alteingesessenen Investmentbank in Manhattan. Dabei entdeckte er seine Leidenschaft für Geld und begann eine Karriere als Anleihehändler. Zuvor hatten die Experten bei Salomon schon ein kluges Instrument gefunden, um den inflationsgeplagten S&L zu helfen: Anleihen, die durch Hypotheken gedeckt waren und frei gehandelt werden sollten, sogenannte Mortgage-Backed Securities (MBS). Ranieri machte aus diesen Anleihen das ganz große Geschäft. Er packte Tausende dieser Hypotheken in Bündel mit Papieren unterschiedlicher Laufzeit und Risikoklasse. Diesen Bündeln von verbrieften Krediten gab er den Namen „Collateralized Debt Obligations" (CDO), Hypothekenanleihen.

Mit den CDO ließ sich jede Menge Geld verdienen. Während der S&L-Krise fielen die Preise für Hypotheken in den Keller, die Sparkassen waren froh, wenn sie ihre Bilanzen reinigen konnten, Anleger kauften die Papiere mit hohen Abschlägen und Salomon profitierte von dem ganzen Handel. Die CDO-Händler bei Salomon waren nicht mehr konservative und langweilige Herren in Hemden von Brooks Brothers. Sie traten laut und ordinär auf und nannten sich selbst „Big Swinging Dicks", was genauso ordinär gemeint war, wie es klingt. Ranieri selbst hatte Übergewicht, er trug grelle Farben und redete im Brooklyner Gassenjargon. Die Händler von Salomon Brothers lieferten dem Schriftsteller Tom Wolfe die Vorlage für dessen Roman *Fegefeuer der Eitelkeiten*. 1991 verstrickte sich Salomon Brothers in einen Betrugsskandal und musste eine Strafe von 290 Millionen Dollar zahlen. In der Folge verlor die Investmentbank ihre Selbständigkeit und gehört heute zur Großbank Citigroup.

Die Innovationen von Ranieri und Salomon Brothers aber veränderten die Welt. CDO machten es möglich, Kredite und Risiken weltweit zu handeln, das senkte die Kosten und ermöglichte es den Banken, mit den gleichen Kapitalreserven ein Vielfaches zu riskieren. Im Jahr 2007, kurz vor Ausbruch der Finanzkrise, gab es weltweit verbriefte Kredite in Höhe von zwei Billionen Dollar, Käufer dieser Papiere waren Banken, Hedgefonds und Privatanleger in den Vereinigten Staaten, Großbritannien, Deutschland und vielen anderen Ländern. 1980 waren gerade einmal zehn Prozent aller Wohnungshypotheken in Amerika verbrieft, bis 2007 stieg der Anteil auf 56 Prozent.

Die Geschichte Lewis Ranieris hat unterdessen noch eine tragische Note. Er verlor 1987 einen Machtkampf bei Salomon Brothers und machte sich selbständig. 2002 gründete er in Houston (Texas) eine eigene Bank namens Franklin Bank Corporation, die sich auf die Finanzierung von gewerblichen Immobilienprojekten spezialisiert hatte. Vier Jahre danach spürte er, dass die Entwicklung auf den Märkten in die falsche Richtung ging. Er warnte öffentlich vor den Exzessen mit Hypotheken an Hauskäufer, die sich ihre Immobilien nicht leisten konnten. Er selbst hatte mit diesen Subprime Loans gar nichts zu tun, aber die Krise breitete sich längst auch auf das Geschäft mit Gewerbeimmobilien aus. Bei Ranieris Bank häuften sich die Verluste. Im November 2008 stand Franklin schließlich kurz vor dem Zusammenbruch. Die Bank wurde von der staatlichen Einlagensicherung FDIC übernommen und unter Zwangsverwaltung gestellt. Es war das 18. amerikanische Kreditinstitut, das im Zuge der Krise unter die Obhut des Staates geriet.

Ein anderer Star aus den Reihen von Salomon Brothers ist John Meriwether. Der heute 62-Jährige kam bereits 1974 zu der Investmentfirma. 1980 wurde er Partner, 1988 Leiter des Rentenhandels bei Salomon und stellvertretender Vorsitzender des Verwaltungsrats. Nach dem Betrugsskandal von 1991 musste auch Meriwether Salomon verlassen und startete drei Jahre später eine neue Karriere: Er zog nach Greenwich (Connecticut) und gründete dort einen Hedgefonds mit Namen Long-Term Capital Management (LTCM). Ähnliche Fonds gab es damals schon in großer Zahl, LTCM sollte aber etwas Besonderes sein. Meriwether holte zwei

Starökonomen in seinen Verwaltungsrat: Myron Scholes und Robert Merton. Scholes, Professor an der Stanford University, hatte eine Methode entdeckt, mit der man den Wert von Derivaten, also von Wertpapieren, die sich von anderen Wertpapieren ableiten, auf rationale Weise bestimmen kann. Merton, der am Massachusetts Institute of Technology (MIT) lehrt, entdeckte eine Formel zur Bewertung von Aktienoptionen. Beide erhielten 1997 für ihre Forschungen den Wirtschaftsnobelpreis.

LTCM sollte von den Erkenntnissen der beiden profitieren. Mittels mathematischer Modelle forschten die Fondsmanager nach Unregelmäßigkeiten in der Bewertung von Anleihen und wetteten darauf, dass diese über kurz oder lang verschwinden würden. Als zum Beispiel die Gründung der Europäischen Währungsunion feststand, setzte LTCM darauf, dass sich die Renditen italienischer, französischer, spanischer und deutscher Anleihen einander annähern würden. Die meisten dieser Wetten gingen auf, und LTCM erzielte zwischen 1994 und 1997 eine Jahresrendite von gut 40 Prozent, weit mehr, als mit Aktien selbst im Börsenboom zu verdienen war. Den weitaus größten Teil seiner Geschäfte machte LTCM mit geliehenem Geld. Im April 1998 standen einem Kapital von 6,7 Milliarden Dollar Anlagen von 134 Milliarden Dollar gegenüber. Jeder Dollar wurde also 20-mal ausgeliehen – hochprofitabel, wenn alles gut ging, brandgefährlich, wenn etwas schiefging.

Und es ging etwas schief. 1998 wettete LTCM darauf, dass die Volatilität, also die Summe der Kursschwankungen an den Aktienbörsen, sinken würde. Der Gedanke war durchaus vernünftig: Als Folge der Asienkrise waren die Kurse monatelang sehr volatil gewesen, sie hätten sich jetzt eigentlich, da das Schlimmste vorüber war, normalisieren müssen. Doch tatsächlich geschah das genaue Gegenteil. In Russland brach – als Spätfolge der Asienkrise – der Kurs des Rubel zusammen, die Anleger flohen aus der Währung, das Land stand am Rande des Staatsbankrotts. Dadurch nahm die Nervosität, also die Volatilität an den Aktienmärkten plötzlich zu, und LTCM begann massiv Geld zu verlieren. Im Mai büßte der Fonds 6,7 Prozent ein, im Juni waren es 10,1 Prozent. Am 17. August 1998 erklärte sich die russische Regierung für zahlungsunfähig, am 21. August verlor LTCM 550 Millionen Dollar, das waren 15 Prozent des verbliebenen Kapitals, der Verschuldungsgrad des Fonds stieg auf 41 zu eins. Als er im September zusammenzubrechen drohte, griff schließlich die Regierung in Washington ein. Der damalige Finanzminister Robert Rubin schildert die Lage in der Rückschau so: „Niemand wollte die Partner oder die Investoren von LTCM retten. Aber es gab die Befürchtung, dass die Liquidierung so großer Positionen (wie bei LTCM) zu einer allgemeinen Auflösung der Finanzmärkte führen würde. Wenn die Gläubiger von LTCM – Chase, Citigroup, Goldman Sachs, Bear Stearns, Morgan Stanley, Merrill Lynch und viele andere – alle in denselben Abschwung hinein verkaufen würden, könnte das gesamte Finanzsystem einfrieren. Das könnte in die Realwirtschaft hinüberschwappen, da das Vertrauen in die Zukunft beschädigt und Kredit für Unternehmen und Verbraucher weniger verfügbar und teurer wird."[46]

Rubin liefert damit eine atemberaubend präzise Beschreibung dessen, was zehn Jahre später, unter veränderten Bedingungen, tatsächlich geschehen sollte. 1998 wurde der Kollaps noch einmal verhindert. Rubin organisierte eine große Rettungsaktion für den Fonds. Im Auftrag des Finanzministers und der Fed brachte der damalige Präsident der Federal Reserve Bank of New York, William McDonough, in einer dramatischen Nachtsitzung am 23. September 14 Finanzinstitutionen dazu, insgesamt 3,6 Milliarden Dollar bereitzustellen, um LTCM auszulösen und schließlich abzuwickeln. John Meriwether (Jahrgang 1947) sagte nach dem Zusammenbruch seines Fonds: „Wenn ich die Weltwirtschaftskrise noch erlebt hätte, wäre ich in einer besseren Position gewesen, um die Ereignisse zu verstehen."

Komitee zur Rettung der Welt

Knapp vier Monate nach der LTCM-Krise erschien das Magazin *Time* mit einem Titel, der berühmt werden sollte: Es zeigte Rubin, dessen Staatssekretär Lawrence Summers und Notenbankpräsident Alan Greenspan, darüber die Schlagzeile: „Das Komitee zur Rettung der Welt". Die Journalisten von *Time* würdigten damit die zentrale Rolle, die die drei bei der Eindämmung der Finanzkrisen in Mexiko, Asien, Russland und schließlich bei LTCM spielten. Robert Rubin äußert sich in seinen Erinnerungen sehr nachdenklich, wenn es um die damalige Zeit geht. Unter anderem berichtet er, dass er und sein Stellvertreter und Nachfolger Larry Summers unterschiedlicher Meinung gewesen seien, was die Implikationen von LTCM gewesen seien. Er selbst habe damals geglaubt, viele Menschen verstünden den Handel mit Derivaten nicht, er wollte deshalb die Verschuldung von Finanzfirmen begrenzen und den Handel mit Derivaten streng regulieren. Summers teilte Rubins Bedenken nicht; er glaubte, Rubin stamme aus einer anderen Generation und wolle nur zu den alten gemütlichen Zeiten an der Wall Street zurückkehren, in denen „Tennis mit Holzschlägern" gespielt wurde, wie er sich ausdrückte. Tatsächlich wäre es für die Welt gut gewesen, hätte die Wall Street weiter mit Holzschlägern gespielt oder wenigstens das Spiel mit den modernen Schlägern besser gelernt.

Das „Komitee zur Rettung der Welt" hatte auch danach noch großen Einfluss, aber nicht immer Erfolg. Robert Rubin ging in den Verwaltungsrat von Citigroup und musste sich im Januar 2009 zurückziehen, weil er den Niedergang nicht verhindern konnte. Alan Greenspan gilt als einer der Hauptschuldigen der Finanzkrise. Lawrence Summers Talent wird jetzt geprüft. Er ist zum wichtigsten Wirtschaftsberater von Obama avanciert und muss in dieser Funktion die Katastrophe eindämmen, die dadurch entstanden ist, dass er in den späten 90er-Jahren nicht mit Holzschlägern Tennis spielen wollte.

Allerdings lag es sehr nahe, der Wall Street ihren Willen zu lassen. Die amerikanische Wirtschaft wuchs so schnell wie schon lange nicht mehr, die Arbeitslosigkeit ging zurück und das Aktienvermögen der Durchschnittsamerikaner stieg. Der Boom der 90er-Jahre war mit einer Dauer von 120 Monaten der längste in der US-Geschichte. Robert Rubin gelang es dank guter Steuereinnahmen, zum ersten Mal Überschüsse im Staatshaushalt zu erwirtschaften. Die Regierung von Präsident Bill Clinton war dabei in ihrem Wirtschaftskurs durchaus widersprüchlich. Clinton war durchweg wirtschaftsfreundlich, aber gelegentlich auch bereit zu linken politischen Gesten. Gleich zu Beginn seiner Amtszeit reagierte er auf den verbreiteten Ärger über exzessive Managergehälter. Im Jahr 1993 brachte er folgende Regelung durch den Kongress: Gehälter können nur bis zur Grenze von einer Million Dollar von der Steuer abgesetzt werden. Alles, was darüber hinausgeht, ist aus dem versteuerten Gewinn zu bezahlen. Ausgenommen von der Regelung waren flexible Gehaltsbestandteile, die an die Leistung gebunden waren. Die meisten Finanzexperten hielten nichts von der Reform. Sie hatten möglicherweise eigene Interessen im Spiel, konnten aber auch mit guten Argumenten aufwarten. „Kreative Köpfe werden Wege finden, um die Manager zu bezahlen und die Aufseher zufriedenzustellen", sagte damals Andrew Klein von der Beratungsfirma Wyatt & Co. Aktienoptionen und Aktien mit Haltefristen könnten sich als geeignete Schlupflöcher erweisen. Genau so sollte es kommen. Die Festgehälter wurden eingefroren, Aktienoptionen jedoch wurden der Renner. Manager bezogen im Endeffekt höhere Gehälter, als sich Clinton das je hätte vorstellen können. Im Jahr 2007, dem ersten der Finanzkrise, gaben die sieben größten Wall-Street-Banken 60 Prozent ihrer Einnahmen für die Bezahlung der Mitarbeiter aus. Die Investmentbank Lehman Brothers erhöhte ein Jahr vor ihrem Zusammenbruch ihre Boni von 8,7 auf 9,5 Milliarden Dollar.

KAPITEL 8

Lehrjahre eines Ministers

„Alle Broker haben die Tendenz, dasselbe zu empfehlen.
Daher sind Aktien eines Unternehmens, das sie zum
Verkauf empfehlen, fast immer zu billig, während Aktien,
bei denen sie zum Kauf raten, immer zu teuer sind.
Wenn man nun verlässlich herausfinden könnte, was die
Broker ihren Kunden empfehlen und man würde dann
das genaue Gegenteil tun, dann hätte man einen
sicheren Weg, um ein Vermögen zu machen."
John Maynard Keynes an seinen Neffen David Hill, 3. Februar 1944

Die Federal Bank of New York sieht aus wie eine Trutzburg. An der Liberty Street Nummer 33, nur fünf Minuten Fußweg von der Wall Street entfernt, wurde die Bankzentrale im Stile eines Renaissance-Palazzo gebaut und 1928 fertiggestellt, ein Jahr vor Ausbruch der Weltwirtschaftskrise. Die New York Fed hat die Aufgabe, für die Notenbank in Washington die praktischen Operationen auf den Finanzmärkten abzuwickeln, sie ist die Botschaft der Fed an der Wall Street. Berühmt ist der Keller der New York Fed. Dort befindet sich das größte Goldlager Amerikas. 5 000 Tonnen Goldbarren lagern hier. 1995 war die Bank Schauplatz des Reißers *Stirb langsam: Jetzt erst recht*, in dem Bruce Willis mit einer Bande von Neonazis kämpft, die den Goldschatz der Fed rauben wollen, um mit den Erlösen die Welt zu beherrschen.

Der Chef der New York Fed ist immer ein wichtiger Mann. 1998 war es zum Beispiel William McDonough, der half, die LTCM-Krise zu meistern. Neun Jahre später, im März 2007, sitzt ein junger Chef in der Fed: Timothy Geithner, damals 45 Jahre alt, könnte leicht unterschätzt werden. Er wirkt noch jünger, als er ist, und tritt sanft und fast schüchtern auf. Trotzdem weiß er, was er will. Im Frühjahr 2007 hat die Bundesrepublik Deutschland den Vorsitz der G 7 inne, der Gruppe der sieben großen westlichen Industrieländer. Eines der Hauptanliegen von Bundeskanzlerin Angela Merkel ist es, eine bessere Regulierung der internationalen Finanzmärkte durchzusetzen. Besonders im Blick hat sie Hedgefonds und andere Risikoinvestoren, die in Deutschland auch damals schon „Heuschrecken" heißen, weil sie, so die allgemeine Überzeugung, über Unternehmen herfallen und diese kahlfressen. Aber die Deutschen stehen auf verlorenem Posten. Der damalige US-Finanzminister Henry Paulson ist ebenso dagegen wie Timothy Geithner von der New York Fed. Das macht Geithner jedenfalls im Interview der *Süddeutschen Zeitung* klar.[47] All die Innovationen auf den Finanzmärkten, die Finanzderivate und die Institutionen, die sie in immer raffinierterer Weise nutzen, haben dazu geführt, dass sich Risiken viel breiter streuen, als dies früher der Fall war, sagt er. Die Wahrscheinlichkeit einer Krise ist auf den Finanzmärkten damit geringer geworden. Aber wenn doch etwas passieren sollte, ist der Schaden dann nicht viel größer, weil es um viel größere Summen geht?

Geithner antwortet mit geduldiger Nachsicht, aber auch mit Überzeugung: Es stimmt, dass das Risikopotenzial größer geworden ist, das spricht aber nicht gegen die Innovationen, sofern einige Vorkehrungen getroffen werden. Geithners Lösung besteht darin, dafür zu sorgen, dass die Banken immer stark genug sind: „Wir sollten uns auf den Kern des Finanzsystems konzentrieren – dieser muss gesund bleiben und Stress aushalten können, wo auch immer der herkommen mag", sagt der Fed-Chef. In anderem Zusammenhang bezeichnete er die Banken einmal als „Stoßdämpfer" des Systems; solange die funktionieren, könne das System auch ein paar Schocks aushalten, zum Beispiel Verluste in einigen Hedgefonds: „Es ist ja nicht so, dass wir Leute, die in Hedgefonds investiert haben, davor schützen sollten, Geld zu verlieren. Das ist unvermeidbar und wahrscheinlich auch wünschenswert. Es kommt darauf an, die Verluste der Banken und die Schäden an den Märkten zu begrenzen, um die Stabilität des Systems nicht zu gefährden."

Die gute Nachricht liege darin, „dass die großen Finanzinstitutionen heute stärker sind, als sie es noch vor fünf oder sechs Jahren waren". Die Finanzmärkte seien so leistungsfähig, dass sie gigantische globale Ungleichgewichte mit Leichtigkeit tragen können: das Leistungsbilanzdefizit der Vereinigten Staaten und die damit korrespondierenden Handelsüberschüsse in China. Geithner drückt ziemlich präzise aus, was damals die Überzeugung der meisten nachdenklichen Leute an der Wall Street war: Die globalen Ungleichgewichte sind nicht auf Dauer durchzuhalten, aber akute Gefahr besteht nicht, die Finanzmärkte helfen bei der Lösung.

Als das Gespräch mit Timothy Geithner geführt wurde, wurden gerade die ersten beunruhigenden Berichte aus Kalifornien, Nevada und Arizona über den Missbrauch von Subprime-Hypotheken bekannt. Einige Experten warnten, dass es unter Umständen noch größere Probleme geben könnte. Der Internationale Währungsfonds schrieb im April, dass die Volatilität auf den Finanzmärkten ungewöhnlich niedrig sei, dass also die Kurse von Wertpapieren auffällig wenig schwankten und dass die Unterschiede zwischen den Renditen riskanter und weniger riskanter Wertpapiere zu niedrig seien. Wenn irgendetwas Unvorhergesehenes passiere, so der IWF, könne es zu einem „Volatilitätsschock" kommen, weil die Märkte und die Finanzprodukte mittlerweile so sehr gekoppelt sind, dass es keine Grenzen auf den Finanzmärkten mehr gibt. Auch dann, wenn einzelne Banken für sich genommen verantwortungsvoll handelten, könnten sie kollektiv gefährliche Positionen aufbauen, die dann in einer „ungeordneten Korrektur" abgebaut würden.[48] Aber niemand, auch nicht der IWF und auch nicht die größten Pessimisten unter den Ökonomen, konnten sich damals vorstellen, zu was sich diese „ungeordnete Korrektur" auswachsen würde.

Für Timothy Geithner wurde diese Korrektur die Herausforderung seines Lebens. Das Schicksal machte den jugendlichen Fed-Chef aus der Liberty Street zu einer der

Schlüsselfiguren der Finanzkrise. Die Notenbank Fed und das US-Finanzministerium begannen im September 2007 mit ihren Versuchen, zunächst den Absturz des Finanzsektors, dann den der amerikanischen Wirtschaft und schließlich den der ganzen Welt zu verhindern. Immer war Geithner dabei, als Berater von Ben Bernanke und Henry Paulson, als Einflüsterer, als Finanzingenieur und als Entscheider. So war es kein Wunder, dass ihn Barack Obama nach seinem Wahlsieg zum Finanzminister machte, zum wichtigsten Mann in seiner Krisenpolitik. Der Mann, der noch vor Kurzem auf die Stärke der großen Banken gesetzt hatte, entwarf die umfassendste und radikalste Neuregulierung der amerikanischen Finanzbranche seit Franklin D. Roosevelt. Dazu gehören strenge Regeln für Hedgefonds und das vor Kurzem noch unvorstellbare Recht für den Finanzminister, jedes Unternehmen unter Zwangsverwaltung stellen zu können, wenn dessen Zusammenbruch unvertretbare Risiken für die Gesamtwirtschaft nach sich ziehen würde. Hedgefonds sollen offenlegen, wie sie ihr Geld investiert haben, Geithner stimmte sogar umfassenden internationalen Vereinbarungen über die Bankenaufsicht zu.

Trotz seiner langen Erfahrung war Geithners Start als Minister unglücklich. Kurz nach seiner Nominierung wurde bekannt, dass er als junger Angestellter beim IWF seine Steuern nicht vollständig gezahlt hatte, es waren die ersten negativen Schlagzeilen, die die Regierung Obama überhaupt machte. Als ihn der Senat schließlich bestätigte, bekam er mit 60 zu 34 die knappste Mehrheit, die je ein US-Finanzminister seit dem Zweiten Weltkrieg erreicht hatte. Bis Geithner einen Stellvertreter hatte, dauerte es Wochen, andere wichtige Positionen in seinem Ministerium blieben lange unbesetzt. Seine erste große Pressekonferenz war ein kompletter Reinfall. Er stellte mit großem Pomp vor einem Fahnenwald im Finanzministerium einen Plan zur Rettung der Banken vor, aber darin fehlten wesentliche Einzelheiten. Die Aktienkurse stürzten daraufhin ab; noch nie hatte die Börse einen neuen Präsidenten bei seinem Amtsantritt so negativ begleitet wie Obama. Schließlich löste Geithner eine kleinere Dollar-Krise aus, als er in einem Nebensatz anmerkte, er könne sich schon vorstellen, dass Sonderziehungsrechte, also die Kunstwährung des IWF, international künftig eine größere Rolle spielen. Wissenschaftler, die Präsident Obama ursprünglich unterstützten, zum Beispiel Ökonom Paul Krugman, stellten sich gegen Geithner.

Der schwierige Start von Obamas wichtigstem Mann für die Krise ist leicht erklärlich. Geithner ist mitten in den Konflikt zwischen Wall Street und Main Street geraten, er sitzt zwischen allen Stühlen. Zwar hat er nie für eine Wall-Street-Firma gearbeitet, aber er wurde durch die Kultur der Finanzwirtschaft geprägt. Zumindest einige der Fehleinschätzungen dieser Branche teilte er. Jetzt zieht er den Zorn von Main Street auf sich. Und dann das, was in Amerika „Leadership" heißt. Geithner ist zwar genauso alt wie Präsident Obama und hat theoretisch sogar mehr Erfahrung: Er arbeitete in der Kanzlei des früheren US-Außenministers Henry Kissinger, er diente bereits 1988 als Wirtschaftsattaché an der amerikanischen Botschaft in Tokio, er arbeitete beim IWF, im Finanzministerium und schließlich bei der New York Fed. Aber in allen diesen Positionen stand er als Experte in der zweiten Reihe, er war Techniker und Berater und musste nicht führen. Das änderte sich auf einen Schlag, als er an der Spitze des Finanzministeriums stand. David Axelrod, der engste politische Berater Obamas, sagte: „Dieser Kerl wurde zum General ernannt und sofort in einen richtigen Krieg geschickt. Man braucht eine gewisse Zeit, um die Orientierung zu finden. Ich denke, jetzt hat er sie."

Vielleicht steckte aber auch noch etwas anderes hinter den ersten Schwierigkeiten Geithners. Die Finanzmärkte machen seit 2008 einen fundamentalen Paradigmenwechsel durch. Das vergangene Vierteljahrhundert war geprägt von der Vorstellung, dass Finanzmärkte inhärent stabil sind; Übertreibungen und Abstürze sind zwar möglich, sie werden aber relativ schnell von selbst korrigiert. Diese Überzeugung wurde durch die Finanzkrisen der 80er- und 90er-Jahre nicht erschüttert. Sie galten als isolierte Ereignisse, die jeweils spezifische Ursachen hatten. Mit der Großen Rezession ist diese Sicherheit verschwunden, alle bisherigen Erklärungen sind obsolet. Stattdessen setzt sich die Erkenntnis durch, dass Finanzmärkte inhärent instabil sind und es vermutlich immer sein werden. Dieses grundsätzliche Umdenken wird eine der bleibenden Folgen dieser Krise sein, mit Konsequenzen, die sich heute nur ahnen lassen.

Geithner ist, in seiner ganzen Widersprüchlichkeit, die Personifizierung dieses Wechsels.

Zu den beliebten Denkgebäuden des vergangenen Vierteljahrhunderts gehört die Theorie von den effizienten Kapitalmärkten. Die Theorie wurde in den 60er-Jahren an der Universität von Chicago entwickelt und besagt in ihrer einfachen („schwachen") Form nur, dass es langfristig unmöglich ist, mit einer Aktienstrategie, die auf historischen Daten basiert, den Markt zu schlagen und außerordentliche Erträge zu erzielen. Ganz einfach deshalb, weil alle verfügbaren Informationen aus der Vergangenheit bereits in den Kursen stecken, und Informationen über die Zukunft nicht zur Verfügung stehen. In ihrer popularisierten („starken") Form besagt sie nichts weniger, als dass die Aktienkurse sich auf einem „Zufallspfad" bewegen, und dass es von diesem Pfad langfristig keine Abweichungen gibt. Zu schlagen ist der Markt nur, wenn man über Insiderinformationen verfügt. Und weil eben alle relevanten Informationen sofort in die Kurse eingehen, kann es auch keine schlimmen Spekulationsblasen geben. Zumindest professionelle Anleger können ja sofort erkennen, wenn die Bewertung der Aktien nicht mehr mit der Realität übereinstimmt.

Warren Buffett, der große Investor aus Omaha, der sein Vermögen dadurch machte, dass er jahrzehntelang den Standard-&-Poor's-Index schlug, spottete einmal über Leute, die an die Theorie der effizienten Kapitalmärkte glauben: „Wenn ich eine Reederei besitze und meine Konkurrenten glauben, dass die Erde eine Scheibe ist, dann habe ich doch einen klaren Wettbewerbsvorteil." Aber wenn die Theorie von den effizienten Kapitalmärkten nicht stimmt, was dann?

Bernankes Schüler

Mitten auf dem Campus der Princeton University in New Jersey liegt das Bendheim Center for Finance. Es ist ein idyllisches kleines Forschungsinstitut, das aussieht wie ein englisches Landhaus. Princeton erweckt gelegentlich den Eindruck, als sei dort die Zeit stehen geblieben, aber was im Bendheim Center geschieht, betrifft die Zukunft und hat direkt mit dem Kern der Finanzkrise zu tun. Ein kleines, internationales Team von Ökonomen und Finanzmathematikern forscht in dem Landhaus über die Frage, wie Spekulationsblasen entstehen und wie man sie unter Umständen verhindern kann. Dort lehren zum Beispiel Yacine Aït-Sahalia, ein Franzose, Wei Xiong, der in China geboren wurde, Harrison Hong aus Vietnam und Markus Brunnermeier, der aus dem niederbayerischen Landshut stammt. Das Institut gibt es seit 1997 und es hat einen bekannten Gründer: Ben Bernanke, den heutigen Präsidenten der Federal Reserve. Als Bernanke Dekan der Wirtschaftswissenschaften in Princeton war, rief er das Bendheim Center ins Leben als Teil seines Bemühens, aus der Weltwirtschaftskrise zu lernen. Wären die Finanzmärkte effizient, gäbe es auf die Grundfrage der Forscher eine einfache Antwort. Eine, wie sie Bernankes Vorgänger Alan Greenspan einmal gab: „Mir wurde klar, dass man irrationalen Überschwang (an den Finanzmärkten) nicht mit Sicherheit identifizieren, geschweige denn etwas dagegen tun kann, es sei denn, hinterher."[49] Und: „Spekulationsblasen, die platzen, sind selten angenehm, aber die Konsequenzen müssen für die Wirtschaft nicht katastrophal sein." Zumindest den letzten Satz würde Alan Greenspan heute sicher nicht mehr so sagen.

Der deutsche Ökonom Markus Brunnermeier gibt auf die Frage nach der Stabilität der Finanzmärkte eine wohlabgewogene, in ihren politischen Implikationen jedoch eindeutige Antwort: „Es ist wie beim Klimawandel: Wir wissen nicht mit 100-prozentiger Sicherheit, ob die Erderwärmung vom Menschen verursacht wird. Aber auch wenn wir es nur zu 80 Prozent wissen, können wir handeln." Auf Deutsch: Spekulationsblasen können mit hinreichend großer Wahrscheinlichkeit erkannt und entschärft werden. Die Weltfinanzkrise hat systematische Ursachen, und die können auch systematisch beseitigt werden.

Mehr noch: Die Logik der Finanzmärkte legt nahe, dass es immer wieder zu Spekulationsblasen kommt und dass sie relativ stabil sind. „Das Problem mit Blasen ist nicht, dass sie entstehen, sondern dass sie so lange Bestand haben", glaubt Brunnermeier. Der gesunde Menschenverstand sagt einem, dass solche Blasen immer eine Sache der Unvernunft sind – von der holländischen Tulpenzwiebelspekulation im 17. Jahrhundert über den Internetboom bis zum Immobilienwahn in Amerika – und dass diese Unvernunft schnell endet, wenn mehr Informationen über die wirklichen Verhältnisse vorliegen. Die Forscher am Bendheim Center stellen nun genau diesen gesunden Menschenverstand infrage: Eine Blase selbst ist zwar tatsächlich dadurch definiert, dass sich die Preise von Wertpapieren, Immobilien oder anderen Vermögenswerten von den Fundamentaldaten der Wirtschaft entfernt haben, für Anleger kann es aber trotzdem sehr rational sein, auf einer Spekulationswelle zu reiten. Selbst dann, wenn sie selbst genau wissen, dass es sich um eine Blase handelt.

Einer der Gründe dafür ist verblüffend einfach: Es ist viel schwieriger, auf Baisse als auf Hausse zu spekulieren. Wer steigende Kurse erwartet, muss nur die entsprechenden Aktien kaufen und abwarten. Wer jedoch mit sinkenden Kursen Geld verdienen will, der muss Aktien auf Termin verkaufen, die er noch gar nicht besitzt. Diese Leerverkäufe sind hochriskant, weil sie eben an einen bestimmten Zeitpunkt gebunden sind. Ein Spekulant erleidet selbst dann Verluste, wenn er in der Sache recht hat („Aktien sind überteuert"), sich aber im Termin irrt, und die Kurse einen Tag nach Fälligkeit seines Kontrakts zu sinken beginnen. Immerhin sind Leerverkäufe auf Aktienmärkten seit Langem gängige Praxis, auf sinkende Immobilienpreise zu spekulieren ist jedoch mörderisch. Dazu sind bisher hochriskante Credit Default Swaps (CDS) notwendig, Wertpapiere, die zu den riskantesten überhaupt gezählt werden und zu den Auslösern der Finanzkrise gehörten (siehe Kapitel 3). Bessere Instrumente müssen erst noch entwickelt werden. Optimisten sind auf den Finanzmärkten also immer in einem strategischen Vorteil gegenüber den Pessimisten.

Aber das ist nur ein Teil der Geschichte. Markus Brunnermeier erklärt: „Spekulationsblasen beginnen immer mit einer Innovation, mit dem Internet zum Beispiel. Sie sind am Anfang auch gut, weil sie Kapital in diese Innovation lenken." Irgendwann jedoch ändert sich die Natur der Spekulation und das Spiel wird gefährlich. Jetzt tritt ein fundamentales Informationsproblem auf: „Vielleicht weiß ich, dass wir eine Blase haben, aber damit weiß ich noch lange nicht, ob Sie das auch wissen. Und selbst wenn ich weiß, dass Sie es wissen, weiß ich nicht, ob Sie wissen, dass ich es weiß." Solange aber nur ein kleiner Teil der Marktteilnehmer die Preise für unrealistisch hält, ist es – wegen des strukturellen Nachteils der Pessimisten – sehr riskant, gegen die Spekulation zu wetten. Optimisten bestärken sich gegenseitig. Ein Fondsmanager dagegen, der aus dem Markt aussteigt, weil er die Preise für unrealistisch hält, der bekommt im Zweifel Ärger mit seinen Anlegern, wenn er sich im Termin täuscht und die Hausse noch ein paar Monate weitergeht. Bleibt er jedoch in der Herde, dann schadet er unter Umständen seinen Aktionären, aber er hat dann eine bessere Ausrede: Alle anderen sind ja auch so lange im Markt geblieben.

Brunnermeier erläutert das Dilemma anhand eines Lehrbuchbeispiels aus der Spieltheorie: Zwei Generale warten auf den Beginn einer Schlacht. Beide wissen, dass sie nur gewinnen können, wenn sie gleichzeitig losschlagen. Der erste

General schickt einen Boten zum zweiten mit der Botschaft: „Morgen um sechs Uhr geht es los." Nun weiß General zwei, was General eins plant, aber General eins weiß nicht, ob der Bote auch durchgekommen ist. Also muss General zwei einen weiteren Boten mit der Bestätigung zu General eins schicken. Und der muss einen weiteren Boten mit der Bestätigung der Bestätigung beauftragen. Am Ende wären unendlich viele Botengänge notwendig, um beide Generäle zuverlässig über den Kenntnisstand des jeweils anderen zu informieren. Übertragen auf die Finanzmärkte bedeutet das: Selbst wenn die Preise verrücktspielen, herrscht auch bei Profis große Unsicherheit darüber, was die anderen über diese Kurse denken.

Das sind alles andere als theoretische Überlegungen. Als sich im Oktober 2008 die Finanzelite der Welt am Rande der Jahrestagung von IWF und Weltbank in Washington traf, sagte ein relativ prominenter deutscher Banker: „Wir wussten, dass es bei den ganzen Papieren nicht mit rechten Dingen zuging. Aber wenn wir ausgestiegen wären, hätten wir hohe Gewinne aufgegeben. Das wäre uns an den Börsen nicht verziehen worden." Der frühere Chef von Citigroup, Charles Prince, machte das Kalkül sogar öffentlich: „Wenn die Musik aufhört, in Gestalt von Liquidität, werden die Dinge kompliziert. Aber solange die Musik spielt, musst du aufstehen und tanzen. Wir tanzen immer noch", sagte er im Juli 2007, als die Krisenzeichen schon nicht mehr zu übersehen waren.[50] Vier Monate später musste er seinen Posten aufgeben, weil die Musik tatsächlich aufgehört hatte, zu spielen, und Citigroup in die Verluste stürzte.

Aus der Zeit eines der ersten großen Börsenschwindel der Geschichte, der Südsee-Spekulation von 1720 in London, ist der Ausspruch eines französischen Bankers überliefert, der 500 Pfund in die betrügerische Südsee-Gesellschaft mit den Worten investierte: „Wenn der Rest der Welt verrücktspielt, müssen wir die Leute bis zu einem gewissen Grade imitieren."[51] John Maynard Keynes wird der Satz zugeschrieben: „Börsen können länger irrational sein, als du zahlungsfähig bist." Brunnermeier untersuchte das Anlage-verhalten großer Hedgefonds während des Internetbooms und stellte dabei fest, dass diese bis zuletzt in die teuren Hightechaktien investiert hatten. Der berühmte Spekulant George Soros stieg sogar im September 1999, nur wenige Monate vor dem Platzen der Blase, noch einmal groß in den Markt ein. Das Verhalten dieser hochprofessionellen Anle-ger ist nicht mit Unwissenheit zu erklären, sondern nur durch das genannte Informationsproblem.

Die gute Nachricht dabei: Wenn Spekulationsblasen ein Informationsproblem sind, dann können sie auch mittels Information entschärft werden. Entgegen den Lehren, die Alan Greenspan aus der Krise gezogen hat, können und müssen Notenbanken künftig gegen Spekulationsblasen vorgehen, durch Zinserhöhungen und durch Informationen. „Ich denke, mit der richtigen Kommunikation würde die Fed einiges erreichen", sagt Brunnermeier.

Damit schließt sich der Kreis und man landet wieder bei der Frage, wie stabil oder instabil Finanzmärkte sind. Die Reformen der New-Deal-Ära und die strenge Regulierung des Kapitalverkehrs damals entstanden aus der Überzeu-gung, dass der Staat Anleger an den Finanzmärkten nicht alleine lassen kann, weil deren Verhalten immer irrational ist. Keynes ließ sich von seinen Erfahrungen als aktiver und erfolgreicher Spekulant (speculari heißt im Lateini-schen: in die Zukunft blicken) leiten. Nach dem Schwarzen Donnerstag 1929 beschrieb Keynes vor einer Kommission des britischen Unterhauses das Problem so: „Investitionen sind vor allem eine Sache tierischer Instinkte. Sie haben we-nig oder nichts damit zu tun, was eine Gesellschaft konsu-mieren oder sparen möchte. Ich weiß, wovon ich rede, denn ich habe das Spiel in den letzten zehn Jahren selbst ge-spielt." [52]

Damit geht es um die Grundlagen der ökonomischen Theorie. Märkte sind die effizienteste Form, die Handlungen von Menschen zu koordinieren, sie sind, wie der große Li-berale Friedrich August von Hayek schrieb, „Entdeckungs-

verfahren": Jeder dabei gebildete Angebotspreis, jeder Nach-
fragepreis sagt etwas über die Präferenzen anderer Menschen
aus, jeder kann sein eigenes Handeln nach diesen Signalen
ausrichten. Hat er sich geirrt und bietet das Falsche an oder
verlangt den falschen Preis, dann kann er diesen Irrtum korrigieren. Finanzmärkte sind jedoch etwas Besonderes. Zwar
sind auch sie Entdeckungsverfahren, zwar können auch hier
langfristig Fehler korrigiert werden, der Weg dorthin kann
aber so lange dauern und so teuer sein, dass keine Gesellschaft
auf der Welt bereit ist, dies zu akzeptieren. Deshalb wird
das Geschäft mit dem Geld schon immer reguliert.

Der Grund ist die besondere Natur des Kredits. Kredite
sind eine Brücke in die Zukunft. Wer einen Kredit aufnimmt,
der kann die Zukunft gestalten, er drückt aber auch Meinun-
gen über die Zukunft aus. Die Zukunft ist auf eine fundamentale Weise unsicher. Viele der modernen Finanzprodukte
gehen von der Annahme aus, dass man hinsichtlich der
Zukunft zumindest eine Wahrscheinlichkeit angeben kann,
dass ein bestimmtes Ereignis eintritt. Schon Keynes konnte
aber beschreiben, warum diese Wahrscheinlichkeiten einem
auf Dauer nichts nützen. „Mit ‚unsicherem‘ Wissen will ich
nicht einfach nur die Dinge, die mit Sicherheit bekannt sind,
von denen unterscheiden, die nur wahrscheinlich sind. Ein
Roulettespiel hat in diesem Sinne nichts zu tun mit Unsicherheit. (...) Die Lebenserwartung eines Menschen ist nur
ein wenig unsicher. Selbst das Wetter ist nur auf moderate
Weise unsicher. Ich verwende den Begriff in dem Sinne, in
dem die Möglichkeit eines Krieges in Europa unsicher ist
oder der Zinssatz in 20 Jahren. Es gibt keine wissenschaftli-
che Methode, um über diese Dinge eine berechenbare Wahrscheinlichkeit zu formulieren. Wir wissen es einfach nicht.“

Erstaunlich weitsichtig beschrieb Keynes damals die
Fehler, die Menschen machen, wenn sie mit Blick auf die
Zukunft entscheiden sollen: Sie nehmen, erstens, die Vergangenheit als Maßstab und unterschätzen die Möglichkeit radikaler Brüche in der Zukunft. Sie unterstellen zweitens,
dass die gegenwärtigen Preise und die Art der volkswirt-

schaftlichen Produktion auf korrekten Annahmen über die Zukunftsaussichten beruhen. Und weil sie, drittens, wissen, dass ihre eigene Meinung wertlos ist, tun sie so, als sei der Rest der Welt besser informiert als sie selbst. „Das bedeutet: Wir bemühen uns, der Mehrheit oder dem Durchschnitt der Menschen zu folgen", schrieb Keynes.[53] Es ist ein Verhalten, das in die Krise geführt hat, und es ist genau das, was im Bendheim Center in Princeton erforscht wird. Wir wissen nichts über die Zukunft, daher ist es unvermeidlich, dass wir Fehler begehen, wenn wir zukunftsbezogene Entscheidungen treffen. Weil wir aber mit dem Kredit ein so mächtiges Instrument in Händen haben, sind Sicherungen notwendig, um die negativen Folgen unserer Fehlentscheidungen einzugrenzen.

Dies erkannte schließlich auch Timothy Geithner. Er formulierte dies auch rechtzeitig, kurz bevor sich die Dinge in New York zuspitzten. Am 6. März 2008 hielt Geithner, damals noch Fed-Chef von New York, eine Rede vor dem angesehenen Council on Foreign Relations in Manhattan. Er berichtete über die Finanzkrise, die damals schon recht bedrohliche Ausmaße angenommen hatte. Er analysierte, dass die Innovationen auf den Finanzmärkten dazu beigetragen hätten, dass Kredit leichter „hergestellt", gehandelt und versichert werden könne. Die Anleger wähnten sich in Sicherheit, weil die Märkte ja von Liquidität überflutet würden und weil sie sich gegen Zahlungsausfälle versichert hätten. Sie hätten nicht verstanden, dass diese Versicherungen nur auf der Annahme beruhten, dass alles so bleiben würde wie bisher, dass also der Versicherungsfall nicht eintritt.[54] „Dieses Vertrauen in eine stabilere Zukunft führte zu höheren Verschuldungen und dazu, dass die Firmen gegen die Risiken einer nicht mehr so freundlichen Welt weniger Vorsorge leisteten." Beim Council on Foreign Relations ist es üblich, dass nach einer Rede Fragen und Antworten folgen. Daher wunderten sich die Gäste am 6. März ein wenig, dass Geithner diese Tradition missachtete und mit den Worten „Ich muss jetzt gehen" den Saal verließ.

Tags darauf war klar, warum Geithner gegangen war. Die Federal Reserve hatte beschlossen, über ein besonderes Kreditfenster 200 Milliarden Dollar in die Wirtschaft zu pumpen, um die Märkte zu beruhigen. Eine Woche später musste die Investmentbank Bear Stearns in einer Notoperation mithilfe der Notenbank gerettet und an die Großbank JPMorgan Chase verkauft werden. Ausgerechnet Geithner war es, der die Ära des Glaubens an die rationalen Finanzmärkte in aller Form beerdigen musste.

KAPITEL 9

Entzug

„Gib nie dein Geld aus, ehe du es hast."
Thomas Jefferson 1825

Der letzte Zyklus der Weltkonjunktur vor der Großen Rezession begann im November 2001. Die Terroranschläge vom 11. September 2001 hatten auch der Wirtschaft innerhalb und außerhalb der USA einen schweren Schock versetzt. Der Schock wurde jedoch überraschend schnell überwunden. Alan Greenspan lieferte das billige Geld dafür, Präsident George W. Bush senkte die Steuern, und beides zusammen sorgte für das herausragende und historisch außergewöhnliche Merkmal dieses Zyklus: die Tatsache, dass die Weltkonjunktur fast ausschließlich von der Kauflaune der amerikanischen Verbraucher abhing. Die Amerikaner hielten die Weltwirtschaft in Gang, indem sie über ihre Verhältnisse lebten. Sie kauften den Chinesen ihre Massenprodukte ab und fundierten so einen beispiellosen Wachstumsschub, sie halfen den Europäern aus der Rezession und erleichterten es den Deutschen, ihren Staatshaushalt in Ordnung zu bringen.

Einer dieser Verbraucher heißt Paul Pruitt und lebt in Reidsville am Nordrand des Bundesstaates North Carolina. Reidsville ist „Middle America", konservativ, auf sich bezogen und ein wenig langweilig. Sehr viel kann man über die Stadt nicht sagen, außer dass es einen hübschen See gibt und dass dort in früheren Zeiten, als man von Antiraucherpolitik nichts wusste, die Tabakindustrie für viele Arbeitsplätze sorgte. Unter anderem wurde in einer Zigarettenfabrik nahe Reidsville die berühmte Lucky Strike gedreht. Die Hauptstraße ist von vielen kleinen, typisch amerikanischen Einfamilienhäusern gesäumt. Reidsville gehört zum Rockingham County, einem Bezirk, der am 4. November 2008 zu 56,8 Prozent für den Republikaner John McCain stimmte und der damit nicht, wie die meisten anderen Bezirke im Norden North Carolinas, zu Barack Obama überlief. Rockingham ist „tiefrot", wie man in den USA sagt, weil rot die Farbe der Republikaner ist.

Wer Paul Pruitt besuchen will, muss den Ortskern mit den idyllischen Einfamilienhäusern verlassen und an den Rand fahren, dorthin, wo die Tankstellen, die Einkaufszentren, die Autohäuser und die Reifenhändler beginnen. Paul lebt zusammen mit seinem Sohn Brian in einem Wohnblock, nicht unbedingt ärmlich, aber doch ziemlich einfach. In seiner Dreizimmerwohnung fällt dem Besucher gleich etwas auf: Es riecht nach Zigarettenrauch. Amerika ist inzwischen so sehr zum Nichtraucherland geworden, dass man automatisch stutzt, wenn jemand dieser Norm nicht gehorcht. Paul Pruitt jedenfalls zündet sich eine Zigarette nach der anderen an, während er seine Lebensgeschichte erzählt: Als junger Kerl kämpfte er in Vietnam und bezieht deshalb heute, mit 61 Jahren, eine Veteranenrente von 3 200 Dollar im Monat. Die Wunden, die ihm ein Schrapnell des Vietcongs vor 40 Jahren zugefügt hat, sind unter streng gescheiteltem rotblondem Haar verborgen.

Während Paul Pruitt erzählt, merkt man, dass irgendetwas nicht in Ordnung ist. Fünfmal schon hat das kleine blaue Handy auf dem Esstisch geklingelt. Jedes Mal wirft er einen kurzen Blick auf das Display und drückt dann den Aus-Knopf. „Das ist wieder einer von denen da", sagt er schließlich. Und bei „denen da" nickt er zu einem Stapel Visitenkarten hinüber. Er nimmt den Stapel und breitet die Karten vor sich aus. Klingende Firmennamen finden sich darauf, „Advanced America" zum Beispiel oder „Payday Advance"; auf einigen Karten sind Fotos sympathischer Männer und Frauen zu sehen. Es sind Pruitts Gläubiger, insgesamt 16 an der Zahl. „Die wollen ihr Geld zurück", sagt Paul, „aber sie bekommen es nicht." Und er fügt noch hinzu: „Es sind alles Halunken, Halunken, Halunken."

Paul Pruitt ist überschuldet, genauso wie die Banken an der Wall Street und das ganze Land. Sein Problem sind aber nicht fragwürdige Hypotheken, denn er besitzt gar kein Haus. Sein Problem sind auch nicht, wie bei vielen anderen seiner Landsleute, Kreditkartenschulden, Auto- oder Studentendarlehen. Er ist Opfer einer etwas abseitigen, aber dafür umso heimtückischeren Form des Kredits geworden: „Payday Loans". Diese „Lohnkredite" sind so einfach wie gefährlich: Wer Geld braucht, muss nur in das Büro eines Verleihers gehen, wie es sie in vielen amerikanischen Städten in jedem größeren Einkaufszentrum gibt. Vorlegen muss er nur seinen Führerschein (als Identitätsnachweis) und die Lohnabrechnung seines Arbeitgebers. Nach höchstens einer Stunde hat er den Kredit, vorausgesetzt, er verpfändet vorher einen Teil seines nächsten Monatslohnes. Die Verleiher machen nicht viele Umstände, sie wollen kaum Dokumente sehen, die die Kreditwürdigkeit ihres Kunden belegen könnten. Das Einzige, was sie verlangen, sind hohe Zinsen. Sehr hohe Zinsen.

Den Banken auf der Welt und der Weltwirtschaft sind die Innovationen auf den Finanzmärkten zum Verhängnis geworden, all die CDS, CDO und MBS, bei denen auch die Experten nicht verstanden, welch mörderische Wucht sie entfalten können. In Reidsville dagegen geht es nicht um Innovationen, sondern um ein Relikt aus der Frühzeit der Industrialisierung. In der zweiten Hälfte des 19. Jahrhunderts trieben überall in den Arbeiterbezirken Amerikas und Englands „Lohnhaie" ihr Unwesen. Sie gaben armen Leuten zu astronomisch hohen Zinsen für ein paar Tage Kredit und nahmen dafür den nächsten Wochenlohn als Pfand. Weil die Arbeiter das Geld oft nicht rechtzeitig zurückzahlen konnten, gerieten sie in ewige Abhängigkeit von den Geldverleihern, die oft in Verbindung mit dem organisierten Verbrechen standen. Historisch gesehen waren Lohnhaie das Nebenprodukt gut gemeinter Regulierung. Das Verbot, „Wucherzinsen" zu erheben, hinderte seriöse Banken daran, Kredite an Arme zu rentablen Zinsen zu vergeben. Das

Modell, den nächsten Lohn für Kredit zu verpfänden, hat sich als legales Geschäft in einigen US-Bundesstaaten erhalten. Die Werbung für Payday Loans ist aggressiv, die Methoden, mit denen Schulden eingetrieben werden, sind es ebenfalls. Und die Kunden der Verleiher zahlen immer drauf.

Paul Pruitt rechnet vor: „Beim ersten Mal habe ich einen Lohnkredit von 500 Dollar bekommen und musste 575 Dollar zurückzahlen." 75 Dollar im Monat, das entspricht einem Jahreszins von nicht weniger als 420 Prozent. Aber eine Summe von 75 Dollar zu zahlen, nur um 500 Dollar ein paar Tage früher zu bekommen – ist das nicht absurd? Hätte er sich das Geld nicht bei Freunden pumpen können? „Natürlich", antwortet Pruitt. „Sie haben ja recht. Aber die Kredite sind wie eine Droge. Alles ist so einfach. Die Leute sind nett, sie helfen dir und drängen dir sogar noch mehr Geld auf. Und irgendwann ist es zu spät." Auf diese Weise sammelte Paul Pruitt insgesamt 16 Lohnkredite. Manchmal nahm er einen Kredit nur deshalb auf, um den anderen zu tilgen. Schließlich schuldete Pruitt den Lohnkreditleuten 16 mal 500 Dollar plus 16 mal 75 Dollar Zins – macht zusammen 9 200 Dollar. Und das nur, weil er 500 Dollar brauchte.

Pruitts Schulden sind ein Nichts im ganzen Strudel der Finanzkrise. Aber für ihn wurden sie zu einem schwarzen Loch. Irgendwann konnte er nicht mehr, ging zu einer Verbraucherorganisation, und die riet ihm, ab sofort nicht mehr zu zahlen. Er hielt sich an den Rat und trug so dazu bei, dass irgendwo im Weltfinanzsystem wieder einmal ein Kredit als faul gemeldet wurde. Sein Fall mag besonders sein, aber die Verbindung zwischen Überschuldung amerikanischer Verbraucher und der Finanzkrise ist eindeutig. „Die Leute verlieren ihren Job, sie müssen mehr im Supermarkt und an der Tankstelle bezahlen", sagt Jay Speer, der Anwalt von Paul Pruitt. „Sie nehmen noch mehr Kredite auf und irgendwann stecken sie in der Schuldenfalle." Speer arbeitet für das Virginia Poverty Law Center in Richmond, eine Hilfsorganisation, die Kreditopfer im Südosten der USA unterstützt.

Die hohe Schuldenlast setzt den Familien besonders zu, seit die Rezession begann. Sie müssen ihre Ausgaben drastisch einschränken, weil sie über keinerlei Reserven verfügen und sofort überschuldet sind. Das Schuldenproblem und die Rezession verstärken sich daher gegenseitig.

Paul Pruitts Schuldengeschichte liest sich wie die eines Drogenabhängigen, der auf Entzug ist. Seinen ersten Lohnkredit nahm er bereits 1994 auf. Der Anlass war eine Tölpelei. Pruitt hatte seinem damals acht Jahre alten Sohn den Schlüssel zum Auto gegeben. Der setzte sich ans Steuer und fuhr den Wagen prompt gegen eine Mauer. Passiert ist nicht viel, der Junge blieb unverletzt, aber es mussten die Rechnungen der Autowerkstatt und eines Rechtsanwalts bezahlt werden. Da kamen die 500 Dollar vom Geldverleiher gerade recht. Doch genau mit diesen 500 Dollar begann die Abwärtsspirale. Irgendwann verkaufte Pruitt sein Einfamilienhaus jenseits der Grenze in Danville im Bundesstaat Virginia. Damit war er wenigstens die Hypothek los und musste dafür nicht mehr Zins und Tilgung leisten. Um Miete zu sparen, zog er bei seinem Bruder ein. „Aber das hat nicht funktioniert. Wir sind uns furchtbar auf die Nerven gegangen", sagt er. Schließlich bezog er seine jetzige Wohnung in Reidsville. Sein Anwalt glaubt, dass Pruitt ein fast ideales Opfer für Kredithaie ist. „Paul ist nicht arm, und er bekommt regelmäßig Geld vom Staat, das mögen die Verleiher." Auf diese Weise wurde er zu einem Teil der großen Finanzkrise.

Die Große Korrektur

Das Drama um Paul Pruitts Payday Loans berührt den Kern des amerikanischen Selbstverständnisses. Zum Geheimnis des Aufstiegs der USA gehört es, dass dort vielleicht nicht alle, aber doch die meisten Menschen ihres Glückes Schmied sein konnten und bis heute können. Niemand hindert einen daran, eine Idee zu verwirklichen, die die meisten Mitmenschen für verrückt halten. Niemand hält einen aber auch davon ab, Dummheiten zu begehen. Kredit ist ein Mittel, um seine Träume zu verwirklichen, daher ist es eine Frage der Gerechtigkeit, dass auch arme Leute Zugang zu Krediten bekommen. Gleichheit am Bankschalter ist gesetzlich vorgeschrieben. Nach dem „Equal Credit Opportunity Act" von 1974 ist es Banken explizit verboten, bei der Kreditvergabe nach Rasse, Hautfarbe, Religion, Herkunft, Geschlecht, Familienstand oder Alter zu diskriminieren. Es darf zum Beispiel für die Kreditentscheidung einer Bank keine Rolle spielen, dass der Schuldner in einem „schlechten" Stadtviertel wohnt. Banken überlegen es sich deshalb zweimal, ob sie einen Kreditantrag aus Vierteln mit mehrheitlich schwarzer oder spanisch sprechender Bevölkerung ablehnen.

Andererseits sind, wenn es um Kredite geht, die Folgen individueller Dummheit oder Betrügerei für die Allgemeinheit so groß, dass Regierungen auch in den USA immer wieder eingreifen, um die Bürger vor ihren eigenen Fehlern zu schützen. Viele Durchschnittsamerikaner verstehen, ähnlich wie Deutsche, relativ wenig von Finanzen. Im Falle der Payday Loans ist die Lösung relativ einfach: Sie müssten verboten werden. Es gibt selbst unter extremen Annahmen Möglichkeiten, plötzlichen Geldmangel anders zu überbrücken als mit einem Kredit, der zu über 400 Prozent verzinst wird und für den man seinen nächsten Monatslohn verpfänden muss. Ist der Geldbedarf von Dauer, müssen ohnehin andere Lösungen gefunden werden. „Payday Loans halten die Menschen nur davon ab, das Naheliegende zu tun und sich bei Freunden oder Familienmitgliedern ein paar Dollar zu pumpen", sagt Pruitts Anwalt Speer.

Einige US-Bundesstaaten haben aus dieser Erkenntnis Konsequenzen gezogen. In der Bundeshauptstadt Washington hat die Verwaltung die Jahreszinsen für Payday Loans auf höchstens 24 Prozent begrenzt, wodurch die Branche die Stadt schlagartig verlassen hat. Auch in North Carolina, Paul Pruitts Bundesstaat, sind Payday Loans verboten. Die

Tragik des Veteranen liegt darin, dass er zuvor in Virginia lebte, und dort gibt es Lohnhaie an jeder Straßenecke.

Nun sind allerdings nicht nur Verbraucher wie Paul Pruitt auf Kreditentzug, das ganze Land hat über seine Verhältnisse gelebt. Und die wenigsten Amerikaner waren dabei so unvernünftig wie der Veteran aus Reidsville. Im Gegenteil, sie verhielten sich in ihrem ökonomischen Umfeld völlig rational. Das Problem lag darin, dass dieses ökonomische Umfeld defekt war und die Amerikaner daher lauter falsche Handlungsanreize bekamen.

Schon immer hat Kredit im amerikanischen Alltag eine größere Rolle gespielt als in Europa. In normalen Zeiten ist dies kein Problem. Amerika war und ist immer noch eine optimistische Nation. Wer Optimist ist, finanziert sich leichter einmal einen Traum auf Pump, weil er damit rechnet, dass die Dinge in Zukunft besser werden und er Zins und Tilgung aus wachsendem Einkommen begleichen kann. Das Drama der Ära Bush lag nun aber darin, dass sie einen falschen Optimismus produzierte: den Glauben, man könne die Steuern senken und gleichzeitig zwei teure Kriege führen; das Vertrauen darauf, dass das immer schneller wachsende Außenhandelsdefizit kein Problem, sondern eigentlich ein Zeichen für die Stärke der amerikanischen Wirtschaft sei. Möglich war diese kollektive Fehlsteuerung dadurch, dass die gesamte Gesellschaft systematisch verzerrte Informationen bekam: Geld ist billig, Risiken gibt es nicht mehr, Vermögenswerte wie Hauspreise und Aktienkurse steigen immer weiter. Am Anfang dieser Fehlsteuerung stand, wie im zweiten Kapitel dieses Buches beschrieben, die Kombination aus chinesischer Währungs- und amerikanischer Geldpolitik. Die Folge waren vollkommen unrealistische Hauspreise, die Millionen von Amerikaner darüber täuschten, wie wenig Vermögen sie in Wirklichkeit besaßen.

Die fatale Entwicklung zeigt sich in einer wichtigen ökonomischen Messgröße: der Sparquote, also dem Anteil am verfügbaren Einkommen, den die privaten Haushalte aus ihrem laufenden Einkommen zurücklegen. Wie hoch die

Sparquote tatsächlich ist, hängt von vielen Faktoren ab: wie hoch zum Beispiel das Durchschnittsalter der Bevölkerung ist, wie viele Familien im eigenen Haus wohnen und welche Rolle die eigene Familie in der Altersvorsorge spielt. Schließlich spielen ganz allgemein kulturelle Faktoren eine Rolle. Traditionell ist die Sparquote in vielen asiatischen Volkswirtschaften eher hoch, in Ländern mit einer langen Kapitalmarkttradition, wie Großbritannien und den USA, eher niedrig, in Kontinentaleuropa liegt die Zahl irgendwo in der Mitte. Aus der Sparquote allein lässt sich also nicht ablesen, ob die Einwohner eines Landes über ihren Verhältnissen leben oder nicht; es gibt keine „richtige" oder „falsche" Sparquote, jeder Wert ist interpretationsbedürftig. Die Deutschen sparten 2008 zum Beispiel 11,9 Prozent ihres verfügbaren Einkommens, was ungefähr dem Durchschnitt in der EU entspricht, bei den Briten waren es dagegen nur 3,3 Prozent, bei den Chinesen mehr als 50 Prozent, eine historische Anomalie, deren Hintergründe bereits erörtert wurden. Japan hatte traditionell ebenfalls eine sehr hohe Sparquote; während der langen Stagnationsphase Japans in den 90er-Jahren ist sie jedoch gesunken und lag zuletzt bei 3,5 Prozent.

Wenn sich die Ersparnisbildung in einem Land aber dramatisch verändert, in welcher Richtung auch immer, dann deutet dies immer auf tiefe ökonomische oder gesellschaftliche Umbrüche hin. Und genau das war in den Vereinigten Staaten der Fall: Die US-Sparquote ist im vergangenen Vierteljahrhundert praktisch auf null gesunken. Zwischen dieser Entwicklung, dem Aktienboom der 90er-Jahre, der jüngsten Spekulation auf dem Häusermarkt und dem Ausbruch der Großen Rezession gibt es einen direkten Bezug.[55]

Das Sparverhalten der Amerikaner veränderte sich in mehreren Stufen. Im Jahr 1982, als es der Fed gelungen war, die Inflation in den USA zu besiegen, lag die Sparquote bei 9,0 Prozent, ein völlig normaler Wert im internationalen Maßstab. Um die Jahreswende 1986/87 jedoch begann ein stetiger Trend nach unten. 1987 wurden nur noch 5,0 Pro-

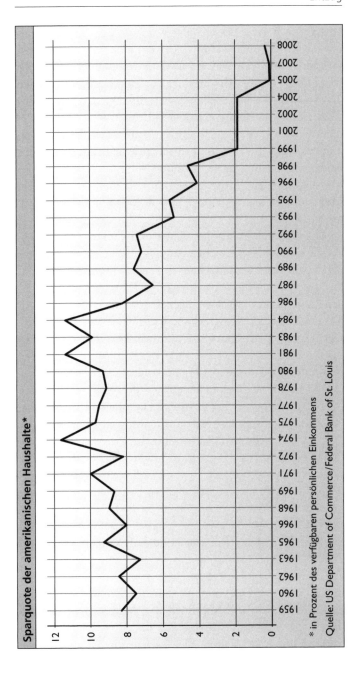

Sparquote der amerikanischen Haushalte*

* in Prozent des verfügbaren persönlichen Einkommens

Quelle: US Deparment of Commerce/Federal Bank of St. Louis

zent gespart, zehn Jahre später waren es 2,9 Prozent. Warum die Amerikaner weniger sparten, hatte einen einfachen Grund: Wall Street. Weil die Aktienkurse und die Preise von Immobilien in den 80er-Jahren zu steigen begannen, warfen die Rücklagen der Familien höhere Erträge ab; deren Wert stieg, und man musste aus dem laufenden Einkommen weniger zurücklegen, um fürs Alter vorzusorgen. Dieser „Vermögenseffekt", wie er in der Fachsprache heißt, macht den Rückgang der Sparquote zu einem – im Großen und Ganzen – rationalen Vorgang. Die Amerikaner wurden nicht leichtsinniger, sie reagierten nur auf die veränderte ökonomische Realität.

Doch dann kam das Jahr 2001 und die Politik des leichten Geldes. Die Folge waren ein neuer Aktienboom und vor allem die Spekulationsblase auf dem Immobilienmarkt. Wieder dachten die Amerikaner, ihr Vermögen würde steigen, und sparten noch weniger. Doch dieses Mal war der Vermögenseffekt eine Illusion, wie man inzwischen weiß. Der Rückgang der Sparquote aber war real: 2004 lag sie bei 2,1 Prozent, 2005 bei 0,4 Prozent. Kurz vor dem Höhepunkt der Häuserspekulation, im August 2005, erreichte die Quote ihren niedrigsten jemals in den USA gemessenen Monatswert: minus 2,7 Prozent. Die amerikanischen Privathaushalte lösten also Vermögen auf, weil sie glaubten, es sich leisten zu können. Der Schuldenberg der Privathaushalte hat sich von 2000 bis zum Beginn der Krise auf 13,8 Billionen Dollar verdoppelt.

Jetzt wissen alle, dass das Sparverhalten eines Jahrzehnts auf falschen Annahmen beruhte, und die Folgen sind gewaltig. Nach groben Schätzungen haben die amerikanischen Haushalte zwischen Juli 2007 und Januar 2008 ein Viertel ihres Vermögens verloren, ein Verlust von unglaublichen 8,3 Billionen Dollar.[56] Der Wert von Einfamilienhäusern brach ein, Sparpläne und Aktiendepots gingen um bis zu einem Drittel zurück. Millionen von Amerikanern sind dadurch plötzlich unterversorgt für ihr Alter. Nicht alle geraten dadurch in Armut. Wer Anfang der 80er-Jahre ins

Berufsleben eintrat, sich einigermaßen vernünftig verhielt, gesund blieb und seinen Job nicht verlor, der profitierte trotz Krise immer noch vom Ende der Inflation und dem Aktienboom. Aber nicht alle hatten so viel Glück. Einige wurden arbeitslos und mussten in schlechter bezahlte Arbeitsplätze wechseln, andere nahmen Hypotheken auf ihr Haus auf, um mit dem Geld ein neues Auto kaufen zu können oder ihr stagnierendes Einkommen aufzubessern. Sie alle befinden sich jetzt in miserabler Lage: Sie müssen wesentlich mehr sparen, ihren Lebensstandard einschränken oder sich darauf einstellen, dass sie bis ins hohe Alter auf Arbeitseinkommen angewiesen sind.

Aus volkswirtschaftlicher Sicht bedeutet das: Die Sparquote muss wieder steigen, und zwar auf das Niveau vor dem Boom der 80er-Jahre. Die Schätzungen von Konjunkturexperten schwanken zwischen Werten von sechs und zehn Prozent. Möglicherweise werden die Amerikaner noch sparsamer, als die Ökonomen dachten. Im Mai 2009 war die Quote trotz sinkender Einkommen bereits wieder auf 6,9 Prozent gestiegen. Erstmals seit dem Zweiten Weltkrieg sind die Gesamtschulden der Privathaushalte gesunken. Diese neue Sparsamkeit wird das Gesicht der USA verändern, und zwar im Wortsinne: Wenn die Konsumausgaben stagnieren oder auch nur wesentlich langsamer wachsen als in der Vergangenheit, dann haben viele der Einkaufszentren und Shopping Malls, die die Landschaft um Amerikas Städte prägen, keine Chance mehr. Noch wichtiger aber sind die globalen Folgen. Die amerikanischen Verbraucher werden auf absehbare Zeit nicht mehr in der Lage sein, die Wirtschaft der ganzen Welt zu stützen. Und dies wird eine Korrektur der globalen Ungleichgewichte erzwingen. Wie genau, ist unklar, sicher ist nur, dass es geschehen wird. Erst einmal haben die Amerikaner in ihrer Rolle als Steuerzahler die Rolle in der Weltwirtschaft übernommen, die sie vorher als Verbraucher innehatten. Der Kongress hat 2009 das größte Konjunkturprogramm in der Geschichte beschlossen. Das Staatsdefizit wird im Fiskaljahr 2009 mit über

13 Prozent des BIP so groß sein wie noch nie in Friedenszeiten. Das schafft Nachfrage auch jenseits der amerikanischen Grenzen. Die Korrektur der Ungleichgewichte in der Welt ist erst einmal aufgeschoben.

Die Normalisierung von Sparen und Konsumieren hat aber auch etwas mit den großen Einkommensunterschieden in Amerika zu tun, mit Gleichheit und Ungleichheit. Die Inflation der Vermögenswerte und der Rückgang der Sparquote überdeckten bisher die Tatsache, dass Normalamerikaner vom Aufschwung der Ära George W. Bush kaum profitiert haben. Die Löhne in der Industrie sind seit Beginn des Jahrzehnts praktisch unverändert geblieben. Ein einfacher Arbeiter in der Industrie verdiente 2001 durchschnittlich 16,03 Dollar pro Stunde (gerechnet in der Kaufkraft von 2006), 2005 waren es 16,11 Dollar.[57] Und diese Zahlen waren nur die Fortsetzung eines lang anhaltenden Trends zu wachsender Ungleichheit. Zwischen 1979 und 2005 stieg das Einkommen des reichsten Fünftels der Bevölkerung um 81 Prozent, das des ärmsten Fünftels sank um ein Prozent. 1979 verdiente das obere Fünftel 11,4-mal so viel wie das untere Fünftel, 2005 waren es 20,9-mal so viel.[58] Im Jahr 2005, dem Höhepunkt des letzten Booms, ging der gesamte Zuwachs des verfügbaren Einkommens an die obersten zehn Prozent, die restlichen 90 Prozent gingen leer aus.

Die Stagnation niedriger und mittlerer Einkommen hat viele Ursachen: der globale Wettbewerb, der in allen Industrieländern einfache Arbeitsplätze in der Industrie kostet und die Löhne unter Druck setzt. Das Scheitern der öffentlichen Schulen in Amerika. Steuersenkungen für die oberen Einkommen, die zwar das Wirtschaftswachstum gefördert haben, jedoch, anders als erhofft, nicht zu den niedrigeren Einkommen durchgesickert sind. Und schließlich der außerordentliche Anstieg der Kapitaleinkommen seit Beginn des Börsenbooms. Amerikaner haben schon immer größere Unterschiede zwischen oben und unten als Preis für die Dynamik der Wirtschaft akzeptiert als Deutsche und Franzosen. Aber die Stagnation der Einkommen der Mittelschicht trifft das fundamentale amerikanische Versprechen, dass es jeder mit harter Arbeit im Leben weiterbringen kann. In vielen Teilen der Gesellschaft ist das bisher Selbstverständliche nicht mehr selbstverständlich: dass es die Kinder einmal besser haben werden als ihre Eltern.

Viele Amerikaner der Mittelschicht und viele Einwanderer haben auf die Stagnation der Arbeitseinkommen dadurch reagiert, dass sie auf steigende Hauspreise spekulierten. Den Zusammenhang zwischen Immobilienspekulation und Einkommensverteilung beschreibt Alan Greenspan. Der frühere Fed-Präsident räumt ein, dass der Aufschwung nach dem 11. September 2001 eine „dunkle Seite" gehabt habe.[59] *„Er wurde getrübt durch eine verstörende Verschiebung in der Verteilung der Einkommen. In den vergangenen Jahren haben die Einkommensgewinne von höheren Angestellten die Zuwächse der Stundenlöhne von Industriearbeitern und einfachen Angestellten erheblich überschritten. Für viele Haushalte wurde der Rückstand bei den Löhnen ausgeglichen durch Kapitalgewinne bei ihren Häusern; der überwiegende Teil des Kapitalzuwachses ging aber auch da an höhere Einkommensgruppen."* Deshalb hatten bei Meinungsumfragen bereits 2004 trotz hohen Wachstums und niedriger Arbeitslosigkeit 60 Prozent der Amerikaner die Ansicht vertreten, ihre Wirtschaft befinde sich in schlechtem Zustand.

Und vor diesem Hintergrund verteidigt Greenspan sein Nichtstun angesichts der Exzesse auf dem Markt für zweitklassige Hypotheken: *„Ich war mir darüber im Klaren, dass die Lockerung der Kreditbedingungen für Subprime-Schuldner das Finanzrisiko erhöhte und dass Subventionen für Wohneigentum die Marktergebnisse verzerren. Aber ich glaubte deshalb, so wie ich es heute noch tue, dass die Vorteile eines breit gestreuten Wohneigentums das Risiko wert sind. Der Schutz von Eigentumsrechten, der so entscheidend für eine Marktwirtschaft ist, erfordert eine genügend große Masse an Eigentümern, um dafür politische Unterstützung zu erlangen."*

Nun, in der Rezession, stellen sich die Verteilungsfragen in Amerika umso härter. Wie schwer sie zu lösen sein werden und welche Widersprüche sich dabei auftun, zeigt ein kleines Beispiel aus New York.

Als die Krise Anfang 2009 immer schlimmer wurde, kündigte Bürgermeister Michael Bloomberg ein neues Hilfsprogramm an unter der Überschrift „SaveNYC". Der Sinn dieses Programms ist es, armen New Yorkern dabei zu helfen, Geld, das sie vom Staat bekommen, zu sparen: Wenn ein Geringverdiener seine Steuerrückzahlung mindestens ein Jahr lang auf seinem Sparkonto lässt, bekommt er von der Stadt 50 Prozent dazu, höchstens 250 Dollar. Das Geld für die Zuschüsse stammt aus privaten Spenden. Und die Summen, um die es geht, sind alles andere als irrelevant. In Amerika bekommen auch solche Familien Steuergutschriften, die gar keine Steuern gezahlt haben, die Gutschriften sind eine einfache Form der Sozialhilfe. Kinderreiche Familien können dabei einmal im Jahr mit Schecks von bis zu 6 500 Dollar rechnen. Bloombergs SaveNYC-Programm ist sehr gut begründet. Gerade ärmere amerikanische Familien stecken oft in der Schuldenfalle. Sie finanzieren ihre täglichen Ausgaben zum Teil über teure Kreditkarten. Die Subventionen der Stadt helfen beim Kreditentzug und erhöhen ein wenig die Sparquote der USA. Gesamtwirtschaftlich lasten sie jedoch erst einmal auf der Konjunktur. Ein weiterer Beleg dafür, dass Amerikas Verbraucher künftig nicht mehr in der Lage sein werden, den Rest der Welt mit ihrer Nachfrage zu erfreuen.

Drill Baby Drill

Eine ganz andere Art der Knappheit erlebten die Amerikaner in den ersten Monaten der Krise. Im Sommer 2008, als Republikaner und Demokraten ihre Präsidentschaftskandidaten kürten, war das Hauptthema des Wahlkampfs nicht etwa das Scheitern von Wall Street oder die Rezession, die damals nach offizieller Rechnung längst begonnen hatte. Es war der Benzinpreis. Am 11. Juni hatte das Fass Rohöl einen Preis von mehr als 147 Dollar erreicht und war damit so teuer wie noch nie in der Geschichte. An den Tankstellen vieler Bundesstaaten mussten die Autofahrer für eine Gallone Super mehr als vier Dollar zahlen, ein Wert, der wie ein Schock auf die Öffentlichkeit wirkte.

Zu den bleibenden politischen Folgen des teuren Öls wird vermutlich gehören, dass der Kandidat der Republikaner, John McCain, in der Situation begann, sich selbst zu demontieren. Bisher hatte McCain in Fragen der Ökonomie relativ vernünftige, moderate Positionen vertreten: Er wollte die Staatsschulden zurückfahren, Energie sparen und die USA zurück an den Tisch der globalen Klimapolitik bringen. Unter dem Druck der Meinungsumfragen rückte er jetzt aber von seinen Überzeugungen in Sachen Ökologie ab. Er forderte, das jahrzehntealte Verbot des Kongresses aufzuheben, in den Küstenwässern der USA nach Öl zu bohren. Seine Lösung für das Preisproblem bestand einfach darin, das Angebot zu erhöhen. Für die Reisesaison im Sommer wollte McCain die Benzinsteuer aufheben und so den Amerikaner ein wenig Erleichterung verschaffen. Es war ein Verzweiflungsschritt, der niemandem geholfen hätte außer den Ölgesellschaften, deren Gewinne noch gestiegen wären. Auch McCains Wahl für das Amt des Vizepräsidenten dürfte ein wenig von der Benzinpreisfrage bestimmt gewesen sein. Die Gouverneurin des Ölstaates Alaska, Sarah Palin, stand für eine Politik, die der Ausbeutung der natürlichen Ressourcen Vorrang vor Natur- und Umweltschutz gab. Bei konservativen Republikanern löste Palin Begeisterung aus mit ihrer Parole „Drill Baby Drill" (etwa: „Öl bohren, Schätzchen"). McCain aber begann damals die unabhängigen Wähler zu verlieren, die er für einen Sieg über Barack Obama gebraucht hätte.

Auch die Preisexplosion für Rohstoffe trug dazu bei, dass diese Rezession so schlimm wurde. Und die Tatsache, dass die Konservativen auf diese neue Knappheit so unzureichend reagierten, hat zu dem politischen Umbruch am 4. November 2008 geführt.

Im Frühjahr 2008 ließ sich die Dynamik der Rohstoffteuerung besonders gut in Chicago beobachten. Das alte Herz der Stadt am Michigan-See ist die Börse. Der Wolkenkratzer des Chicago Board of Trade an der Ecke von LaSalle Street und Jackson Boulevard war bis 1965 der höchste der Stadt, und er ist heute immer noch einer der schönsten: ein eleganter Art-déco-Bau im alten Finanzdistrikt, entworfen 1925 und fertiggestellt 1930, im ersten schlimmen Jahr der Weltwirtschaftskrise. Oben auf dem Dach thront eine Bronzestatue von Ceres, der römischen Fruchtbarkeitsgöttin – fast so, als handele es sich dabei nicht um ein Haus, in dem Geschäfte gemacht werden, sondern um einen Tempel. Normalerweise ist es die Börse an der Wall Street, die New York Stock Exchange, auf die Laien blicken, wenn sie sich über die Finanzmärkte informieren wollen. Die beiden Chicagoer Börsen, die Chicago Board of Trade (CBOT) und die Chicago Mercantile Exchange (CME), sind dagegen eher etwas für Spezialisten. An der CBOT werden Agrarrohstoffe gehandelt, an der CME Terminkontrakte jeder Art. Doch 2008 änderte sich das plötzlich. Die Preise für Rohstoffe, nicht nur für Erdöl, sondern auch für Reis, Mais und Sojabohnen schossen in die Höhe, und jetzt interessierten sich auf einmal alle für Chicago. Die einen, weil sie glaubten, die Spekulanten an der Börse seien schuld an dem Preisschub, die anderen, weil sie von der Spekulation profitieren wollten.

Jeder, der den Handel im Wolkenkratzer der CBOT zum ersten Mal miterlebt, wird von dem Eindruck beinahe erschlagen. An jedem Werktag zwischen 9.30 und 13.15 Uhr werden hier die Preise für die Landwirtschaft der ganzen Welt gemacht. Zwar findet der meiste Handel inzwischen, wie an den Märkten für Wertpapiere, elektronisch statt, der wichtigste Ort der Börse ist aber bis heute der „Grain Room" geblieben. In diesem „Getreidesaal" sind fast 800 Händler, Makler und Angestellte registriert. Im Vergleich dazu macht sich die Frankfurter Börse aus wie ein Wohnzimmer. „Open Outcry" heißt der Parketthandel, und man braucht keine Übersetzung, um zu wissen, was das bedeutet: Angebot und Nachfrage werden ausgerufen, und das mit voller Lautstärke. An einem „Pit", dem Börsenstand, rufen Händler in ihren roten, grünen und blauen Jacken die Preise für Futures, also Terminkontrakte auf Sojabohnen. An anderen geht es um Weizen, um Mais oder Reis. Ein Händler dreht beide Handflächen nach außen und schreit: „Two thirty nine four." Das bedeutet: Er möchte zwei Kontrakte Soja zum Preis von zwölf Dollar und 39,4 Cent verkaufen. Die „Zwölf" muss der Händler gar nicht erst erwähnen – jeder am Pit weiß, wo der Preis für Soja derzeit liegt. Geliefert werden soll im November, was der Händler dadurch anzeigt, dass er zwei Finger an die Nase legt. Zwischen 170 000 und 200 000 solcher Geschäfte werden in Chicago jeden Tag gehandelt. Dazu kommen noch 600 000 Kontrakte aus dem Computerhandel. Im vergangenen Jahr ist die CBOT von ihrer alten Rivalin übernommen worden, der Fleisch- und Viehbörse Chicago Mercantile Exchange. Zusammen sind CME und CBOT jetzt die größte Rohstoff- und Terminbörse der Welt. Was in Chicago geschieht, bestimmt das Leben von Farmern im Mittleren Westen der USA und von Reisbauern in Vietnam, von Bettlern in den Slums von Manila und von Bäckern in Deutschland.

Und im Frühjahr 2008 passierten dort unglaubliche Dinge. In nur vier Monaten war Mais um 33 Prozent teurer geworden, Soja um 31 Prozent, Weizen um 64 Prozent und Reis um 63 Prozent. Die Teuerung der Rohstoffe hatte schon vor etlichen Monaten begonnen, aber nun wachte die Öffentlichkeit auf. Die Menschen bekamen es mit der Angst zu tun. Auf Internetseiten ging das – falsche – Gerücht um, bei Wal-Mart werde jetzt schon der Reis rationiert, in Europa mussten die Verbraucher sich plötzlich mit der Vorstellung auseinandersetzen, dass Lebensmittel kein Überschussprodukt mehr sind, sondern etwas Wertvolles, das seinen Preis verlangt. Für die Armen in den Metropolen der Dritten Welt war die Teuerung eine Katastrophe. In Ägypten, Bangladesh und der Elfenbeinküste brachen Hungerunruhen aus, in Haiti stürzte die Regierung über die Lebensmittelknappheit. Nach Schätzungen der Weltbank hat die Teuerung zwischen 130 und 155 Millionen Menschen weltweit in die absolute Armut gestoßen. Viele gutmeinende Menschen glaubten damals, die Schuldigen für den neuen Hunger säßen genau hier, beim Chicago Board of Trade: Die Händler und ihre Auftraggeber, die Spekulanten, trieben aus schierer Gier nach Profit die Preise nach oben.

Eigentlich wurde die Rohstoffbörse einmal mit dem Ziel gegründet, Sicherheit zu schaffen. Als eine Gruppe von 83 Kaufleuten am 3. April 1848 den Chicago Board of Trade gründeten, wollten sie Ordnung in den Handel mit den Agrarprodukten des Mittleren Westens bringen. Damals waren dies Mehl, Grassamen und Heu. Drei Jahre später konnten Farmer erstmals ihre Ernte „forward", also im Voraus verkaufen. Damit sicherten sie sich gegen fallende Preise ab, die Händler gegen steigende. An diesem Prinzip hat sich bis heute nichts geändert. Mit einem der heute üblichen Terminkontrakte erwirbt ein Händler das Recht und die Pflicht, 5 000 Bushel Mais, Weizen, Sojabohnen oder Reis zu einem festgesetzten Preis und Zeitpunkt zu liefern oder zu kaufen. Das Bushel ist ein altes amerikanisches Schüttmaß, das dem deutschen Scheffel entspricht und sich im internationalen Getreidehandel bis heute gehalten hat. Das Gewicht ändert sich je nach Produkt; ein Bushel Weizen wiegt zum Beispiel 27 Kilo. Schon immer tummelten sich im Markt für Rohstoffkontrakte Spekulanten, Leute also, die nicht Sicherheit suchten, sondern schnelle Gewinne, indem sie früher als andere erkannten, dass die Preise für Kaffee, Kakao oder Schweinehälften steigen oder fallen würden. Aber um dies zu tun, musste man etwas verstehen von den Märkten, um die es geht, Rohstoffspekulation galt daher als ein riskantes Geschäft, ausschließlich für Profis.

Doch als die Wall Street verrücktspielte, als die Preise für Aktien und Häuser immer mehr in die Höhe schossen, lockten auch Rohstoffe immer mehr Glücksritter an. Leute wie Dwight Anderson zum Beispiel, der in New York „Ospraie" betrieb, den größten auf Rohstoffe spezialisierten Hedgefonds der Welt. Der Fonds erwirtschaftete seit seiner Gründung eine durchschnittliche Jahresrendite von 15 Prozent. Aber auch ganz normale Anleger aus der ganzen Welt hoffen auf das schnelle Geld mit den Rohstoffen. Im Frühjahr 2008 floss im Durchschnitt jede Woche eine Milliarde Dollar Spielgeld nach Chicago, und das bei einem Gesamtmarkt von überschaubaren 240 Milliarden Dollar. Sogenannte Indexfonds, die ihr Geld mit Wetten auf Rohstoffindices verdienen, kontrollierten im Mai 4,5 Milliarden Bushel Mais, Weizen und Sojabohnen, was ungefähr der Hälfte der gesamten Vorräte in den Silos der Vereinigten Staaten entspricht.

Aber wie bei früheren Preisschüben waren auch diesmal die Spekulanten nicht die Ursache der Preisexplosion. Diese hatte fundamentale Ursachen, und die Preise fielen, als diese wegfielen. Die Spekulanten wurden Opfer ihrer eigenen Fehlspekulation. Bei Aktien oder Immobilien können Spekulationsblasen oft jahrelang Bestand haben. Es ist für einen Anleger rational, bei der Spekulation mitzumachen, selbst wenn er weiß, dass die Preise eigentlich keine reale Basis mehr haben. Bei Rohstoffen ist das anders. Der Realitätscheck kommt schnell und unerbittlich. Anders als bei Aktien ist es sehr teuer, Rohstoffe längere Zeit zu horten. Fehlt die erwartete Nachfrage oder ist das Angebot höher als geplant, reagieren die Märkte sofort.

Und genau das geschah im Herbst 2008, als sich die Rezession beschleunigte. Die Preise brachen genau so ein, wie sie zuvor gestiegen waren. Im Frühjahr 2009 kostete ein

Bushel Weizen wieder fünf Dollar, Sojabohnen acht Dollar und Mais 3,50 Dollar. Die Spekulanten, die geglaubt hatten, sie könnten noch im letzten Augenblick die Aktien- und Immobilienmärkte verlassen und mit Rohstoffen das große Geld machen, mussten teuer für ihren Leichtsinn zahlen. Im September 2008 schloss Dwight Anderson, der Rohstoffkönig von New York, seinen größten Fonds, nachdem er 27 Prozent Verlust in einem Monat verbuchen musste und immer mehr Anleger ihr Geld zurückhaben wollten. Anderson entschuldigte sich auf ziemlich selbstgerechte Weise bei ihnen. „Nicht nur als Portfoliomanager, sondern auch als einer der größten Anleger in Ospraie habe ich die Verluste mit Ihnen geteilt. Nach neun Jahren, in denen ich mich bemühte, ein guter Treuhänder für Ihr Kapital zu sein, tut mir dieses Ergebnis sehr leid." Seinen Anlegern dürfte es noch mehr leidgetan haben. Unter denen befand sich auch eine berühmte Adresse: die Investmentbank Lehman Brothers. Lehman hatte 2005 einen Anteil von 20 Prozent an Ospraie gekauft. Eine Woche, nachdem Anderson seinen Fonds geschlossen hatte, war Lehman am Ende.

All die Fondsmanager, die auf immer weiter steigende Preise von Weizen und Reis, aber auch von Aluminium, Kupfer und Rohöl gesetzt hatten, rechneten nicht mit der globalen Rezession und deren Folgen für die Nachfrage nach Rohstoffen. Sie irrten sich im Termin, im Grundsatz jedoch hatten sie recht: Mit dem 21. Jahrhundert ist eine fundamentale Form der Knappheit in die Weltwirtschaft zurückgekehrt. China, Indien und viele andere Schwellenländer treten in die globale Arbeitsteilung ein, dadurch steigt die Nachfrage nach Lebensmitteln und Rohstoffen dramatisch. Nach dem Ende des Kommunismus konnten Hunderte von Millionen Menschen aus Hunger und Elend in den Mittelstand aufsteigen. Wenn in China nicht noch eine politische oder soziale Katastrophe passiert, wird dieser Trend weitergehen. Menschen, die mehr Geld verdienen, wollen auch besser essen: nicht nur Reis, sondern auch Hühnchen, nicht nur Hirse, sondern auch Fisch. Sie wollen mobil sein und kaufen Autos, sie brauchen mehr Elektrizität, weshalb in China bereits 2005 statistisch an jedem Tag zwei neue Kohlekraftwerke gebaut wurden.

Daher sind Rohstoffe selbst in der schlimmsten Rezession seit mehreren Generationen immer noch relativ teuer. Reis kostete im Frühjahr 2009 in Afrika immer noch doppelt so viel wie vor fünf Jahren, ein Fass Öl kostete 50 Dollar, doppelt so viel wie vor sieben Jahren. Die Spekulanten hatten dies erkannt, aber die simple Tatsache vergessen, dass sich solche Trends nie ohne Unterbrechungen an den Märkten zeigen.

Ein uraltes Problem wird wieder aktuell: die Begrenztheit unseres Planeten. Die klassischen Nationalökonomen waren sich dieser Knappheit sehr bewusst und daher pessimistisch, was die Zukunft der kapitalistischen Volkswirtschaften betrifft. David Ricardo (1722 bis 1823) zum Beispiel glaubte, dass die Bauern bei wachsender Bevölkerung immer schlechteres Land unter den Pflug nehmen müssen, um die wachsende Nachfrage nach Getreide zu befriedigen. Deshalb werde Brot immer teurer werden, der Gewinn aus diesen Preissteigerungen werde aber nicht Unternehmern zugutekommen, sondern den Großgrundbesitzern. Der Unternehmerprofit, die eigentliche Triebkraft der Industrialisierung, werde nach und nach eliminiert, die Gesellschaft stagnieren. Der große Pessimist Thomas Malthus (1766 bis 1834) glaubte, dass die Arbeiter nie aus ihrem Elend entfliehen könnten, weil sie sich immer schneller vermehren würden, als sie die Nahrungsmittelproduktion steigern könnten. Malthus empfahl daher strikte Bevölkerungskontrolle, um das Elend der Menschen zu begrenzen.

Die Geschichte hat Malthus nicht recht gegeben. Zu seinen Zeiten lebte ungefähr eine Milliarde Menschen auf der Erde, heute sind es über sechs. Zwar gibt es immer noch Hunger und Elend auf der Welt, aber die Mehrzahl der Menschen lebt ungleich besser als zu Malthus' Zeiten. Der Kapitalismus hat sich als viel innovativer und produktiver erwiesen, als es Ricardo, Malthus und Adam Smith glaubten. Kohle, Erdöl und Uran wurden erschlossen, neue Metalle und frisches Land. Die Erfindung des Kunstdüngers vervielfachte die Agrarproduktion pro Hektar.

Eine der wichtigsten Ursachen dafür, dass die Menschheit die Grenzen des Wachstums so weit hinausschieben konnte, waren die Vereinigten Staaten. Nordamerika nahm den Bevölkerungsüberschuss Europas während und nach der Industrialisierung auf, der Weizen aus dem Mittleren Westen kam auf die Weltmärkte, die scheinbar unerschöpflichen Ressourcen an Holz, Kohle, Öl und vor allem Land begründeten die Macht und das Wachstum der jungen Weltmacht. Der Reichtum hat aber eine Kehrseite: Weil das Land mit einem Überfluss an Ressourcen groß geworden ist, hat sich die Kultur Amerikas auf Verschwendung eingestellt. Jedem Besucher aus Europa fällt dies auf: Autofahrer, die den Motor laufen lassen, wenn sie irgendwo warten. Wohnhäuser haben keine oder nur eine lächerlich ineffektive Wärmedämmung; es gibt überall Heizungen, die man nicht abstellen kann, und Klimaanlagen, die im Sommer so kalt gestellt werden, dass die Mitarbeiter in den Büros Heizöfchen mitbringen, damit sie sich nicht erkälten. Autobahnen sind mit riesigen Mittel- und Randstreifen angelegt, weil Platz in den meisten Teilen der USA keine Rolle spielte. Wenn eine Fabrik veraltet ist, schließt sie das Unternehmen einfach und baut an anderer Stelle, in einer anderen Stadt oder sogar einem anderen Bundesstaat, eine neue.

Das Leben mit diesem Überfluss an Land und Rohstoffen hat auch eine politische Komponente. Die Gründerväter der USA wollten eine Nation von freien Menschen aufbauen, die hauptsächlich auf dem Land lebten. Benjamin Franklin, einer der Autoren der US-Verfassung, ahnte, dass die Verstädterung auch das Schicksal Amerikas sein würde, aber er wollte diese Verstädterung so lange wie möglich hinausschieben. Bis heute gehört es zu den uramerikanischen Werten, auf sich allein gestellt zu sein, sich selbst zu versorgen und zu verteidigen. Das mag den für Außenstehende kaum nachvollziehbaren Hass erklären, mit dem Konservative in den USA den Friedensnobelpreisträger Al Gore und seine Kampagne gegen den Klimawandel verfolgen. Energiesparen geht an die Substanz. Wären die Benzinpreise in den USA so hoch wie in Europa, müsste sich die gesamte Siedlungsstruktur des Landes ändern.

Doch die Grenzen des Wachstums waren für die USA vielleicht hinausgeschoben, aber nicht verschwunden. In Wirklichkeit zeigten sie schon lange: Die USA leben nicht mehr von den eigenen Ressourcen. Mehr und mehr wurden sie von ausländischen Rohstoffen abhängig, zuerst und vor allem von ausländischem Erdöl. Bereits 1974, in der ersten Ölkrise, begannen die Versuche, daran etwas zu ändern. Präsident Richard Nixon proklamierte „Project Independence", eine Initiative, um Amerika bis 1980 von Ölimporten unabhängig zu machen. Tatsächlich importierten die USA 1980 gut 42 Prozent ihres Ölbedarfs, 2000 waren es 52 Prozent. Die Vereinigten Staaten verfügen über zwei Prozent der Weltölreserven, verbrauchen aber 25 Prozent der Produktion. Die Abhängigkeit vom Öl ist nicht nur ein Umwelt-, es ist ein elementares Sicherheitsproblem. Wichtiger Öllieferant ist zwar immer noch der befreundete Nachbar Kanada, ein Großteil der übrigen Öllieferanten der USA ist jedoch entweder autoritär regiert, politisch instabil oder den Vereinigten Staaten generell nicht wohlgesonnen: Saudi-Arabien, Venezuela, Nigeria, Angola, der Irak. Unmittelbar nach den Terroranschlägen vom 11. September 2001 schrieb der Ökonom Martin Feldstein: „Amerikas Abhängigkeit von Ölimporten ist eine ernste Ursache der ökonomischen Verletzbarkeit und beschränkt unsere Außen- und Verteidigungspolitik. Die Führer im Nahen Osten wissen, dass sie über diese Abhängigkeit einen Hebel zur Beeinflussung unserer Politik besitzen."[60]

Nebenbei stellt Amerikas Abhängigkeit vom Öl auch ein Risiko für das Weltfinanzsystem dar. Je höher die Nachfrage nach Öl, desto höher die Preise, desto höher die Zahlungsbilanzüberschüsse der Ölförderstaaten, desto größer die globalen Ungleichgewichte. Jeder Ölpreisschub in den ver-

gangenen Jahren hat eine Welle von zusätzlichen Kapitalreserven geschaffen, die das Weltfinanzsystem destabilisier-
ten. So liefen die beiden Ölschocks von 1973/74 und
1979/80 der Schuldenkrise Lateinamerikas voraus, die jetzige Rezession wurde vom Ölboom der vergangenen Jahre
verstärkt. 2008 hatten die Ölstaaten des Nahen Ostens zusammen einen Handelsüberschuss von 22,5 Prozent ihres
Bruttoinlandsprodukts. Das Kapital, das dabei gebildet wurde, suchte weltweit nach Anlage und förderte die Spekulation in Aktien und Immobilien. Sollten die Preise nach der
Rezession wieder so steigen wie zuvor, würden also auch die
Ungleichgewichte wieder zunehmen. Die Verringerung der
amerikanischen Energieimporte wäre daher ein Beitrag zur
globalen Stabilität.

Die Regierung Bush versuchte, das Problem auf zweier-
lei Weise zu lösen: durch Einsatz der militärischen Macht
und durch Nutzung von Land. Der Irakkrieg 2003 wurde
nicht mit Öl begründet, er war auch, anders als unzählige
Verschwörungstheoretiker behaupten, kein Komplott der
amerikanischen Regierung, um sich das irakische Öl zu sichern. Aber natürlich spielte in den Überlegungen der neokonservativen Vordenker der Invasion die Vorstellung eine
große Rolle, ein demokratischer, ein den USA freundlich ge-
sonnener Irak könne die Ölversorgung Amerikas und der
westlichen Welt insgesamt stabilisieren. Inzwischen weiß
die ganze Welt, dass der Irakkrieg die Sicherheitsprobleme
der USA noch erhöht hat.

Der zweite Lösungsversuch hieß Biotreibstoff. Ein normaler Automotor kann auch mit Alkohol betrieben werden,
und der lässt sich auf normalen Äckern produzieren: aus
Raps in Deutschland, aus Zuckerrohr in Brasilien oder aus
Mais in Nordamerika. Daher entschloss sich die Regierung
Bush, massiv die Produktion von Biosprit zu subventionie-
ren. Politisch konnte Bush dabei nur gewinnen. Wie in Europa verdienten Farmer in den USA seit vielen Jahren zu
wenig, daher unterstützte die Agrarlobby das Projekt, Land
gab und gibt es in den USA reichlich. Außerdem galt es als

ein Beitrag zum Klimaschutz, Öl durch erneuerbare Energien zu ersetzen. Die Ergebnisse waren eindrucksvoll. Dank der Subventionen vervierfachte sich die Produktion an Biosprit im Laufe dieses Jahrzehnts bis Ende 2007 von 38,6 Millionen auf 155,2 Millionen Fass im Jahr. 2008 wurde knapp ein Drittel der amerikanischen Maisernte in Alkohol umgewandelt. Wenn aber die Nachfrage derart steigt, hat dies die unvermeidliche Folge, dass auch die Preise steigen. Die Vereinigten Staaten sind der mit Abstand größte Maiserzeuger der Welt; allein der Bundesstaat Iowa produziert mehr als ganz Kanada.

Die Folgen des Biospritprogramms zeigten sich zum Beispiel in Mexiko. Tortilla ist das Nationalgericht der Mexikaner. Vor allem bei armen Familien kommt der gebackene Maisbrei nahezu jeden Tag auf den Tisch. Im Sommer 2007 stieg der Preis für ein Kilo Tortilla in Mexiko-Stadt binnen sechs Wochen von 50 auf 75 Cent. Die Regierung verordnete in der Not einen Höchstpreis von 60 Cent. Nun waren die US-Subventionen nicht der einzige Grund für die Teuerung. Eine Dürre in Australien beeinträchtigte die dortige Weizenernte, außerdem erwarteten Agrarexperten einen Ernterückgang in den Vereinigten Staaten. Aber Biosprit war eben einer der Faktoren. Lester Brown, der Chef des Earth Policy Institute in Washington nannte die Subventionen für Biosprit eine „Essen-für-Autos-Strategie": Wenn die Industrieländer so weitermachten, werde es zu einem „Kampf zwischen den Autofahrern und den Völkern der Welt um das Nahrungsangebot" kommen.

Anders ausgedrückt: Mit dem Biospritprogramm kehrten die USA in die Zeit von Thomas Malthus zurück. Ehe massiv Kohle für den Betrieb von Eisenbahnen und Erdöl für Autos eingesetzt wurde, konkurrierten Mobilität und Nahrung jahrhundertelang um das knappe Ackerland: Ungefähr ein Drittel der landwirtschaftlich genutzten Fläche wurde für die Mobilität eingesetzt – um Hafer für die Pferde anzubauen. Dem Hafer von damals entsprechen heute der Mais und der Raps. Der Nachteil dabei ist außerdem, dass die Produktion von Biosprit aus Mais extrem ineffizient ist: Aus einem Liter Biodiesel bekommt man kaum mehr Energie, als man vorher hineinstecken musste.

Der Sommer des teuren Benzins kurz vor Ausbruch der heißen Phase der Finanz- und Wirtschaftskrise gab den Amerikanern ein Vorgefühl darauf, was die Grenzen des Wachstums bedeuten. Ein Preis von vier Dollar für die Gallone Super entsprach zwar nach damaligem Umtauschkurs immer noch nur 70 Euro-Cent für den Liter, für viele Durchschnittsamerikaner war dies jedoch eine Katastrophe. Das Land ist riesig und die Siedlungsstrukturen sind auf einen Spritpreis von zehn Cent oder weniger ausgelegt. Lange Autofahrten zum Arbeitsplatz und zum Einkaufen sind normal. 2003 gab ein durchschnittlicher Arbeitnehmerhaushalt 1 322 Dollar für Benzin aus, im April 2008 waren es 3 196 Dollar. In ländlichen Gegenden mussten etliche Arbeitnehmer ihren Job aufgeben, weil sie sich das Benzin für den Weg zur Arbeit nicht mehr leisten konnten. Rocky Twyman, ein 59-jähriger Rentner aus Washington, der einen Kirchenchor der Adventisten leitet, sorgte kurzzeitig für Schlagzeilen in der Weltpresse, als er seine Bewegung „Prayer at the Pump" gründete. Mit Gebeten an der Zapfsäule wollte er niedrigere Spritpreise herbeiflehen. Und auf den Parkplätzen stellten die Autofahrer den Motor ab, wenn sie auf jemanden warteten.

Inzwischen kostet die Gallone Super wieder zwei Dollar oder weniger, und die Autofahrer lassen wieder den Motor laufen, wenn sie auf ihre Ehefrau vor dem Supermarkt warten. Aber auch wenn die Preise wieder gefallen sind, die Welt ist nicht mehr so, wie sie vorher war. An der knallharten Interessenpolitik zum Beispiel, mit der China versucht, die eigene Rohstoffversorgung zu sichern, hat sich nichts geändert. Im Frühjahr protestierte die Führung in Peking zum Beispiel dagegen, dass der Internationale Gerichtshof in Den Haag den Präsidenten von Sudan, Omar al-Baschir, wegen der Massaker in der Provinz Darfur anklagte. Der Haftbefehl müsse zurückgenommen werden. China ist ein

wichtiger Waffenlieferant Sudans – und kauft zwei Drittel
der Ölexporte des Landes auf. China sperrte sich bisher
auch gegen Sanktionen des Westens, um den Iran zur Abkehr
von seinem Atomprogramm zu zwingen. Chinesische Investoren lösen westliche in einigen Ländern schon allein
deshalb ab, weil die Regierung sich nicht um Menschenrechte,
Korruption und anderes kümmert, was als „innere Angele-
genheit" eines Landes gilt. Insgesamt 150 staatlich gelenkte
Rohstoffkonzerne aus China sichern sich überall in der Welt
Reserven: in Angola, in Zentralasien und auch in westlichen
Industrieländern. Der chinesische Chinalco-Konzern wollte
sich am australischen Bergbaugiganten Rio Tinto beteiligen
und wurde erst im letzten Augenblick durch die Altaktionäre
gestoppt.

Amerika kann sich nicht mehr auf den eigenen Überfluss
verlassen. Das gehört zu den Realitäten, vor denen die Nation lange die Augen verschlossen hat. Die Verringerung der
Energieabhängigkeit wird zu einem zentralen Thema des
nächsten Jahrzehnts werden. Wie das Land mit diesem Paradigmenwechsel umgeht, wird entscheidend dafür sein, ob
Amerika wirklich gestärkt aus der Krise hervorgeht, wie
Präsident Obama verspricht.

KAPITEL 10

Land der Freien

> „Wir Amerikaner hatten immer eine gute Verwaltung, wenn
> wir eine haben wollten. Aber meist wollten wir nicht."
> Francis Fukuyama 2008

Bei seiner Amtseinführung sagte Präsident Barack Obama ein paar zentrale Sätze zu seiner Vorstellung von Wirtschaftspolitik: „Heute fragen wir nicht, ob unser Staat („government") zu groß oder zu klein ist, sondern ob er funktioniert – ob er Familien hilft, angemessen bezahlte Arbeit zu finden, eine bezahlbare Krankenversicherung, einen Ruhestand in Würde. Wenn die Antwort Ja lautet, dann werden wir weitermachen. Wenn sie Nein heißt, dann werden wir staatliche Programme beenden." Diese Worte waren mit großem Bedacht gewählt. Sie knüpfen an Sätze an, die genau 28 Jahre zuvor an genau derselben Stelle vor dem Kapitol in Washington gesagt wurden. „In dieser Krise ist der Staat nicht die Lösung unserer Probleme", sagte der neu gewählte Präsident Ronald Reagan am 20. Januar 1981. „Der Staat *ist* das Problem." Obama macht klar, dass die Ära Reagan, der Glaube an den unverfälschten Kapitalismus, vorbei ist. Der neue Präsident will den Staat einsetzen, um seine Ziele zu erreichen: mehr Bildung, weniger Abhängigkeit von ausländischem Erdöl, eine Krankenversicherung für alle Amerikaner. Gleichzeitig will er dem Vorwurf vorbeugen, er wolle, wie andere demokratische Präsidenten vor ihm, einfach nur „Big Government", also die Ausweitung der Staatsausgaben. Daher die Formulierung, es komme darauf an, ob die Regierung funktioniert oder nicht.

Ronald Reagan war überzeugt, dass die Regierung den Bürgern „aus dem Weg gehen" sollte. Er hing der urliberalen Idee an, dass es der Wirtschaft am besten dann geht, wenn jeder seine eigenen Interessen verfolgt. Und dass der

Staat ein Problem war, ließ sich damals kaum bestreiten. Amerika war, als Erbe der Weltwirtschaftskrise, überreguliert, die Unternehmen waren mit überflüssigen Vorschriften belastet, der Spitzensteuersatz lag 1981 bei 70 Prozent. Reagans Steuersenkungen und die Deregulierung des Arbeitsmarktes schufen die Voraussetzung dafür, dass die USA in den 80er- und 90er-Jahren so dynamisch wachsen konnten. Das Überraschende daran ist nur, dass sich der Anteil des Staates an der Wirtschaftsleistung in all den Jahren, in denen er so sehr im Verruf war, kaum veränderte. 1980, als Ronald Reagan seinen Wahlsieg errang, beanspruchten die Regierungen im Bund, in den Bundesstaaten und Gemeinden zusammen 20,3 Prozent des Bruttoinlandsprodukts. Vier Jahre später, als Reagan wiedergewählt wurde, waren es exakt gleich viel. In der zweiten Amtszeit Reagans stieg dieser Anteil sogar auf bis zu 21,1 Prozent. In den 90er-Jahren, als sich Präsident Bill Clinton daranmachte, den Etat zu sanieren, sank der Anteil bis auf 17,4 Prozent, nur um in der Ära George W. Bush wieder auf 20,2 Prozent zu steigen. (In Deutschland lag die entsprechende Zahl bei 24,7 Prozent; die „Staatsquote", die in der öffentlichen Diskussion oft genannt wird, enthält auch die Sozialausgaben und lag in Deutschland 2008 bei 43,9 Prozent, in den USA bei 38,3 Prozent.) Die Zahl der Beschäftigten der Bundesregierung sei 1989, also am Ende der Ära Reagan, höher gewesen als 1981, bei ihrem Beginn, schrieb der konservative Publizist Richard Gamble. „Reagans Steuersenkungen, was auch immer ihr Verdienst in der kurzfristigen Steuerpolitik gewesen sein mag, führten zu hohen und wachsenden Haushaltsdefiziten, weil sie mit steigenden Ausgaben verbunden waren." Noch deutlicher wurde der ebenfalls konservative David Frum: „Das gefährlichste Erbe, das Reagan seiner Republikanischen Partei hinterließ, war seine freudige Indifferenz Details gegenüber."[61]

Der Staat mischte sich nach 1981 zwar weniger in die Angelegenheiten der Bürger, aber er wurde dadurch nicht kleiner. Weil die Regierung aber den Staat nur noch als „Problem" sah, kümmerte sie sich, außer beim Militär, immer weniger darum, dass die staatlichen Aufgaben auch ordentlich erledigt wurden. Der Staat blieb teuer, aber er wurde vernachlässigt. Das zeigte sich nicht nur darin, dass die Aufsicht über die Finanzmärkte nicht funktionierte, sondern in vielen anderen Bereichen: Straßen, Brücken und öffentliche Gebäude verfielen, die Schulen verkamen, die Überwachung des Flugverkehrs hat längst nichts mehr mit modernen Standards zu tun. Francis Fukuyama, ein konservativer Politologe, der einst die These vom „Ende der Geschichte" aufstellte, fordert für Amerika eine neue Besinnung auf den Dienst an der Gemeinschaft. „Wir brauchen eine andere Kultur, um den öffentlichen Sektor wieder aufzubauen."[62]

Der größte Reformbedarf besteht dabei im Gesundheitswesen. Das illustriert die Geschichte von Vicki Readling. Vicki ist eine kleine, kräftige Frau von 52 Jahren. Ihr breiter, schleppender Akzent weist sie als typische Südstaatlerin aus. Sie lebt in Salisbury, ungefähr eine halbe Autostunde nördlich von Charlotte, der größten Stadt North Carolinas. Zwei Söhne hat sie großgezogen und sich eine zweite Karriere als Immobilienmaklerin aufgebaut. Ihr Drama begann am 29. Juni 2005. Bei einer routinemäßigen Mammografie hatte ihr Gynäkologe verdächtige Knoten festgestellt. Eine Woche später die Bestätigung: Brustkrebs. Danach Krankenhaus, Operation, Bestrahlungen. Noch aus der Klinik heraus rief sie beim Verwalter ihrer Versicherung an, um die Behandlung zu besprechen. Und da kam der nächste Schock: Es gab gar nichts zu besprechen, denn Readling würde ihren Versicherungsschutz verlieren – weil sie Krebs hatte. Vom 1. Januar an würde sie Arzt, Krankenhaus und Pillen aus eigener Tasche zahlen müssen. „Es war so, als ob du dich vor Schmerzen krümmst, und dann kommt ein Monster und schlägt dir noch in die Magengrube."

Es waren Fälle wie der von Vicki Readling, die die Reform des Gesundheitswesens zu einem zentralen Thema der amerikanischen Politik gemacht haben. Präsident Obama will über zehn Jahre einen Fonds von 630 Milliarden Dollar aufbauen, um allen Amerikanern eine Krankenversicherung zu garantieren. Im Kern wird die Regierung eine staatliche Versicherung anbieten, die jeden aufnimmt, der keinen privaten Anbieter findet oder der mit seiner Versicherung unzufrieden ist. Wer sich die Prämien nicht leisten kann, bekommt einen Zuschuss. Der Plan wird Amerika verändern – vorausgesetzt Obama scheitert nicht an den enormen Widerständen dagegen. Wie umstritten das Thema ist, kann man daran erkennen, dass der letzte demokratische Präsident, Bill Clinton, vor 15 Jahren noch kläglich gescheitert war, als er eine ähnliche Reform versuchte. Es geht um sehr viel Geld und auch um das Grundverständnis der amerikanischen Gesellschaft.

Der Markt für Gesundheitsleistungen ist überall auf der Welt kompliziert. Auf der einen Seite ist Gesundheit eine Ware wie jede andere, die Leistungen müssen erwirtschaftet werden, es gelten die Gesetze von Angebot und Nachfrage. Auf der anderen Seite sind einige Dinge auf dem Markt anders als auf anderen Märkten. Es gibt keine Konsumentensouveränität, ein Herzpatient kann in aller Regel gar nicht wissen, welches Medikament gut für ihn ist und ob eine Operation notwendig ist oder nicht. Deshalb nehmen ihnen andere, in der Regel Ärzte, die Entscheidungen ab. Außerdem akzeptiert es keine zivilisierte Gesellschaft, dass ihren Mitgliedern lebenswichtige Leistungen vorenthalten werden, nur weil sie sie sich nicht leisten können. Dass also jemand in der Notfallstation stirbt, weil er keine Krankenversicherung hat. Deshalb gibt es in allen Industriestaaten irgendeine Art von kollektivem Krankenschutz. Eine ideale Lösung dafür hat bisher noch niemand gefunden.

Auch in Amerika ist das Gesundheitswesen kein ungeregelter Markt, sondern durch kollektive Einrichtungen geordnet, nur eben auf sehr ineffiziente Weise. Die USA haben die besten Krankenhäuser unter den Industrieländern – und die schlechtesten. Sie haben das teuerste Gesundheitssystem der Welt, aber 47 Millionen Amerikaner sind ohne Krankenversicherung. Kern der Probleme ist, dass der Gesundheitsschutz in den USA eng an den Arbeitsplatz gebunden ist. Wer einen Job bei einem größeren Unternehmen oder beim Staat hat, ist in der Regel ausreichend versichert.

Die Probleme beginnen dann, wenn jemand seinen Job verliert. Oder wenn er sich selbständig machen will und von den Versicherungen als ein schlechtes Risiko angesehen wird. Wie Vicki Readling. Sie hatte viele Jahre als Verkäuferin in einem Möbelladen gearbeitet; dann aber kündigte sie von sich aus und verwirklichte sich einen alten Traum: Sie mietete ein kleines Büro am Rande der Stadt und machte sich als Immobilienmaklerin selbständig. Die Krankenversicherung von ihrem alten Arbeitsplatz durfte sie noch für 18 Monate behalten, so sieht es das Gesetz vor. Danach hätte sie sich auf dem freien Markt versichern müssen, was zwar teuer gewesen wäre, aber kein grundsätzliches Problem dargestellt hätte. Wäre sie gesund geblieben. Jetzt aber, da sie Brustkrebs hatte, sah alles anders aus: Die meisten Versicherungen lehnten sie rundheraus ab. Eine immerhin machte ein Angebot – für 27 000 Dollar im Jahr, wobei sie Arzt- und Krankenhausrechnungen bis zu insgesamt 5 000 Dollar hätte selber zahlen müssen, ein vollkommen irrealer Betrag für jemanden, der 60 000 Dollar verdient. So kam es, dass sich Vicki Readling am 1. Januar 2006 in das Heer der Amerikaner ohne Krankenversicherung einreihte.

Zu den Widersprüchen des amerikanischen Systems gehört auch dies: Wäre Vicki richtig arm, wäre sie wesentlich besser dran, denn dann könnte sie die staatliche Krankenkasse Medicaid in Anspruch nehmen. Hätte sie bereits das Rentenalter erreicht gehabt, wäre sie über das öffentliche Medicare-Programm versichert. Mit Ausgaben von zusammen 770 Milliarden Dollar sind Medicaid und Medicare vermutlich das größte staatlich finanzierte Gesundheitssystem der Welt. Aber Vicki Readling war zu reich für Medicaid, zu jung für Medicare und zu krank für den freien Versicherungsmarkt – Ergebnis einer grotesken Fehlsteuerung. Als ihr Problem offenkundig war, bekam sie viele gute Ratschläge. Der Mann von der Versicherungsagentur meinte, sie solle doch ihren früheren Mann wieder heiraten. Dann sei sie durch dessen Versicherung geschützt. Oder sie solle wieder bei ihrem alten Arbeitgeber anheuern. Tim Medlin, der heutige Ehemann von Vicki Readling, damals noch ihr Verlobter, kommentiert das so: „Wegen der Krankenversicherung darfst du nicht mehr lieben, wen du willst, du darfst nicht arbeiten, wo du willst. Und das im Land der Freien." Die Wendung „Land der Freien" steht im Refrain der amerikanischen Nationalhymne.

Die Amerikaner verdanken ihr verqueres Gesundheitssystem einem historischen Zufall. Nachdem die USA 1917 in den Ersten Weltkrieg eingetreten waren, verhängte die Regierung einen Lohnstopp. Weil die Männer auf die Schlachtfelder Europas mussten, waren Arbeitskräfte knapp. Präsident Woodrow Wilson wollte eine gefährliche, von steigenden Einkommen genährte Inflation vermeiden. Als Reaktion auf den verordneten Lohnstopp versuchten Unternehmer, gute Arbeiter dadurch zu locken, dass sie ihnen etwas anboten, was nicht auf dem Lohnzettel stand: Gesundheitsschutz. Aus der Notlösung wurde nach und nach ein Standard für die gesamte Wirtschaft. Daher haben die USA zwar eine der dynamischsten Volkswirtschaften der Welt, aber ein Gesundheitssystem, das nur in der alten Welt der industriellen Massenproduktion mit relativ stabilen Arbeitsplätzen funktionieren konnte. Jetzt müssen Arbeitnehmer in der Rezession nicht nur um ihren Arbeitsplatz, sondern auch ihre Krankenversicherung fürchten. Und der Ausbruch einer schweren Krankheit kann Menschen in bittere Armut stürzen.

Aber gerade die Rezession ist jetzt die große Reformchance für Amerika. Alle spüren, dass es so nicht weitergehen kann. 86 Millionen Amerikaner waren seit Beginn der Wirtschaftskrise zumindest kurzfristig ohne Versicherung. Die Notsicherungen, die der Gesetzgeber eingebaut hat, funktionieren nicht mehr. Zum Beispiel der befristete Gesundheitsschutz nach dem Consolidated Budget Reconciliation Act (Cobra), einem Gesetz, das Präsident Reagan noch 1985 unterzeichnet hatte. Nach Cobra können Arbeitnehmer, wenn sie auf die Straße gesetzt werden, noch für 18 Monate in der Krankenversicherung ihres früheren Arbeitgebers bleiben. Voraussetzung ist allerdings, dass es den Arbeitgeber überhaupt noch gibt. Wenn aber Firmen zu Tausenden in die Insolvenz gehen, verliert das Gesetz seine Grundlage. Und selbst wenn es den Arbeitgeber noch gibt: Weil die Arbeitnehmer jetzt keine Zuschüsse mehr bekommen, können sich die meisten die Versicherung sowieso nicht mehr leisten. Im Durchschnitt fressen die Beiträge dann 86,7 Prozent der Arbeitslosenunterstützung auf, ein Grund, weshalb weniger als zehn Prozent der Betroffenen Cobra in Anspruch nehmen.

Zum Konjunkturprogramm von Präsident Obama gehört eine großzügige Subvention der Krankenversicherung für Arbeitnehmer, die in der Krise arbeitslos werden. Sie könnte später zum Teil einer allgemeinen Krankenversicherung für alle Amerikaner werden.

Nach groben Schätzungen sterben jedes Jahr 18 000 Amerikaner einfach nur deshalb, weil sie keine Versicherung haben. Krankheiten werden schlimmer, deren Behandlung teurer, weil die Patienten zu spät zum Arzt gehen. „Nichtversicherte gehen nicht regelmäßig zur Vorsorge. Sie kommen erst dann, wenn es wehtut", sagt zum Beispiel Robert Rosenkranz, ein Zahnarzt aus Brooklyn. Was bedeutet, dass ihre Behandlung viel teurer ist und häufiger mit dem Verlust eines Zahnes endet. Landet jemand in der Notaufnahme eines Krankenhauses, wird er zwar behandelt, aber zu einem hohen Preis für die Volkswirtschaft. Im Durchschnitt tragen die Nichtversicherten ein Drittel der Behandlungskosten selber, ein Drittel zahlt die Allgemeinheit, ein Drittel tragen Ärzte und Krankenhäuser. Die legen die Kosten auf die Versicherungen um, wodurch sich die Prämie einer Familienversicherung 2006 um durchschnittlich 922 Dollar verteuerte. Sie wird also für noch mehr Menschen unerschwinglich. Ein Teufelskreis.

Für die Nachbehandlung ihres Krebses hatte der Onkologe Vicki Readling Medikamente verschrieben, die zusammen 500 Dollar im Monat kosten würden. Um zu sparen, strich sie die Liste auf 200 Dollar zusammen. „Ich nehme die Chemotherapie und ein Mittel gegen Hitzeschübe, den Rest lasse ich weg." Und was sagt ihr Arzt dazu? „Dem habe ich das gar nicht erzählt, ich werfe einfach seine Rezepte weg." Dazu kommt die Angst vor neuen Kosten. „Stellen Sie sich vor, ich habe einen Verkehrsunfall, da wage ich gar nicht daran zu denken." Für Vicki und Tim hat das Thema inzwischen eine politische Dimension. „Verstehen Sie uns nicht falsch", sagt Tim. „Wir lieben dieses Land." Er und Vicki hätten immer republikanisch gewählt. Aber 2008 wählten sie Barack Obama. „Jemand muss das Gesundheitssystem reparieren", sagt Vicki.

Die ungelöste Gesundheitsfrage bedroht die amerikanische Wirtschaft von innen heraus. Obwohl so viele Amerikaner unversichert sind, oder gerade deshalb, steigen die Kosten des Gesundheitswesens ins Unermessliche. Insgesamt 2,4 Billionen Dollar gaben die Vereinigten Staaten 2008 für Gesundheit aus, ein Anteil von 17 Prozent am Bruttoinlandsprodukt, weit mehr als irgendwo sonst auf der Welt. Die entsprechenden Werte in den ebenfalls sehr teuren Ländern Frankreich, Schweiz und Deutschland liegen bei ungefähr elf Prozent. Dabei ist die Lebenserwartung in den USA bestenfalls durchschnittlich: Ein 2005 geborener Amerikaner hat im Durchschnitt die Chance, 77,8 Jahre alt zu werden. Ein Gleichaltriger in Schweden, einem Land, das nur 9,2 Prozent des BIP für die Gesundheit ausgibt, wird 80,7 Jahre alt, ein Deutscher 79,1 Jahre, ein Kanadier 81,2 Jahre und selbst im sozialistischen Kuba liegt die Lebenserwartung mit 77,2 Jahren kaum niedriger als in den USA.[63]

Wie sehr die ungelöste Gesundheitsfrage die Wettbewerbsfähigkeit der amerikanischen Wirtschaft bedroht, zeigt das Beispiel der Autoindustrie. Wegen großzügiger Verträge mit der Autogewerkschaft UAW haben bisher General Motors, Ford und Chrysler nicht nur die Krankenkassenbeiträge ihrer Mitarbeiter, sondern auch die ihrer Pensionäre gezahlt. Das sind insgesamt eine Million Menschen, von denen nur 100 000 aktiv beschäftigt sind. Jedes in Detroit gebaute Auto wurde deshalb mit einem Aufschlag von 1 000 bis 1 500 Dollar belastet, den konkurrierende Hersteller nicht haben. Insgesamt 70 Milliarden Dollar an Verpflichtungen für die Krankenversicherung früherer Mitarbeiter tragen die Konzerne mit sich herum. Zwar war die Gewerkschaft schon zu großen Zugeständnissen bereit. Diese reichten aber nicht mehr, um den Zusammenbruch von General Motors und Chrysler zu verhindern. Gäbe es in den USA eine Krankenversicherung für alle, gäbe es dieses Kostenproblem in Detroit gar nicht.

Das Gesundheitswesen hat auch dazu beigetragen, dass die USA in den vergangenen Jahren so sehr über ihre Verhältnisse gelebt haben. 70 Prozent der Wirtschaftsleistung flossen in den Vereinigten Staaten unmittelbar vor der Krise in den privaten Konsum, in China sind es nur 34 Prozent, in Deutschland 58 Prozent. Der Konsum bestand nicht nur aus Autos, Waschmaschinen, Benzin und Lebensmitteln, sondern auch aus Krankenhaus-, Arzt- und Zahnarztbesuchen. Und die Lage verschärft sich. Weil die geburtenstarken Jahrgänge aus der Nachkriegszeit in den Ruhestand gehen und auch in den USA die Menschen im Durchschnitt immer älter werden, droht den staatlichen Krankenkassen Medicare und Medicaid der Bankrott. Ohne grundlegende Reformen haben die Amerikaner nur die Wahl, entweder abenteuerlich hohe Beiträge zu zahlen oder die Leistungen der Kassen auf ein Minimum zusammenzustreichen. Das macht verständlich, warum Präsident Obama die Arbeiten zu einer Gesundheitsreform bereits in seinen ersten 100 Tagen im Amt begonnen hat – trotz der Überlastung seines Teams durch die Wirtschaftskrise. Er weiß, dass er nur wenig Zeit hat. Die ersten Schritte versprechen viel. Nach Obamas Plan sollen alle Amerikaner eine Versicherung bekommen, wie sie schon jetzt Beschäftigte des öffentlichen Dienstes haben. Bis jetzt hat er auch die mächtigsten Interessengruppen der Gesundheitsindustrie eingebunden: Ärzte, Krankenhäuser, Versicherungen, Gewerkschaften. Die Lobbyisten, die einst die Reformpläne von Bill Clinton zu Fall brachten, sagten zu, von nun an jedes Jahr 1,5 Prozent an Kosten zu sparen – insgesamt zwei Billionen Dollar in zehn Jahren.

Vielleicht hat auch Vicki Readling ein wenig zum Reformdruck beigetragen. Seit die *New York Times* am 5. März 2007 zum ersten Mal über ihren Fall berichtet hatte, brachte sie es zu einer gewissen Berühmtheit. Fernsehteams aus Großbritannien, Schweden, Dänemark und Korea waren bei ihr. Sie trat im Sender ABC auf. Ihr Computer wurde mit E-Mails aus dem ganzen Land zugeschüttet, mit Ermutigungen, Tipps und ungebetenen Ratschlägen von Naturheilern. Ein Unbekannter aus Texas schickte ihr sogar einen Scheck über 100 Dollar. Sie hat heute immer noch keine Krankenversicherung und hielt durch, ohne dass ihre Krebserkrankung zurückkehrte. Sie heiratete ihren Verlobten an Bord eines Schiffes auf dem Lake Norman im Westen North Carolinas, obwohl dies versicherungstechnisch so ungünstig war. Ihre Entscheidung, sich als Maklerin selbständig zu machen, war aus der Rückschau rein wirtschaftlich ein schwerer Fehler. Der Immobilienmarkt ist auch in North Carolina während der Krise faktisch zusammengebrochen. „Ich habe so viele schlaflose Nächte voller Angst verbracht, dass ich schließlich fürchtete, das Monster namens Krebs wieder zu wecken", sagt sie heute. Vielleicht bekommt sie jetzt wenigstens eine Krankenversicherung.

So gesehen ist die Rezession auch ihre Chance.

KAPITEL 11

Bau deinen Traum

> „Wären die Menschen jemals imstande, sich mit
> materiellen Genüssen zu begnügen, so wäre
> anzunehmen, dass ihnen nach und nach die
> Kunst, sie hervorzubringen, abhandenkäme,
> und dass sie diese schließlich wie die Tiere
> wahllos und ohne Fortschritt verwendeten."
>
> Alexis de Tocqueville 1840

Am 11. Januar 2009 war Detroit noch unwirtlicher als sonst
im Winter. Eine arktische Kaltfront war über die Stadt an
der kanadischen Grenze gekommen, es hatte geschneit und
nun war es bitterkalt unter einem zähen Hochnebel. Das
Wetter passte zur Stimmung: Noch nie in ihrer Geschichte
hatte die North American International Auto Show, die
Automesse von Detroit im Cobo Center, unter so schlimmen Vorzeichen begonnen. Bei General Motors, Ford und
Chrysler, den „Großen drei" in der Autostadt, war der Ab-
satz zusammengebrochen. GM und Chrysler standen kurz
vor dem Konkurs. Die schwerste Krise der globalen Autoindustrie traf die amerikanischen Hersteller noch härter als
den Rest der Branche. Auf dem Stand von General Motors,
dem einst größten Autokonzern der Welt, war ein blasser
und fahriger Konzernchef Rick Wagoner zu sehen. Einer
kleinen Gruppe europäischer Journalisten legte er schlimme
Zahlen vor: Im ersten Quartal 2009 wird die Produktion
bei GM nur noch halb so groß sein wie 2008. Wie es weiter-
ging, war unklar. Zweieinhalb Monate nach der Automesse
war Rick Wagoner seinen Job los. Er wurde von Präsident
Obama zum Rücktritt gezwungen.

Eines der Versprechen Wagoners bestand darin, dass
GM endlich moderne, energiesparende Autos entwickeln
würde, nachdem der Konzern jahrelang auf teure, benzin-
schluckende Geländewagen und Kleinlaster gesetzt hatte.

Die große Hoffnung der Automesse war dabei der Chevrolet „Volt", ein neuartiges Elektroauto. Anders als die bis dahin gebräuchlichen Hybridautos hat der Volt nicht einfach einen Benzinmotor, der von einem Elektromotor unterstützt wird; er ist ein Elektroauto, das nur noch gelegentlich einen Benzinmotor braucht, um seine Reichweite zu erhöhen. Den Motor kann man zu Hause an der Steckdose aufladen, das Auto soll sparsam sein und einen Beitrag zum Klimaschutz leisten. Sollte die Rezession nicht noch alle Pläne über den Haufen werfen, wird der Volt 2010 in Nordamerika und Europa auf den Markt kommen.

Nur ein paar Ecken hinter dem großen Stand von General Motors gab es schon, was Wagoner erst noch versprechen musste. Der Messestand des Herstellers war klein und unscheinbar, die ausgestellten Autos sahen weder schön noch besonders originell aus. Ein Kleinstwagen namens „F0" zum Beispiel erinnerte verblüffend an den „Smart" des deutschen Herstellers Daimler, ein anderes Modell war einem Mercedes der C-Klasse nachempfunden. Das Personal am Stand war unbeholfen und sprach schlecht englisch. An einer Ecke war ein Modell ausgestellt, das auf den ersten Blick keine eingeführte Marke als Vorbild hatte. Es war der Prototyp eines neuen Elektroautos mit Namen F3DM. Das Auto soll, ähnlich wie der Volt, 2010 in den USA auf den Markt kommen. Das Interessanteste an dem F3DM ist aber die Firma, die dahinter steht. Sie trägt das Kürzel BYD, was für „Build Your Dream" steht – „Baue deinen Traum". BYD ist ursprünglich keine Auto-, sondern eine Batteriefirma. Wang Chuanfu, ein junger chinesischer Unternehmer, gründete sie 1995 in Shenzhen. Sie produziert 65 Prozent aller Nickel-Cadmium-Batterien und 30 Prozent aller Lithium-Ionen-Batterien auf der Welt; letztere werden vor allem in Handys verwendet.

Seit 2002 ist BYD an der Börse von Hongkong notiert. Ein Jahr später erwarb BYD den bankrotten staatlichen Autokonzern Qinchuan und begann Autos zu bauen. Was die Besucher der Autoschau in Detroit aufmerken ließ, war die

Tatsache, dass ein Unternehmen aus einem früheren Ent-
wicklungsland und aus einer völlig anderen Branche den
Eintritt auf den Automarkt versucht. Bisher war es in der
Branche eher üblich, dass Unternehmen verschwinden und
dass die verbleibenden Konzerne immer größer werden.
Jetzt kommen völlig unerwartet neue Anbieter auf den
Markt.

Der Grund dafür liegt in der Technik. Eigentlich sind
Elektromotoren viel effizienter als Benzinmotoren. Sie ver-
wandeln einen größeren Teil an eingesetzter in nutzbare
Energie, und sie sind auch einfacher zu handhaben. Der kri-
tische Punkt dabei war bisher immer die Batterie. Je größer
die Reichweite eines Autos war, desto größer musste diese
Batterie sein. Ihr schieres Gewicht machte alle Effizienzge-
winne sehr schnell zunichte. Deshalb wurden Elektroautos
früher nur dort eingesetzt, wo es auf Reichweite nicht ankommt und wo die nächste Steckdose nicht weit ist. Bei
Elektrokarren auf Flughäfen zum Beispiel und auf Golf-
plätzen. Aber nun verändert sich die Batterietechnologie
rapide. Die neue Technik könnte auch eine Antwort auf den
Klimawandel sein, denn wenn man die Energie für sein Auto
aus der Steckdose bekommt, ist es viel leichter, erneuerbare
Energien zu nutzen. Zum Beispiel Windenergie oder Bio-
masse.

Und damit sinkt die Eintrittsschwelle in den globalen
Automarkt. Ein gerade einmal 14 Jahre alter chinesischer
Batteriefabrikant kann zum ernsthaften Wettbewerber für
die Großen werden. BYD machte im Jahr 2008 3,1 Milliarden Dollar Umsatz und beschäftigt insgesamt 130 000 Mitarbeiter. Und die Firma wird ernst genommen. Im September erwarb die MidAmerican Energy Holdings Company,
ein Energieunternehmen aus Iowa, einen Anteil von zehn
Prozent an BYD, für 230 Millionen Dollar. Mehrheitsaktio-
när von MidAmerican ist Warren Buffett, die amerikanische
Investorenlegende aus Omaha in Nebraska. Flexibilität
und Innovationskraft, die einst Amerika groß gemacht haben, sind längst kein amerikanisches Privileg mehr. Wenn

das Land unter völlig anderen globalen Bedingungen Industriearbeitsplätze halten will, muss sich das Land dieser Herausforderung stellen. Der Schlüssel dazu liegt in der besseren Ausbildung seiner Arbeitskräfte.

Und um die ist es schlecht bestellt.

Fänger im Roggen

Jackie ist Lehrerin an einer Highschool in der Bronx. Die Schule liegt, wie man in Deutschland sagen würde, inmitten eines sozialen Brennpunkts. Der genaue Ort dieser Schule und der wirkliche Name Jackies sollen nicht genannt werden, um ihr Ärger mit ihren Vorgesetzten oder den Eltern zu ersparen. Die Bronx hat außerhalb New Yorks einen verheerenden Ruf. „Hier sieht es aus wie in der Bronx", ist in Deutschland so ungefähr das Schlimmste, was man über ein Wohnviertel sagen kann. Das ist zum größten Teil Klischee. Es war nur die South Bronx, die sich im Laufe der 50er-Jahre zu einem schlimmen Slum entwickelt hatte, in anderen Teilen des Stadtteils gab es auch in den 70er- und 80er-Jahren sichere Viertel mit akzeptabler Lebensqualität. Das Stadion von New Yorks beliebtester Baseballmannschaft, den Yankees, steht in der Bronx. Aber es stimmt schon, dass das Leben für die Einwohner der Bronx auch heute nicht einfach ist. Die Eltern der meisten Schüler an Jackies Schule sind Einwanderer aus Mittelamerika und der Karibik, das Verhältnis zu den alteingesessenen Afroamerikanern ist gespannt, die Halbwüchsigen organisieren sich in Gangs.

Was das bedeutet, merkt man schon, wenn man die Schule betritt. Hinter dem Hauptportal ist eine Sicherheitsschleuse wie auf einem Flughafen, jeder Besucher wird auf Waffen durchsucht. Alle Klassenzimmer werden während des Unterrichts von innen verschlossen; wenn ein Schüler zur Toilette muss, braucht er einen „Flurpass", der am Lehrerpult abzuholen und hinterher wieder hinzubringen ist. Jackie, eine kleine, energische Person, ist mit diesen Maßnahmen alles andere als glücklich. „Sicher, wir haben jetzt keine Waffen mehr an der Schule", sagt sie. „Aber viele sagen, dass wir die Kinder auf das Gefängnis vorbereiten." Jackie unterrichtet Englisch und Wirtschaft in einer Sonderschulklasse mit 14 Schülern zwischen 15 und 19 Jahren. Der Unterricht beginnt offiziell um acht Uhr morgens. Ein typischer Arbeitstag von Jackie sieht so aus: Während der kompletten ersten Schulstunde sitzt sie alleine im Klassenzimmer. Gegen neun Uhr trudeln die ersten beiden Schülerinnen ein. Eine halbe Stunde später kommen zwei Jungen. Gegen halb elf sitzen immerhin elf Schüler im Klassenzimmer, allerdings sind nicht alle anwesend. Ein Lulatsch, der Jackie um mehr als einen Kopf überragt, legt sofort seinen Kopf auf das Pult und schläft ein. Der Junge, so erzählt Jackie, hat vor einiger Zeit verkündet, er komme sowieso nur deshalb zum Unterricht, damit seine Eltern den Anspruch auf Sozialhilfe nicht verlieren.

Jackies Beruf ist es, Kindern weiterzuhelfen, die eigentlich keine Chance im Leben haben. Im Fach Englisch zum Beispiel liest sie mit der Klasse den *Fänger im Roggen*, jenen berühmten Roman von J. D. Salinger aus dem Jahr 1951, in dem sich seit über 50 Jahren Heranwachsende und Außenseiter auf der ganzen Welt wiederfinden. „Bei dem Roman hören die Jugendlichen wenigstens zu, weil da so viel geflucht wird", sagt Jackie. Für den Wirtschaftsunterricht hat sie einen eigenen Lehrplan entwickelt, weil Schüler wie die ihren in den offiziellen Plänen gar nicht vorgesehen sind. Der Kern des Planes ist ein spielerisches Budget, bei dem jeder ein paar Hundert Spiel-Dollar bekommt. Wer die Schule schwänzt oder ohne Arbeitsmaterialien erscheint, verliert Geld. Wer eine Aufgabe der Lehrerin mit Erfolg bewältigt, nimmt etwas ein. „Die Kinder sollen später wenigstens die grundlegenden Anforderungen ihres Lebens selbständig bewältigen können", sagt Jackie. Und sie räumt ein, dass, wenn es gut läuft, zwei ihrer Schüler den Weg durchs Leben machen werden, ohne auf Sozialhilfe angewiesen zu sein oder gar im Gefängnis zu landen. Viele werden nie richtig rechnen können, sie werden also versagen, wenn ihnen selbst ein einfacher Job an der Supermarktkasse angeboten wird. Sie lernen niemals den Rhythmus von Arbeit und Freiheit, von Konsum und Sparen, von Lernen und mit dem Gelernten etwas anzufangen. Aber immerhin haben sie eine ungewöhnlich engagierte Lehrerin, die weit mehr als das Übliche tut, um ihnen wenigstens eine minimale Chance zu eröffnen.

Schulversagen gibt es überall auf der Welt, und besonders Einwandererkinder tun sich schwer, wenn die Autoritäten ihrer alten Heimat nicht mehr gelten und die Regeln der neuen Heimat noch nicht verstanden werden; wenn der Umgang mit der neuen Freiheit, dem Konsum und dem allgegenwärtigen Reichtum der anderen erst noch gelernt werden muss. Das ist in der Bronx nicht anders als in Neukölln oder in den Vorstädten von Paris. In den Vereinigten Staaten aber gleicht das Schulversagen einer Epidemie. Ungefähr ein Drittel jedes Jahrgangs verlässt nach offiziellen Zahlen die Highschool ohne Abschluss, im Durchschnitt eine Million Kinder pro Jahr. Dabei schönt die Statistik die wirkliche Lage sogar noch. So schafften nach der offiziellen Statistik 2007 im Bundesstaat New York 77 Prozent der Zwölftklässler das Examen. Rechnet man jedoch die Kinder ein, die die Highschool bereits vor der zwölften Klasse verlassen, sinkt der Anteil auf 65 Prozent. In einigen Großstädten brechen mehr als die Hälfte der Kinder die Schule ab. Am schlimmsten betroffen sind die Innenstädte, wo viele Afroamerikaner und Einwanderer aus Lateinamerika leben. In den öffentlichen Schulen von Columbus (Ohio) schließen nur 44,7 Prozent der Kinder die Schule ab, in Baltimore sind es 41,5 Prozent, in Cleveland (Ohio) 34,4 Prozent und in Detroit 37,5 Prozent. Das heißt mit anderen Worten: In der Hauptstadt des amerikanischen Autobaus haben fast zwei Drittel der jungen Leute keine abgeschlossene Schulausbildung. Die Folgen sind unübersehbar. „Die Hälfte der Stadt Detroit ist buchstäblich analphabetisch", sagt Mike Smith, der Direktor der Walter Reuther Library in Detroit, dem zentralen Archiv der amerikanischen Arbeiterbewegung. „Ein Drittel der Detroiter leben von der Sozialhilfe, und 50 Prozent sind Working Poor", das heißt, ihr Lohn ist so gering, dass sie trotz Arbeit unter der Armutsschwelle leben.

Die Vereinigten Staaten haben die besten Universitäten der Welt, aber das System der öffentlichen Schulen ist bankrott. In diesem Punkt sind sich alle Politiker einig, konservative und linke, Republikaner und Demokraten. Der frühere General und Außenminister Colin Powell gründete eine Initiative zur Förderung der Schulbildung benachteiligter Kinder mit Namen „America's Promise Alliance". Bei einem „Gipfel zur Verhinderung des Schulabbrechertums" erklärte Powell im April 2008: „Wenn mehr als eine Million Schüler jedes Jahr die Highschool abbrechen, dann ist das mehr als ein Problem, es ist eine Katastrophe. Unsere wirtschaftliche und nationale Sicherheit ist in Gefahr, wenn es uns nicht gelingt, unsere künftigen Führungskräfte und Arbeiter auszubilden. Es ist Zeit für einen nationalen Ruf zu den Waffen, wir können es uns nicht leisten, ein Drittel unserer Kinder scheitern zu lassen."

Die Sache mit dem „Ruf zu den Waffen" ist Präsident Franklin D. Roosevelt entlehnt, der den Begriff 1932 verwendete, als er seinen Landsleuten einen New Deal versprach. Aber wie soll dieser New Deal aussehen?

Was die Analyse der Ursachen dieser Katastrophe betrifft, ist Amerika tief gespalten. Konservative sagen: Die öffentlichen Schulen sind gescheitert, weil der Staat mit dem Gut Bildung nicht umgehen kann, weil Interessengruppen, vor allem die Lehrergewerkschaften, das System im Griff haben und für ihre eigenen Zwecke missbrauchen. Die Zukunft liege daher in Privatschulen und in Schulen, die von Kirchen und anderen religiösen Gemeinschaften betrieben werden. Linke und Moderate argumentieren dagegen, dass der Staat sich zu wenig um die Schulen kümmert, dass die Lehrer zu schlecht bezahlt werden und das Bildungssystem ganz generell zu wenig Geld bekommt. Die ideologischen Grabenkämpfe haben in den vergangenen 20 Jahren eine

Reform des Schulsystems verhindert. Dabei haben vermutlich beide Seiten in dem Streit wenigstens teilweise recht.

Eine Seite des Problems konnte beobachten, wer am 24. Februar 2008 die erste Rede Obamas vor beiden Häusern des Kongresses verfolgte. Als Ehrengast saß auf der Tribüne des Kongresses neben der First Lady Michelle Obama ein schüchternes schwarzes Mädchen mit Namen Ty'Sheoma Bethea. Ty'Sheoma, eine Achtklässlerin von der J.V. Martin Junior High School in Dillon im Bundesstaat South Carolina, ist eine nationale Berühmtheit. Das Mädchen war Obama aufgefallen, weil sie vor zwei Jahren einen Brief an den Kongress geschrieben und um mehr Geld für ihre Schule gebeten hatte. Das Gebäude der J.V. Martin School ist über 100 Jahre alt und so marode, dass das Regenwasser durch die Decke tropft. Die Aula ist faktisch zusammengebrochen, und sechsmal am Tag müssen die Lehrer den Unterricht unterbrechen, weil ein Güterzug mit ohrenbetäubendem Lärm direkt vor dem Fenster vorbeifährt und das ganze Schulgebäude wackelt. Und diese Schule ist kein Einzelfall. Die Kleinstadt Dillon liegt am Rande der Interstate 95, und dieser Teil des ländlichen South Carolina hat einen bedrückenden Namen: „Korridor der Schande". Die Bezeichnung hat ihren Ursprung in einem Kurzfilm, der die Vernachlässigung der öffentlichen Schulen in dem Bundesstaat beschreibt. Die Vernachlässigung ist ein Stück impliziten Rassismus. Die Rassentrennung in den Schulen der Südstaaten ist zwar dank der Bürgerrechtsbewegung der 60er-Jahre längst abgeschafft. Aber weil die meisten weißen Familien ihre Kinder auf Privatschulen schicken, kümmern sie sich um die Zustände in den, hauptsächlich von Schwarzen besuchten, öffentlichen Schulen nicht mehr.

Ty'Sheoma Bethea, das 14-jährige Mädchen aus Dillon in South Carolina, lieh sich das Geld für eine Briefmarke, als sie ihren Brief an den Kongress in Washington schickte. In dem Brief steht der Satz: „Wir sind ganz einfach Schüler, die Anwälte, Ärzte und Kongressabgeordnete wie Sie werden wollen, und eines Tages Präsident, damit wir die Dinge verändern können. Wir sind nicht Leute, die aufgeben." Sie selbst habe das Lebensziel, eines Tage die erste Präsidentin der USA zu werden, sagte Ty'Sheoma während eines Interviews.

Es gibt aber auch noch eine andere Seite des Problems. Und die lässt sich am besten in Detroit beobachten. Die Stadt ist eine der ärmsten in den USA, die Verbrechensrate eine der höchsten, der Anteil der Sozialhilfeempfänger und der der Analphabeten ebenso. Die Preise für Häuser und Grundstücke sind seit Ende 2006 um ein Drittel gefallen, die Stadt gehört damit zu den Regionen der USA, die am schlimmsten von der Immobilienkrise getroffen sind. Und als wolle er das Elend der Stadt noch unterstreichen, sitzt der frühere Bürgermeister der Stadt, Kwame Kilpatrick, wegen Meineids und Behinderung der Justiz im Gefängnis.

Das Problem mit Detroits Schulen erklärt John Madison. Madison leitet eine Behörde in Detroit, ist weiß und heißt in Wirklichkeit ganz anders. Aber er möchte nicht, dass sein Name bekannt wird. „Ich will weiter in dieser Stadt arbeiten, aber wenn ich die Dinge, die ich denke, öffentlich sage, werde ich als Rassist beschimpft. Ich bin aber kein Rassist, ich beschreibe die Dinge nur so, wie sie sind." John Madisons Sicht lässt sich ungefähr so umschreiben: Ja, es gibt Vernachlässigung der Schulen durch den Staat. Es gibt weißen Rassismus, der Menschen in den (mehrheitlich weißen) Vorstädten dazu bringt, wegzusehen, wenn es um die Belange mehrheitlich schwarzer Schulbezirke geht. Aber es gibt auch eine ausgeprägte Bildungsfeindlichkeit unter afroamerikanischen und Latino-Familien. Und vor allem gibt es falsche Rollenvorbilder. „Wenn ein junger Mann sich anstrengt, wenn er gut in der Schule ist und nach oben will, dann muss er sich mit dem Vorwurf auseinandersetzen, er verrate seine Rasse", berichtet Madison. Auch eine junge Frau aus seinem Freundeskreis, die in ein mehrheitlich weißes Wohnviertel gezogen sei, werde von einigen ihrer schwarzen Bekannten geschnitten. „Und was soll man von einer Elternversammlung halten, in der es die Mütter lustig finden, sich gegenseitig mit Erbsen zu bewerfen, statt sich um die Zukunft ihrer Kinder zu kümmern?", fragt Madison. Es gibt eine fatale Tendenz, selbstschädigendes Verhalten als „schwarz" und Leistung als „weiß" anzusehen. Die Neigung zeigte auch Jeremiah Wright, der langjährige Pfarrer und Freund von Barack Obama. Wright, von dem sich Obama im Wahlkamps lossagte, vertritt eine besondere Form der Befreiungstheologie, die Arme und Benachteiligte ermutigt, sich nicht an die Zwänge des Kapitalismus anzupassen. Konkret warnte er die Schwarzen vor der vermeintlichen Gefahr, so zu werden wie die erfolgreiche amerikanische Mittelschicht.

Eine der großen Hoffnungen der Präsidentschaft Obamas liegt darin, dass er den Teufelskreis von Vernachlässigung, Selbstschädigung und Ignoranz durchbrechen kann. Aufgrund seiner Biografie kann er beide Seiten des Bildungsproblems einigermaßen glaubwürdig ansprechen: Er kann sowohl fordern, dass die Regierungen die Schulen besser mit Geld ausstatten, als auch von den schwarzen Vätern verlangen, dass sie sich um ihre Söhne und Töchter kümmern. Allerdings macht er sich so bei vielen unbeliebt. Eine der interessantesten Episoden des vergangenen Präsidentschaftswahlkampfs ereignete sich am 9. Juli 2008 in einem Studio des konservativen Fernsehsenders Fox News in Washington. Pfarrer Jesse Jackson, früherer Mitarbeiter von Martin Luther King und noch heute einer der Helden der Bürgerrechtsbewegung, saß dort, um von dem Moderator Bill O'Reilly zu Fragen der Gesundheitsreform interviewt zu werden. Kurz vor Beginn der Sendung fragte O'Reilly flüsternd, was er, Jackson, denn von Obama halte. Worauf dieser zurückflüsterte: „Er redet von oben herab zu den Schwarzen. Deshalb werde ich ihm noch die ... abschneiden (der Pfarrer wurde an dieser Stelle sehr vulgär)." Was er nicht wusste, war, dass das Mikrofon im Studio schon eingeschaltet war und die ganze Nation die Konversation mitverfolgen konnte. Durch die Webseite YouTube wurde der Dialog auch noch auf der ganzen Welt verbreitet.

Jesse Jackson und andere Führer des schwarzen Establishments werfen Obama vor, dass er seine Verbindungen zur schwarzen Gemeinschaft und zu den schwarzen Kirchen kappt, wenn er schwarzen Familien rät, den Fernseher abzuschalten und stattdessen den Kindern etwas vorzulesen. Oder wenn er jungen schwarzen Männern predigt, sie sollten aufs College gehen und nicht nur von einer Karriere als Rap-Star oder Basketballer zu träumen. Aber genau hier muss der Durchbruch kommen, wenn Amerikas Erneuerung gelingen soll. Bildung ist die zentrale Bürgerrechtsfrage des 21. Jahrhunderts. An ihr hängt nicht nur der Zusammenhalt der Nation, sondern auch der ökonomische Erfolg der Vereinigten Staaten in den kommenden Jahrzehnten.

Die Rezession hat auf brutale Weise klargemacht, wie zentral das Thema Bildung und Ausbildung für Amerikas Wiederaufstieg ist. In jedem Abschwung werden Arbeitsplätze vernichtet, überall in der Welt. Was aber zuletzt auf dem Arbeitsmarkt der Vereinigten Staaten passierte, war furchterregend. Im Winter 2008/2009 gingen jeden Monat über 600 000 Jobs verloren, so etwas gab es noch nie seit Einführung der entsprechenden Statistik 1939. Seit Beginn der Krise wurden in den USA mehr als 6,5 Millionen Arbeitsplätze vernichtet. Es geht dabei um mehr als nur um die Folgen der Krise. Die Firmen reagieren auf den Schock des Absturzes, sie wollen gegen künftige Risiken vorbauen und ihre Produktivität substanziell erhöhen. Deshalb stellen sie die Fertigung ganz ein oder suchen gezielt nach gut ausgebildeten Arbeitskräften. Und die sind auch verfügbar, gerade jetzt in der Krise. Die am schlechtesten Ausgebildeten werden daher aus dem Markt gedrängt. Am stärksten stiegen die Arbeitslosenraten für Amerikaner ohne Highschool-Abschluss oder mit abgebrochenem College-Studium. Insgesamt 14,7 Prozent der Schwarzen und 11,8 Prozent der Latinos waren im Mai 2009 arbeitslos, aber nur 8,7 Prozent der Weißen. 23,6 der Teenager (zwischen 16 und 19 Jahren) sind ohne Job. Sie könnten zu einer verlorenen Generation werden.

Einer, der den Durchbruch an Amerikas Schulen versucht, ist Roland Fryer. Der 31-jährige Ökonom lehrt an der Harvard University, ist selber schwarz und befasste sich als Wissenschaftler in seiner ganzen bisherigen Karriere mit der Frage, wie soziale Ungleichheit entsteht und wie man sie verringern kann. „Für mich gibt es keine Denkverbote", sagt er. 2007 gründete er in Cambridge das „American Inequality Lab", das „Laboratorium der Ungleichheit". Dort fand er zum Beispiel heraus, dass Schwarze und Hispanics mit enormem Gruppendruck leben müssen, wenn sie Erfolg haben wollen. Zielstrebigkeit gilt als „weißes Verhalten". Fryer glaubt: „Minderheiten müssen erst noch Eliten aufbauen, die als Vorbilder dienen. Solange verwahrloste Gemeinschaften identitätsprägend sind, bleiben die sozialen Kosten für abweichendes Verhalten hoch." Roland Fryer weiß, wovon er spricht. Seine Mutter lief davon, der Vater trank und kam wegen einer Vergewaltigung ins Gefängnis. Fryer wuchs bei seiner Großtante auf, die mit Crack dealte. Er selbst besaß mit 13 eine 0,357 Magnum und handelte mit Marihuana und gefälschten Handtaschen. Als seine Freunde kurz vor einem geplanten Einbruch verhaftet wurden, bekam er den notwendigen heilsamen Schock. Er schloss die Schule ab und ging danach aufs College.

Der Schuldezernent von New York, Joel Klein, gab Fryer 2008 die Chance, seine eigenen Erfahrungen für andere nutzbar zu machen. In einem Pilotversuch testete Fryer in 40 Schulen in sozialen Brennpunkten Harlems, Brooklyns und der Bronx, wie sich Problemschüler verhalten, wenn gute Leistungen bei Klassenarbeiten mit Geld belohnt werden. Wer einen Leistungstest bestand, bekam zwischen 25 und 50 Dollar. Ein Schüler konnte so auf bis zu 500 Dollar im Schuljahr kommen. Das Geld für das Experiment brachten private Spender auf. Viele Lehrer und Bildungspolitiker kritisierten Fryer – Schüler sollten schließlich nicht nur um des Geldes willen lernen. Das Gegenargument des Professors ist ziemlich überzeugend: Bekommen nicht schon immer in weißen Mittelstandsfamilien die Kinder eine Belohnung, wenn sie eine gute Note von der Schule nach Hause bringen? Schwarze Familien haben dafür aber meist nicht das Geld, außerdem fehlen die Vorbilder. Warum also nicht von Staats wegen nachhelfen?

Im Vergleich zu Deutschland ist das staatliche Element im amerikanischen Bildungssystem geringer ausgeprägt, dafür spielen private Stiftungen eine größere Rolle. Viele Mittelklassefamilien schicken ihre Kinder auf private oder religiöse Schulen, Hochschulen verlangen zum Teil hohe Studiengebühren, weshalb Durchschnittsamerikaner sich hoch verschulden, um eine Universitätsausbildung zu bekommen. Studentendarlehen sind ein wichtiges Geschäft für Amerikas Banken. Europas altehrwürdige Universitäten wurden von Fürsten, Königen und Kaisern gegründet, die amerikanischen von Pfarrern, Gelehrten und Unternehmern. Die Geschichte der Harvard University in Cambridge begann 1635 als ein puritanisches Predigerseminar, Benjamin Franklin gründete 1749 die Universität von Pennsylvania als bürgerliche Bildungsstätte. John D. Rockefeller rief 1890 die Universität von Chicago ins Leben, um die Bildung seiner eigenen Glaubensgemeinschaft, der Baptisten, zu heben.

Doch immer wieder gab es in der amerikanischen Geschichte nationale Bildungsbewegungen, in denen der Staat und unzählige Privatleute zusammenwirkten, um Bildung zu fördern. 1785, nur zwei Jahre nach dem Ende des Unabhängigkeitskriegs verabschiedete der Kongress ein Landgesetz, das unter anderem öffentliches Land für den Bau von Bildungseinrichtungen bereitstellte. Im 19. Jahrhundert konnten deshalb relativ mehr Amerikaner lesen und schreiben als Deutsche, Engländer oder Franzosen. Zu Beginn des 19. Jahrhunderts führte der Bildungsreformer Horace Mann in Massachusetts Volksschulen nach dem Beispiel Preußens ein. Nach dem Bürgerkrieg wurden überall in den USA freie Volksschulen eingerichtet, im ausgehenden 19. Jahrhundert sorgte eine breite „Highschool-Bewegung" dafür, dass die Sekundärerziehung in den Vereinigten Staaten dem Rest der Welt auf Jahrzehnte hinaus überlegen war; gleichzeitig entstanden neue Universitäten: Stanford, Cornell, das Massachusetts Institute of Technology (MIT). Nach dem Zweiten Weltkrieg sorgte ein Gesetz („GI Bill") dafür, dass alle Veteranen, die das wollten, aufs College gehen konnten. Und es waren die Massenproteste der Bürgerrechtsbewegung, die für das Ende der Rassentrennung in den Schulen der Südstaaten sorgten.

Erst in den 70er- und 80er-Jahren setzte die Politik der Vernachlässigung der öffentlichen Schulen ein. Präsident Obama wird so etwas wie die Highschool-Bewegung des 19. Jahrhunderts brauchen, um diesen Trend umzukehren. Dabei ist die Große Rezession auch hier eine Chance. Der Einbruch der Wirtschaft hat gezeigt, dass es nicht mehr so weitergehen kann wie bisher. Das Konjunkturprogramm von Präsident Obama sieht gut 100 Milliarden Dollar für die Schulen vor. Damit hat Obamas Bildungsminister Arne Duncan einen mächtigen Hebel in der Hand, um Dinge zu verändern.

Eigentlich ist die Schulbildung in Amerika, ähnlich wie in Deutschland, eine Aufgabe der Bundesstaaten und der Städte. Dort haben in den vergangenen Jahrzehnten mächtige Koalitionen als Reformblockierer gewirkt. Konservative Politiker verhinderten, dass öffentliche Schulen materiell besser ausgestattet werden. Sie setzten auf den Wettbewerb der Schulsysteme, bei denen, natürlich, private und religiös orientierte Schulen besser abschnitten. Auf der linken Seite des Spektrums verhinderten Lehrergewerkschaften und die örtliche Bildungsbürokratie Leistungsstandards für Lehrer und Schüler und Sanktionen gegen scheiternde Schulen. Mit den 100 Milliarden Dollar kann Obama nun Politikern in den Bundesstaaten einen Anreiz geben, gegen Reformblockaden vorzugehen. Was er dabei erreichen will, sind zum Beispiel leistungsabhängige Gehälter für Lehrer und einheitliche Leistungstests für Schüler.

An dieser Stelle ist ein Begriff notwendig, für den es in Deutschland keine Entsprechung gibt: „Charter Schools". Dieser Schultyp ist das Ergebnis einer kleinen Schulreform aus dem Jahr 1988: öffentliche Schulen, die sich teilweise aus den Zwängen des staatlichen Systems befreien dürfen. Sie haben eigene Lehrpläne, sie dürfen sich, in Grenzen, ihre Schüler selbst aussuchen, eigene Leistungstests einführen und anderes. Anders als Privatschulen dürfen sie sich aber nicht an einer bestimmten Glaubensgemeinschaft orientieren und sie dürfen vor allem keine Schulgebühren erheben. Meist werden sie auf Initiative von Eltern und Lehrern gegründet, die mit den herkömmlichen öffentlichen Schulen unzufrieden sind. Über 4 000 Charter Schools gibt es in den Vereinigten Staaten. Sie sind heftig umstritten, seit sie vor 20 Jahren eingeführt wurden. Konservative fördern sie in der Regel, weil sie ein Stück Marktwirtschaft in das Bildungssystem bringen, Progressive sind dagegen, weil sie die Spaltung zwischen guten und schlechten Schülern fürchten. Einige bezeichnen Charter Schools sogar als rassistisches Konzept, weil sie indirekt die Rassentrennung in den Klassenzimmern förderten. Es sind überwiegend weiße Eltern, die ihre Kinder auf diese Schulen schicken. Es zeichnet Obamas Kurs der Mitte aus, dass er bei seiner Bildungsreform ausdrücklich auch auf das Konzept der Charter Schools setzt.

Ein Großteil der Hoffnungen ruht jetzt auf dem Bildungsminister von Barack Obama. Arne Duncan, ein alter Freund des Präsidenten, ist ein politischer Seiteneinsteiger. In jungen Jahren war er professioneller Basketballspieler, dann machte er als Reformer der Schulen in den Armenbezirken von Chicago von sich reden. Duncan sei „wenigstens bereit, in seinem Bereich Porzellan zu zerschlagen", schrieb das *Wall Street Journal*. Und das war als Lob gemeint.

KAPITEL 12

Chimerica

> „Jeder Banker weiß, dass er in dem Augenblick,
> in dem er beweisen muss, dass er kreditwürdig
> ist, jeden Kredit verloren hat, wie gut auch
> immer seine Argumente sein mögen."
> Walter Bagehot, Chefredakteur des *Economist* 1873

Auch dies ist eine der Eigentümlichkeiten der neuen Weltordnung nach dem Fall der Wall Street: Amerikaner müssen die Internetseite der chinesischen Nationalbank beobachten, weil dort Dinge stehen könnten, die für ihre eigene Zukunft relevant sind. Am 23. März 2009 erschien auf dieser Seite das Manuskript einer Rede von Zentralbankpräsident Zhou Xiaochuan unter der Überschrift „Reform des internationalen Währungssystems". Darin empfahl Zhou, „eine internationale Reservewährung zu schaffen, die von einzelnen Nationen losgelöst ist und langfristige stabil sein kann. Eine solche Währung könnte die inhärenten Defizite beseitigen, die im Gebrauch kreditbasierter nationaler Währungen liegen."[64] Konkret schlug Zhou vor, die Sonderziehungsrechte (SZR), die Kunstwährung des Internationalen Währungsfonds, zu eben dieser neuen Reservewährung auszubauen. Würde der Vorschlag verwirklicht, bedeutete dies das Ende des Dollars als faktische Leitwährung der Welt. Der Text löste einigen Wirbel auf den internationalen Devisenmärkten aus, und das kam so: Nach einer Rede vor dem Council on Foreign Relations in New York fragten Journalisten Finanzminister Timothy Geithner, was er denn von Zhous Vorschlag halte. Worauf dieser antwortete, er sei „ganz offen" für die Idee, den Sonderziehungsrechten eine größere Rolle in der Welt zu geben. Die Folge dieser Äußerung war ein kleiner Kurssturz des Dollars, der Euro sprang innerhalb weniger Minuten von 1,3450 auf 1,3650 Dollar.

Die Lage beruhigte sich erst, als Geithner im Fernsehsender CNBC erklärte, er erwarte selbstverständlich, dass der Dollar auf unabsehbare Zeit die wichtigste Reservewährung der Welt bleiben werde.

Der Beitrag Zhous war ein Einschnitt in der internationalen Währungspolitik. Nicht weil er realistisch wäre, sondern weil er einen Ausblick darauf gibt, welche Spannungen im schwierigen amerikanisch-chinesischen Verhältnis noch auftreten können. Das Instrument der Sonderziehungsrechte hatte der IWF 1969 geschaffen, um der Dollar-Krise zu begegnen, die der schuldenfinanzierte Vietnamkrieg seinerzeit ausgelöst hatte. Technisch sind SZR Kredite, die der IWF seinen Mitgliedern einräumt, außerdem eine interne Recheneinheit im IWF. Der Wert eines SZR wird aus einem Korb verschiedener Währungen berechnet. Derzeit besteht er zu 44 Prozent aus Dollar, zu 24 Prozent aus Euro und zu je elf Prozent aus Yen und britischem Pfund. Zu dem Zeitpunkt, an dem Zhou seinen Vorschlag machte, war ein SZR 1,12 Euro wert. Die Erfinder der SZR hatten in den 60er-Jahren, ganz im Sinne der chinesischen Zentralbank, gehofft, eine neue Weltwährung geschaffen zu haben. Die Hoffnung erfüllte sich nicht, ganz einfach deshalb, weil SZR kein „richtiges" Geld in dem Sinne sind, als dass man mit ihnen seine Rechnungen bezahlen oder sein Vermögen anlegen könnte. Eine Notenbank, die SZR in ihre Reserven nehmen würde, müsste sie wieder in Dollar, Euro, Yen oder Pfund umwandeln, wenn sie sie einsetzen wollte, zum Beispiel um den Kurs der eigenen Währung zu stabilisieren. Der Wert der Sonderziehungsrechte wird also in Wirklichkeit von den Nationalstaaten und ihrer Geld- und Währungspolitik bestimmt, womit das Hauptgewicht weiter beim größten IWF-Mitglied liegt, den Vereinigten Staaten.

Zhous Vorschlag wird also nie verwirklicht werden. Trotzdem ist sein Artikel ein Warnsignal: Die Volksrepublik China hat dem Dollar das Misstrauen erklärt. Das Ereignis straft die Hoffnungen der Ära Bush Lügen, wonach das Handelsdefizit der USA kein Problem für den Dollar darstellt, weil die Chinesen ja schon aus eigenem Interesse die amerikanische Währung stützen würden, weil sie ihre Reserven in Dollar angelegt haben. Das Eigeninteresse Chinas gibt es zwar, aber das macht die Sache nicht einfacher. Währungsfragen sind zu einem Politikum ersten Grades zwischen den Vereinigten Staaten und China geworden. Die Regierung in Peking hat klargemacht, dass sie gefragt werden möchte, wenn es um die Währungsordnung der Zukunft geht. Sie will dem IWF eine stärkere Rolle in Währungsfragen geben und dabei innerhalb des IWF entscheidend mitreden.

Das Thema begleitete die Regierung Obama von Anfang an. Noch vor seiner Amtseinführung sorgte Finanzminister Geithner für eine Sensation, als er der Regierung in Peking vorwarf, die eigene Währung, den Yuan, zu „manipulieren" und sich so ungerechtfertigte Handelsvorteile zu sichern. Geithner kündigte an, darauf „aggressiv" reagieren zu wollen. Das war alles andere als leeres Gerede. Jede amerikanische Regierung muss, sobald sie offiziell festgestellt hat, dass ein Land seine Währung „manipuliert", laut Gesetz mit dem betreffenden Land in Verhandlungen treten und dann, wenn diese Verhandlungen nichts fruchten, Sanktionen verhängen. In der Sache hatte Geithner mit seiner Beobachtung völlig recht: Die Unterbewertung des Yuan war, neben Alan Greenspans Politik des leichten Geldes, die Hauptursache für die globalen Ungleichgewichte, die am Beginn der Rezession standen. Auch Geithners Vorgänger Henry Paulson hatte über die chinesische Währungspolitik geklagt, sich in der Wortwahl jedoch immer zurückgehalten. Paulson versuchte, mittels stiller Diplomatie eine Korrektur zu erreichen. Es war zunächst nicht ganz klar, ob Geithners Wortwahl auf Unerfahrenheit zurückzuführen war, ob er protektionistischen Abgeordneten seiner Demokratischen Partei gefallen wollte oder ob er wirklich einen neuen Kurs gegenüber China einschlagen wollte.

Auf jeden Fall zeigte sich schnell, dass die USA gar nicht in der Lage sind, „aggressiv" in Währungsfragen vorzugehen. Infolge der amerikanischen Defizite und der chinesischen Überschüsse sind Amerika und China aneinandergebunden wie Schuldner und Gläubiger. Keine Seite kommt ohne Schaden aus dem fatalen Verhältnis heraus, jedenfalls nicht von heute auf morgen. Ein stärkerer Yuan würde China Wachstum kosten und könnte die gesellschaftliche Stabilität in der Volksrepublik gefährden. Umgekehrt müssen die USA alles vermeiden, was nach einer Schwächung des Dollars aussieht. Sie würden sonst ihren internationalen Kredit verspielen, und das in einer Situation, in der sie ihn so dringend brauchen wie noch nie seit dem Zweiten Weltkrieg.

Ein guter Schuldner muss nie versichern, dass er ein guter Schuldner ist. Wird er doch dazu gezwungen, ist dies ein Indiz dafür, dass er kein guter Schuldner mehr sein könnte. Daher war es ein äußerst ungewöhnliches Ereignis, als Präsident Obama im März, zwei Monate nach seinem Amtsantritt, in aller Form den Anlegern der Welt versicherte, ihr Geld sei bei der amerikanischen Regierung gut aufgehoben. Während des Besuchs des brasilianischen Präsidenten Lula da Silva sagte er wörtlich: „Nicht nur die chinesische Regierung, jeder Investor kann absolutes Vertrauen in die Solidität von Anlagen in den Vereinigten Staaten haben." Dabei hörte er sich so an wie die Chefs der Investmentbanken Bear Stearns und Lehman Brothers, die versichert hatten, sie verfügten über ausreichend Kapital und Liquidität – wenige Tage, ehe ihre Institute am Ende waren. Nun stellt zwar bis heute niemand ernsthaft die Kreditwürdigkeit Washingtons infrage, aber es gab immerhin eine Diskussion darüber. Und wie bei der Debatte um den Dollar gab China den Anstoß: Ministerpräsident Wen Jiabao hatte sich öffentlich besorgt über den Wert chinesischer Anlagen geäußert und die USA aufgefordert, „ihre Kreditwürdigkeit zu wahren, sich an ihre Verpflichtungen zu halten und die Sicherheit chinesischer Vermögenswerte zu sichern". Zu einem Teil dürften Wens Bemerkungen einfach eine Retourkutsche auf Geithners Vorwurf der Währungsmanipulation gewesen sein, zu einem Teil mag aber auch echte Sorge dahinter stehen. Die Volksrepublik hat 700 Milliarden Dollar in amerikanischen Staatspapieren angelegt und ist der mit Abstand größte Gläubiger Washingtons. Unabhängig davon hatte sich der chinesische Staatsfonds China Investment Corporation (CIC) in amerikanische Unternehmen eingekauft, vor allem im Bestreben, Zugang zu moderner Technologie und zum internationalen Finanzgeschäft zu bekommen, aber auch ganz einfach auf der Suche nach Rendite. An dem Finanzinvestor Blackstone, gegründet von Stephen Schwarzman, hält CIC einen Anteil von 12,5 Prozent. Auch an der Investmentbank Morgan Stanley, nach Goldman Sachs die zweite der verbliebenen unabhängigen Wall-Street-Banken, und an der Kreditkartenfirma Visa ist CIC nennenswert beteiligt. Außerdem kaufte China Wertpapiere der beiden Hypothekenbanken Fannie Mae und Freddie Mac und beteiligte sich so direkt am Immobilienboom in Amerika. Insgesamt dürfte China mehr als eine Billion Dollar in den USA investiert haben.

Unter Ökonomen wird diese enge ökonomische Verbindung zwischen China und den Vereinigten Staaten mittlerweile mit zwei Begriffen umschrieben: „Chimerica" und „Bretton Woods II". „Chimerica" haben der Historiker Niall Ferguson und der Ökonom Moritz Schularick erfunden.[65] Die beiden Wissenschaftler wollen damit die Tatsache umschreiben, dass sich China und Amerika seit Beginn des Jahrtausends wie eine einzige, die Welt dominierende Volkswirtschaft verhielten: Die eine Seite produzierte, die andere konsumierte; die eine sparte, die andere verschuldete sich. „Bretton Woods II" hebt eher darauf ab, dass der Yuan und der Dollar aneinandergebunden sind, wie dies im System von Bretton Woods nach dem Zweiten Weltkrieg der Fall war.

Vom reinen Volumen her ist Chimerica gigantisch: Die Vereinigten Staaten und China erzeugen zusammen 30 Prozent des Weltsozialprodukts, Exporte in die USA machten vor der Krise 7,7 Prozent des chinesischen BIP aus. Langfristig ist das Modell Chimerica mit seinen extremen Ungleichgewichten nicht tragfähig, wie die Krise gezeigt hat. Kurzfristig aber gibt es dazu gar keine Alternative und das hat einen simplen Grund: Die USA sind bis auf Weiteres darauf angewiesen, dass die Chinesen amerikanische Schatzanweisungen kaufen, nach dem 800-Milliarden-Dollar-Konjunkturprogramm von Präsident Obama mehr denn je. Damit bekommen die chinesisch-amerikanischen Beziehungen eine neue Qualität. Washington wird, wenigstens bis zu einem gewissen Grad, erpressbar. Das kann eine Rolle in Wirtschaftsfragen spielen. Chinas Finanzsektor ist für Ausländer noch weitgehend verschlossen, die Regierung verfälscht mit Subventionen den Außenhandel. Die USA würden dies alles gerne ändern, haben aber unter den gegebenen Bedingungen kaum Druckmittel in der Hand.[66] Die neue Verletzlichkeit Washingtons kann sich aber auch zeigen, wenn es um Menschenrechtsverletzungen in Tibet geht oder um die Zukunft von Taiwan, um das Atomprogramm Irans oder die Politik der Vereinten Nationen gegenüber Nordkorea. Bisher haben sich die chinesischen Kommunisten in ihrer Außenpolitik pragmatisch und kooperativ gezeigt. Niemand aber weiß, was passiert, wenn einmal linksnationalistische Kräfte in Peking einen stärkeren Einfluss bekommen.

Aber auch Chinas Zukunft hängt von Amerika ab. An der Grundlinie der Führung in Peking scheint sich nichts geändert zu haben: Mindestens acht Prozent Wirtschaftswachstum braucht die Volksrepublik, um ihre sozialen Probleme einzudämmen und politischen Aufruhr zu vermeiden. Für dieses Jahr sagt der IWF 6,5 Prozent Wachstum voraus, für das nächste 7,5 Prozent.[67] Damit schneidet China zwar weit besser ab als alle anderen großen Volkswirtschaften der Welt, aus Pekinger Sicht ist damit aber noch nicht einmal das Akzeptable erreicht. Zwar hat die Regierung 2008 ein großes Konjunkturprogramm beschlossen, trotzdem geht die Exportstrategie unvermindert weiter. Der Leistungsbilanzüberschuss stieg im Frühjahr 2009 wieder und der

Yuan ist genauso unterbewertet wie vor der Krise. Das bedeutet: China baut weiter Währungsreserven auf, und die müssen notwendigerweise zum größten Teil in Dollar angelegt sein.[68]

Angst vor dem Staatsbankrott

Es war im Februar 2007, der Vorwahlkampf für die Präsidentschaft in Amerika hatte noch gar nicht richtig begonnen, da berichtete Hillary Clinton auf einer öffentlichen Veranstaltung von einem New Yorker, der sich mit folgender Frage an seine Senatorin richtete: „Wir verlieren so viele Jobs an die chinesische Konkurrenz, warum können wir China nicht härter angehen?" Clinton antwortete mit der Gegenfrage: „Wie wollen Sie Ihren Banker hart angehen?" Sie forderte den damaligen Finanzminister Henry Paulson und den Fed-Präsidenten Bernanke aus diesem Anlass auf, dafür zu sorgen, dass „ausländische Regierungen nicht einen zu großen Anteil unserer öffentlichen Schuld besitzen". Die Senatorin fügte hinzu: „Sollten Japan und China sich dafür entscheiden, ihre Dollar-Anlagen substanziell zu reduzieren, könnte dies eine Währungskrise zur Folge haben; die USA müssten die Zinsen erhöhen und die Voraussetzungen für eine Rezession schaffen."

Zwei Jahre nach dieser Warnung war Hillary Clinton Außenministerin der Vereinigten Staaten und reiste in dieser Funktion nach Peking, wo sie die dortige Regierung richtiggehend anflehte, mehr amerikanische Schuldtitel zu kaufen. „Wir werden in der Tat zusammen siegen oder zusammen untergehen", meinte sie im Interview eines chinesischen Fernsehsenders. „Indem sie weitere amerikanische Schatzanweisungen kaufen, erkennen die Chinesen unsere gegenseitige Verflechtung an."

Zwischen den beiden Äußerungen stehen der Ausbruch der Rezession und die Tatsache, dass Präsident Obama das größte Konjunkturprogramm der Geschichte aufgelegt hat.

Im laufenden Jahr dürfte das Staatsdefizit der USA auf über 13 Prozent des Bruttoinlandsprodukts steigen; das ist in Friedenszeiten ohne Beispiel. Zum Vergleich: Nach dem Stabilitätspakt der EU darf das Defizit der Mitgliedsländer in Normalzeiten 3,0 Prozent des BIP nicht übersteigen. Bis in den Sommer 2009 wurde das riesige Defizit ohne Probleme und ohne steigende Zinsen finanziert – weil die Chinesen weiter in großem Umfang amerikanische Staatspapiere kauften, weil die Wirtschaft am Boden lag und es für Anleger von der Dimension der chinesischen Zentralbank kaum Alternativen zu Staatstiteln der USA gab. Aber was wird sein, wenn es der Wirtschaft wieder besser geht? Was bedeutet das enorme Schuldenwachstum der USA dann für die Weltwirtschaft? Viele Europäer sehen die Vereinigten Staaten bereits am Rande der Pleite. Könnte Washington den Staatsbankrott erklären, wie dies schon die Regierungen von Argentinien, Ecuador, Island und anderen vorgemacht haben?

Die Frage ist, was man unter einem Staatsbankrott versteht. Tatsächlich ist der Gedanke, dass sich die Regierung in Washington in aller Form für zahlungsunfähig erklärt, so abwegig, dass man ihn getrost vergessen kann. Anders als Island können sich die Vereinigten Staaten unverändert in ihrer eigenen Währung verschulden, sie werden also nie in die Situation kommen, dass sich nur aufgrund einer Abwertung des Dollars ihre Schuldenlast vervielfacht. Außerdem ist der Schuldenstand der USA im internationalen Vergleich nicht einmal außergewöhnlich hoch. Nach einer Schätzung der Organisation für wirtschaftliche Zusammenarbeit und Entwicklung (OECD) werden die Gesamtschulden der USA bis 2010 bis auf 82,5 Prozent des BIP steigen. Das ist viel, aber im internationalen Vergleich nicht ungewöhnlich viel. Deutschlands Staatsschulden werden laut OECD 65,9 Prozent erreichen, die Japans sogar 177,0 Prozent.[69] Die Leistungsbilanz der Vereinigten Staaten beginnt sich zu normalisieren. Kurz vor Ausbruch der Finanzkrise, im Jahr 2006, entsprach das Defizit 5,9 Prozent des BIP, im Jahr 2010 dürfte der Anteil auf unter drei Prozent sinken. Der schwache Dollar und die Rezession haben dazu geführt, dass die Importe noch stärker zurückgegangen sind als die Exporte.

Eine ganz andere Frage ist, ob die USA eine schwere Krise der Staatsfinanzen mit unabsehbaren innenpolitischen Folgen werden vermeiden können. Und die Antwort auf diese Frage wird Präsident Obama beantworten müssen, sobald die schlimmsten Folgen der Großen Rezession beseitigt sind.

Das Problem ist, dass in den öffentlichen Finanzen der USA eine Zeitbombe tickt. Alle Politiker in Washington wissen das schon lange, aber keine Regierung hat bisher den Mut und die Kraft gefunden, zu handeln. Im letzten Wahlkampf war dies schon ein Thema gewesen. Sowohl Barack Obama als auch Hillary Clinton hatten im Wahlkampf die Steuersenkungen von George W. Bush – zu Recht – als unverantwortlich kritisiert, weil sie die Schuldenlast des Staates

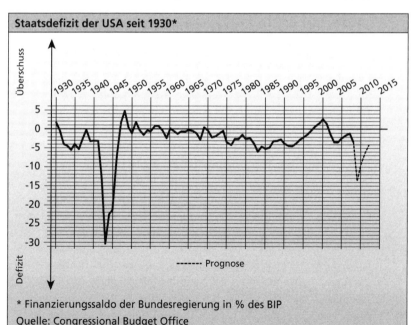

Staatsdefizit der USA seit 1930*

Überschuss / Defizit

------- Prognose

* Finanzierungssaldo der Bundesregierung in % des BIP
Quelle: Congressional Budget Office

erhöhten. Notenbankpräsident Ben Bernanke nahm im Januar 2007 eine Anhörung im Haushaltsausschuss des Senats zum Anlass, um vor einer Finanzkrise zu warnen. Den USA drohe ein „Teufelskreis" aus höheren Schulden und höheren Zinszahlungen. Und das war in einer Zeit, in der sich die Haushaltslage gerade gebessert hatte. Das Defizit war von 319 auf 248 Milliarden gesunken. Nun, in der Rezession, sehen alle damaligen Zahlen wie Nostalgiestücke aus einer besseren Zeit aus. Als dieses Buch abgeschlossen wurde, schätzte das Haushaltsbüro des Kongresses (CBO) das Defizit der Bundesregierung für das Fiskaljahr 2009 auf 1,8 Billionen Dollar; in den Jahren bis 2019, so die Experten des CBO, wird ein Defizit von 9,3 Billionen Dollar auflaufen. Auch in zehn Jahre wird sich die US-Regierung demnach noch jedes Jahr fünf Prozent des BIP auf dem Kapitalmarkt leihen.[70] Wenn schon vor der Rezession eine Krise der Staatsfinanzen drohte, wie sieht die Gefahr aus, wenn das Staatsdefizit so hoch ist wie noch nie seit 1945?

Dahinter liegt ein tiefes Strukturproblem. Wie in anderen Industrieländern auch droht in den Vereinigten Staaten das staatliche System der sozialen Sicherung langfristig zusammenzubrechen, weil das Durchschnittsalter der Amerikaner steigt und damit die Kosten des Systems. Der Zeitpunkt kommt später als in Deutschland, weil die USA mehr Einwanderer haben und Amerikaner im Durchschnitt immer noch mehr Kinder bekommen als die Deutschen. Dafür ist das System insgesamt ineffizienter, und es wurde bisher weniger Vorsorge für die Zukunft getragen. Die soziale Sicherung steht in den USA auf drei Säulen: der Rentenversicherung („Social Security"), der Krankenversicherung für Rentner („Medicare") und der Krankenfürsorge für Arme („Medicaid"). Derzeit gibt die Regierung für die drei Einrichtungen zusammen 8,5 Prozent des BIP aus, bereits 2015 dürften es 10,5 Prozent sein, danach wird sich der Anstieg noch beschleunigen. Für diese Entwicklung ist nirgendwo im Etat Vorsorge getragen. Es gibt nur zwei Wege aus der

Falle: Steuererhöhungen, Leistungskürzungen oder eine Kombination von beidem. Was immer die Regierung machen wird, es ist unpopulär, deshalb wurden Reformen immer wieder hinausgeschoben. Jetzt drängt die Zeit. „Je länger wir warten, desto drakonischer, desto schwieriger wird es werden. Ich denke, der richtige Zeitpunkt für eine Reform wäre vor zehn Jahren gewesen", sagte Bernanke schon im Januar 2007. Dieses Strukturproblem wird jetzt durch die Rezession und deren Folgen noch potenziert.

Um die mittelfristige Gefahr für die öffentlichen Finanzen zu erkennen, muss man sich die offiziellen Zahlen genauer ansehen. Nach der Schätzung des CBO wird das Defizit im Fiskaljahr 2009 bei genau 1,845 Billionen Dollar liegen. Diese Zahl setzt sich zusammen aus einem Defizit „im Budget" („on budget") von 1,975 Billionen Dollar und einem Überschuss „außerhalb des Budgets" („off budget") von 130 Milliarden Dollar. Der Off-Budget-Überschuss entsteht dadurch, dass die Amerikaner derzeit noch deutlich mehr in ihre Sozialversicherung einzahlen, als sie in der Summe an Renten bekommen. Dieser Überschuss fließt in einen Fonds („Social Security Trust Fund"), aus dem die Renten dann gezahlt werden sollen, wenn die Rentenansprüche höher als die Beiträge sind. Nach gegenwärtigen Schätzungen wird das im Jahr 2025 sein. Weil dieses Datum noch so weit weg zu liegen scheint, war der Handlungsanreiz für Politiker nicht besonders groß. Tatsächlich steckt hinter dem Fonds aber eine Illusion. In Wirklichkeit bildet der Sozialversicherungsfonds gar kein Vermögen, sondern ist nur eine buchhalterische Einrichtung; für seine Verbindlichkeit steht die amerikanische Regierung gerade. Seine heutigen Überschüsse schönen den Etat Washingtons, seine Defizite werden ihn in Zukunft belasten. Und die Stunde der Wahrheit wird schon viel früher kommen als 2025. Weil die Ausgaben für die anderen Teile des amerikanischen Sozialstaats, die Krankenversicherung der Alten und Armen, so schnell steigen, wäre die Lage für den Etat auch unter normalen Bedingungen schon gegen Ende einer möglichen zweiten Amtszeit Barack Obamas kritisch geworden. Wegen der beispiellosen Defizite, die die Rezession verursacht hat, wird die Sanierung des Staatshaushalts nun zum zentralen Thema seiner Präsidentschaft werden.

Die Illusion der Ära Bush bestand darin, man könne die Probleme einfach durch Steuersenkungen lösen. Obama wird, unter ungleich schwierigeren Voraussetzungen, mit allen Illusionen aufräumen müssen. Der Staatshaushalt wird nicht ohne höhere Steuern zu sanieren sein, aber auch nicht ohne Leistungskürzungen. Die politische Aufgabe ist gigantisch: Haushaltssanierung ist extrem unpopulär in beiden politischen Lagern. Zu Beginn seiner Amtszeit hatte der Präsident einen Hebel, der ihm die Durchsetzung von Entscheidungen erleichterte: Er konnte viel Geld über sein Konjunkturprogramm verteilen. In Zukunft wird er unter großen Mühen Mehrheiten für das Notwendige finden müssen. Beginnt er zu früh, wird der Aufschwung gefährdet, beginnt er zu spät, wird die Regierung mit höheren Zinsen und steigenden Kosten für die Finanzierung der Staatsschuld bestraft.

All dies bedeutet: Es wird keinen Staatsbankrott geben, aber eine lange, schwierige Phase der Anpassung, in der der Staat das Wachstum eher bremst als fördert.

Angst vor der Inflation

Jedes Jahr am ersten Wochenende im Mai reisen Kapitalanleger aus der ganzen Welt nach Omaha, einer relativ langweiligen Stadt in Nebraska. Sie feiern das, was ein Beobachter früher einmal das „Woodstock des Kapitalismus" genannt hat: die Hauptversammlung von Berkshire Hathaway, der Finanzholding des großen Investors Warren Buffett. Eigentlich ist es gar nicht so sehr eine Hauptversammlung, auf der über Anträge der Aktionäre abgestimmt wird, sondern einfach ein Volksfest: Die Aktionäre feiern sich, Warren Buffett und den gemeinsamen Erfolg. Zum Ritual gehört es zum

Beispiel, dass die Aktionäre fünf Stunden lang ihr Idol und dessen Stellvertreter Charlie Munger zu Fragen des Unternehmens, der Wirtschaft und ihrer Philosophie ganz allgemein befragen können. Im Mai 2009 war es wieder so weit: 35 000 Besucher kamen in die zentrale Sporthalle von Omaha, das Qwest Center, so viele wie noch nie. Und das, obwohl die Zeiten alles andere als gut waren. Auch Berkshire hatte schwer unter der Rezession gelitten; die Holding hatte das schlechteste Jahr ihrer Geschichte hinter sich, der Aktienkurs war seit September 2008 um 30 Prozent gesunken.

Aber niemand kreidete Buffett dies an. Wie in jedem Jahr fragten die Aktionäre um Rat und wollten seine Ansichten zur Zukunft der Wirtschaft hören. „Wie soll ich mich vor den Folgen der Inflation schützen", wollte zum Beispiel ein elfjähriger Junge wissen. Die Antwort war typisch Buffett und eine der interessantesten der ganzen Veranstaltung. „Es ist sicher, dass wir nach einer gewissen Zeit Inflation haben werden", sagte er. „Wir bauen eine hohe Auslandsschuld auf. Die Politiker reden immer davon, dass die Steuerzahler für dies und jenes aufkommen müssen – aber wir haben doch die Steuern gar nicht erhöht. In Wirklichkeit verlangen wir ja weniger von den Steuerzahlern. Die Leute, die wirklich zahlen werden, sind die, die in festverzinsliche Wertpapiere der Regierung investiert haben. Deshalb sind es vermutlich die Chinesen, die am meisten bezahlen müssen, in Form des Verlusts von Kaufkraft, die in ihren Anlagen in US-Anleihen stecken. Es hört sich besser an, wenn man sagt, die Steuerzahler kommen dafür auf, als wenn man zugibt, dass es die Chinesen sein werden. Der Preis, der letztlich für all das fällig wird, ist der sinkende Wert von festverzinslichen Dollar-Anlagen."

Dem elfjährigen Jungaktionär riet Buffett: „Der beste Schutz gegen Inflation ist deine eigene Kraft, Einkommen zu schaffen. Wenn du der Beste bist in dem, was du tust, dann wirst du dir immer die nötigen Güter und Dienstleistungen sichern können. Du bekommst deinen Anteil am BIP, ganz unabhängig vom Wert der Währung. Der zweitbeste Schutz ist ein wunderbares Geschäft." Buffetts Vize Charlie Munger fügte noch den Satz hinzu: „Der junge Mann soll Gehirnchirurg werden und in Coca-Cola statt in Staatsanleihen investieren."

Auf ihre etwas rumpelige Art haben Buffett und Munger in Omaha eines der zentralen Probleme der kommenden Jahre angesprochen: Wie sieht es mit dem Wert des Dollars aus nach all dem Geld, das die Notenbank seit Beginn der Krise gedruckt hat, und nach all den Staatsschulden, die in Rekordzeit neu angehäuft wurden? Einem steilen Anstieg der Staatsschulden folgte in der Geschichte häufig Inflation. Die Notenbank hat immer mehr und immer riskantere Wertpapiere aufgekauft und so Liquidität in die Wirtschaft gepumpt. Die Bilanz wurde auf zwei Billionen Dollar aufgebläht, allein 500 Milliarden Dollar davon sind Schatzanweisungen (Stand: April 2009). Das heißt: Die Fed hat der Regierung direkt Kredit gegeben, die simpelste Art und Weise für eine Notenbank, Geld zu schöpfen. Der Leitzins, die Federal Funds Rate, bewegt sich in einem Korridor zwischen 0,0 und 0,25 Prozent, ein historischer Tiefststand. All dies macht Geld so billig wie noch nie – und das nach einer Krise, die durch billiges Geld ausgelöst wurde. Wie gefährlich ist dieser Kurs?

Kurzfristig gibt es zu der Politik der Fed keine ernsthafte Alternative. Durch den Zusammenbruch des Kreditmarkts im privaten Finanzsektor wurden Billionen Dollar vernichtet; die Fed und die anderen Notenbanken machten nichts anderes, als diese Schrumpfung der Geldmenge auszugleichen. Hätte sie es nicht gemacht, wäre die Geldmenge dramatisch geschrumpft, so wie in der Weltwirtschaftskrise nach 1930. Die Folge wäre Deflation gewesen, also ein Preisrückgang auf breiter Front, und der Absturz der Wirtschaft in die Depression. Eine akute Inflationsgefahr gibt es nicht. Im März, nach anderthalb Jahren Lockerung der Geldpolitik, stiegen die Verbraucherpreise um 0,5 Prozent; das ist de facto Preisstabilität. Wenn sich die Wirtschaft erholt, kann die Fed die Entwicklung leicht und schnell umdrehen: Sie muss nur ihre Bilanz verkürzen, Schatzanweisungen und andere Wertpapiere verkaufen und die Zinsen erhöhen.

Die große Frage ist: Wird sie das tun?

Im Lehrbuch sieht die Sache sehr einfach aus: Sobald die Wirtschaft wieder wächst und die Geldmenge schneller steigt als mit Preisstabilität verträglich, dann muss Geld verknappt werden. Die tatsächliche Entscheidungssituation ist aber viel komplizierter: Die Notenbank muss aufpassen, dass sie Daten nicht missdeutet, zu früh auf einen Aufschwung setzt und die Wirtschaft so abwürgt. Der richtige Augenblick ist entscheidend. Aber auch die Lage der Staatsfinanzen ist nicht irrelevant. Wenn die Fed in großem Umfang Schatzanweisungen verkauft, sinkt deren Kurs und die Zinsen steigen damit automatisch. Die Finanzierung der Staatsschuld wird auf diese Weise teurer. Die Folgen können gewaltige Dimensionen annehmen. Wenn die Zinsen im nächsten Jahr auch nur auf ein im historischen Maßstab durchschnittliches Niveau steigen, könnten die Zinszahlungen des amerikanischen Staates vier Prozent des BIP erreichen. Der Schuldendienst würde dann genauso teuer wie der gesamte Verteidigungsetat. Zwar ist die Fed unabhängig und kann ihren Kurs ohne Einmischung der Regierung bestimmen, aber auch Notenbanker sind der öffentlichen Meinung ausgesetzt. Es gibt zwei extreme Szenarien. Nach dem ersten überschätzt die Fed die Konjunktur: Sie versucht, Inflationsgefahren zu begegnen, die es noch gar nicht gibt. Dann verteuert sie das Geld zu früh, stoppt den Aufschwung und löst eine Deflation aus. Die Folge könnte eine lang anhaltende Wirtschaftsschwäche sein, wie sie Japan in den 90er-Jahren erlebt hat. Nach dem zweiten Szenario nimmt die Fed zu sehr auf die öffentliche Meinung Rücksicht und lässt zu, dass sich Inflationserwartungen in der Wirtschaft verfestigen. Dann könnten sich die 70er-Jahre wiederholen, eine Zeit ebenfalls stagnierender Wirtschaft, gepaart aber mit hoher Geldentwertung.

Keines dieser Szenarien ist völlig ausgeschlossen, aber beide sind unwahrscheinlich. Alle Äußerungen von Ben

Bernanke und anderen Verantwortlichen der Fed zeigen, dass sie sich beider Gefahren bewusst sind. Die Folgen einer regelrechten Inflationspolitik wären so verheerend, dass Fed und Regierung sie unter allen Umständen vermeiden werden. Am plausibelsten erscheint es, dass die Entwicklung irgendwo dazwischen liegen wird, dass der Weltwirtschaft eine längere Phase bevorsteht, in der die Gefahr der Inflation ebenso präsent ist wie die eines erneuten Rückfalls in die Rezession, und dass Notenbanker und Politiker versuchen werden, sich irgendwie durchzuschlängeln. Auch die Notenbanken müssen sich neu erfinden. Das alte Konzept, es reiche aus, die Geldmenge mittels kurzfristiger Zinsen richtig zu steuern, um Preisstabilität zu erreichen, ist obsolet. Schließlich hatte sich die Fed nach dem alten Konzept vor der Großen Rezession vollkommen korrekt verhalten und konnte doch eine Spekulationsblase mit katastrophalen Folgen nicht verhindern. Geldpolitik wird politisierter und unberechenbarer sein als in den vergangenen 20 Jahren.

Erste Warnsignale von den Finanzmärkten gab es bereits im Frühsommer. Die Zinsen für US-Staatsanleihen begannen unerwartet schnell zu steigen. Die Rendite von Anleihen („Treasuries") mit zehnjähriger Laufzeit, die im Januar auf etwas mehr als zwei Prozent gesunken war, stiegen bis Anfang Juni auf vier Prozent. Das war einmal ein Stück Normalisierung: Die Anleger beendeten die Flucht in sichere Staatspapiere und wagten sich wieder auf die Aktienmärkte, was automatisch zu sinkenden Anleihenkursen und steigenden Renditen führt. Der Anstieg kann aber auch bereits Ausdruck von Inflationserwartungen sein: Investoren erwarten Aufschläge, um die drohende Teuerung auszugleichen. Diese Furcht könnte im Extremfall zu einem frühen Ende des Aufschwungs führen: Kredite werden so teuer, dass die Rückkehr der Hauskäufer auf die amerikanischen Immobilienmärkte gestoppt wird und der Preisverfall dort weitergeht. Auch neue Investitionen werden auf diese Weise verhindert. Es ist von elementarer Bedeutung, dass es der Federal Reserve gelingt, dieser Inflationsfurcht zu begegnen.

KAPITEL 13

Die unverzichtbare Nation

> „Wir sind die unverzichtbare Nation. Wir stehen aufrecht.
> Wir blicken weiter in die Zukunft."
> Madeleine Albright, US-Außenministerin 1997

Es war eine der tragikomischen Episoden, die das Ende der Ära George W. Bush markierten. An einem Aprilmorgen des Jahres 2007 versammelten sich die in Washington akkreditierten Wirtschaftsjournalisten zu einer Pressekonferenz in der Weltbank. Eigentlich ein nicht sonderlich aufregendes Routineereignis, bei dem Weltbank-Präsident Paul Wolfowitz, wie jedes Jahr, zu Beginn der Frühjahrstagung von Weltbank und Internationalem Währungsfonds zu Fragen der Entwicklungspolitik Stellung nehmen sollte. Doch in diesem Jahr war alles anders. Wolfowitz saß vor den Journalisten und Kameraleuten wie ein Student vor einer Prüfungskommission, der weiß, dass er bereits durchgefallen ist. Mit gebeugtem Haupt verlas er eine kurze Erklärung und blickte kaum auf dabei. Einzig seine Hände kreisten unablässig wie im Zustand wachsender Verzweiflung.

Niemand interessierte sich an diesem Morgen für die Politik der Weltbank in Afrika, und alle für den Gehaltszettel von Shaha Riza. Frau Riza war bis vor Kurzem Kommunikationschefin in der Nahost- und Nordafrikaabteilung der Weltbank gewesen. Und außerdem war sie die Freundin von Wolfowitz. Den Gehaltszettel hatten die meisten Journalisten längst aus dem Internet heruntergeladen und wussten daher, dass Riza am 19. September 2005, zwei Monate nach dem Amtsantritt von Wolfowitz, einen Gehaltssprung von 132 660 auf 180 000 Dollar im Jahr gemacht hatte. Eine Summe, die bald danach auf 193 590 Dollar aufgestockt wurde – steuerfrei, denn Weltbank-Mitarbeiter genießen den Status von Diplomaten. Wolfowitz sprach von einem „schmerzlichen persönlichen Dilemma", in das er gekommen sei, als er plötzlich der Vorgesetzte seiner langjährigen Freundin geworden war. Er habe versucht, Interessenkonflikte und rechtliche Risiken zu vermeiden. Im Nachhinein wisse er, dass er sich besser aus deren Karriere herausgehalten hätte. „Ich habe einen Fehler gemacht, das tut mir leid." Und dann sagte der Präsident noch einen Satz, den wichtigsten vielleicht: „Jenen, die mich kritisieren wegen Dingen, die mit meinem früheren Job zusammenhängen, sage ich: Ich bin nicht mehr in meinem früheren Job."

Damit hatte Wolfowitz genau sein Dilemma an der Spitze der Weltbank beschrieben. Sein früherer Job war der des stellvertretenden Verteidigungsministers der Vereinigten Staaten unter Präsident Bush und Verteidigungsminister Donald Rumsfeld gewesen. Und dieser Job ließ ihn in Wirklichkeit nie mehr los; der Dämon des Irakkrieges, dessen Architekt er war, verfolgte ihn auch bei der Weltbank bis ans bittere Ende. Dass seine Präsidentschaft ausgerechnet wegen des Gehalts seiner Freundin scheiterte, hatte etwas Groteskes an sich. Wolfowitz, einer der Vordenker der amerikanischen Neokonservativen, verfolgte bei der Weltbank ein ehrgeiziges Programm zur Bekämpfung der Korruption. Dieser Kampf war durchaus gut begründet. Hilfe für Entwicklungsländer bleibt oft deshalb ohne Wirkung, weil die Millionen in dunklen Kanälen verschwinden und später auf Privatkonten in Steueroasen wieder auftauchen. Doch alles, was Wolfowitz auf dem Gebiet unternahm, stand unter dem Generalverdacht, er wolle in Wirklichkeit amerikanische Außenpolitik betreiben und die Weltbank für seine Ideologie instrumentalisieren. Ein Beispiel: 2006 setzte die Weltbank ihre Hilfe für die Republik Usbekistan aus. Dafür dürfte es gute Gründe gegeben haben – Usbekistan steht in der Rangliste von Transparency International an 151. Stelle und ist damit eines der korruptesten Länder der Erde. Nur hatte die usbekische Regierung kurz vorher eben auch die amerikanischen Truppen zum Verlassen des Landes aufgefordert. Wer hätte Wolfowitz unter den gegebenen Voraussetzungen sei-

ne Versicherung abnehmen sollen, dass das eine mit dem
anderen nichts zu tun hat?

Und nun hing ihm wegen Shaha Riza selbst der Geruch
der Korruption an. Nicht nur das: Die Exekutivdirektoren
der Weltbank bezichtigten ihren Präsidenten indirekt, die
Unwahrheit gesagt zu haben. Eigentlich war der Fall aus
persönlicher Sicht einfach traurig. Shaha Riza, vor 54 Jahren in Libyen geboren, ist eine angesehene Ökonomin, Poli-
tologin und Menschenrechtlerin; sie und Wolfowitz waren
ein Paar, schon lange ehe dieser zur Weltbank kam. Als ihn
Präsident Bush 2005 für den Posten nominierte, tat er zunächst das Richtige: Er wies die Exekutivdirektoren, die als
eine Art Aufsichtsrat der Bank fungieren, auf mögliche Interessenkonflikte hin. Es wurde beschlossen, dass es besser
für alle Beteiligten wäre, wenn Riza woanders arbeiten würde. Riza bestand auf einer Entschädigung für diesen un-
freiwilligen Jobwechsel und bekam ihn auch: Sie wechselte,
ausgestattet mit der genannten Gehaltserhöhung, ins amerikanische Außenministerium. Hier beging Wolfowitz den
entscheidenden Fehler: Er mischte sich in die Details der
Versetzung ein. Das war instinktlos und gegen die Regeln.
Allerdings sind Politiker schon nach weitaus größeren Ver-
fehlungen im Amt geblieben.

Tatsächlich war das Problem nicht Shaha Riza, es war
Paul Wolfowitz selbst. Die Mitarbeiter der Weltbank und
eine Mehrheit der Mitgliedsstaaten warteten auf nichts
sehnlicher als auf eine Gelegenheit, den ungeliebten Chef
loszuwerden. Und diese Gelegenheit kam mit der Gehalts-
affäre im Frühjahr 2007. Wolfowitz musste am 30. Juli
2007 unter demütigenden Umständen aus dem Amt schei-
den.

Die Affäre Wolfowitz war im Kleinen, was die Ära Bush
für die internationalen Beziehungen im Großen war: eine
Phase, in der sich die mächtigste Nation der Welt zunehmend isolierte und selbst beschädigte. Schon die Ernennung
von Wolfowitz war problematisch. Zwar steht nach einem
ungeschriebenen – und angesichts der Entwicklung der

Weltwirtschaft immer fragwürdigeren – Gesetz den USA das Amt des Weltbank-Präsidenten zu, während die Europäer den Vorsitz des Internationalen Währungsfonds für sich reklamieren. Aber Wolfowitz' Nominierung war eine Provokation für den Rest der Welt. Der Neokonservative gehörte zu den prominenten Exponenten eines amerikanischen Unilateralismus, der Idee also, dass die Vereinigten Staaten ihre politischen Ziele notfalls auch ohne oder sogar gegen ihre Verbündeten durchsetzen sollten. Und so jemand an der Spitze einer wichtigen multilateralen Organisation, einer Organisation zudem, die unter heftigem Beschuss durch Konservative im amerikanischen Kongress und der Öffentlichkeit stand? Die Regierungen in Europa, besonders in Berlin und Paris, hatten erhebliche Bedenken, aber sie wollten nach dem Streit um den Irakkrieg und dem transatlantischen Zerwürfnis deswegen die Beziehungen mit Washington nicht weiter belasten. Daher ließen die Mitglieder der Weltbank George W. Bush seinen Willen, halb widerwillig, halb resignierend.

Die Welt der internationalen Organisationen hat sich seither radikal gewandelt. Wolfowitz' Nachfolger wurde Robert Zoellick, ein moderater Republikaner, der als Diplomat in einer Zeit geformt wurde, als Washington versuchte, vornehmlich durch Diplomatie seine Ziele zu erreichen. Zoellick war Chefunterhändler des älteren George H. W. Bush bei den „Zwei-plus-vier-Verhandlungen", die 1990 zur deutschen Wiedervereinigung führten. Es war auch seinem Verhandlungsgeschick zu verdanken, dass Großbritannien und Frankreich ihren Widerstand gegen den Beitritt der DDR zur Bundesrepublik aufgaben und dass das vereinte Deutschland in der NATO bleiben konnte. Nach Zoellicks Amtsantritt kehrte die Weltbank schnell zur Normalität zurück, genauer: Ihr Programm, Hilfe für die Dritte Welt, ist in der Rezession so aktuell wie nie zuvor. Die Explosion der Lebensmittelpreise trieb schätzungsweise 150 Millionen Menschen in der Dritten Welt in die Armut, in der Weltrezession könnten weitere 50 Millionen dazukommen. Die

Weltbank ist in ihrer eigentlichen Aufgabe gefordert: Hilfe und Kredite für die Dritte Welt.

Die Affäre Wolfowitz markierte auch deshalb einen Wendepunkt in den Beziehungen Amerikas zur Welt, weil sie mit dem Beginn der globalen Krise zusammenfiel. Im Jahr 2007 endete die Illusion von der Allmacht der alleinigen Supermacht. „Wir können noch allein eine Krise auslösen, aber wir können sie nicht mehr alleine lösen", sagte ein führender Diplomat aus dem US-Außenministerium im Frühjahr 2009.

Es ist ein Einschnitt, dessen Folgen noch gar nicht absehbar sind. Nach dem Ende des Kalten Krieges waren die Vereinigten Staaten tatsächlich in einer beispiellosen Situation gewesen, als eine Supermacht, zu der es keinerlei Gegengewicht mehr gab. Die Präsidenten George H. W. Bush und Bill Clinton versuchten mit dieser Macht behutsam umzugehen. Clintons Außenministerin Madeleine Albright prägte zwar den Satz von Amerika als der „unverzichtbaren Nation", aber sie verstand diese Rolle eher als eine Verpflichtung, unangenehme Dinge auf sich zu nehmen, nicht so sehr als Rechtfertigung dafür, rücksichtslos in der Welt vorzugehen. Unter George W. Bush änderte sich das von Grund auf. Es begann das, was europäische Diplomaten die „bleierne Zeit" nennen: Zwischen der amerikanischen Regierung und den Verbündeten erstarb der Dialog. „Es gibt zwei Typen von Diskussionen. Die eine findet statt, wenn die Amerikaner im Raum sind, die andere, wenn sie draußen sind." So beschrieb Kishore Mahbubani, der frühere Außenminister Singapurs, das damalige Klima.[71] Die Amerikaner hätten in einem „Kokon" gelebt und nicht gemerkt, wie sich die Stimmung in der Welt gegen sie gewendet habe. Ein deutscher Diplomat berichtet von einem typischen Vorfall aus der Zeit kurz vor Beginn des Irakkrieges: „Ich wurde zu einer Beamtin ins State Departement gebeten und rechnete damit, dass die US-Regierung die deutsche Position zur Lage im Nahen Osten näher kennenlernen wollte. Tatsächlich hielt mir die Beamtin 20 Minuten einen Vortrag über die amerikanische Position und ließ mich dann alleine im Zimmer zurück." Ein Mitarbeiter der EU-Kommission sagte: „Wenn wir mit amerikanischen Regierungsvertretern zusammentreffen, reden die und wir hören zu – wir widersprechen kaum einmal und äußern auch nicht unsere Meinung, weil sie sie einfach nicht annehmen können. Sie wiederholen einfach die amerikanische Position, so wie der Tourist, der denkt, er müsse nur lauter und langsamer reden, damit ihn alle verstehen."

Präsident Obama hat die bleierne Zeit der amerikanischen Diplomatie beendet und versucht mit Gesten und politischen Schritten, sich den Freunden – und auch den Gegnern – Amerikas neu zu nähern. Aber die Zeit der Sprachlosigkeit hat weitreichende Folgen, auch und vor allem in Wirtschaftsfragen. Unter George W. Bush haben die USA die Meinungsführerschaft verloren, wenn es um die Weltwirtschaft geht.

Ein Beispiel ist der Internationale Währungsfonds (IWF). Im vergangenen Vierteljahrhundert stand der IWF immer wieder im Zentrum der Ideologiekritik von links und rechts. Konservative Republikaner in Washington hielten den Fonds für eine überflüssige Institution, die Regierungen und Kapitalgeber in aller Welt nur zu Leichtsinn ermutige. Linke Globalisierungskritiker warfen ihm dagegen vor, nur die Interessen der USA und der anderen Industrieländer zu vertreten und die Entwicklungsländer mit falschen Rezepten ins Elend zu treiben. Dieser IWF machte nun im Zuge der Weltrezession eine Wandlung durch, die kurz vorher noch undenkbar gewesen wäre.

Kurz nach dem Rücktritt von Weltbank-Präsident Wolfowitz, im Oktober 2007, gab auch der Geschäftsführende Direktor des IWF, der Spanier und Bush-Freund Rodrigo Rato, sein Amt auf. Nachfolger wurde ein Franzose, der sozialistische Finanzpolitiker Dominique Strauss-Kahn. Der langjährige Finanzminister war einer der Architekten der Europäischen Währungsunion und hatte einen Ruf als ausgewiesener Pragmatiker. Unter Strauss-Kahn wurde der IWF zu einer treibenden Kraft der Krisenpolitik. Die Organisation trieb die Vereinigten Staaten und die anderen Mitgliedsländer vor sich her. Ein Einschnitt war der 12. März 2008. An diesem Tag forderte Strauss-Kahns Stellvertreter, der Amerikaner John Lipsky, auf einer Konferenz in Washington „entschlossene Maßnahmen" der Politiker auf der ganzen Welt gegen die sich verschärfende Wirtschaftskrise. Sie sollten „das Undenkbare denken" und sich auf massive Konjunkturprogramme einstellen, um den Absturz zu stoppen.[72] Das „Undenkbare" ist heute längst Realität, in den Vereinigten Staaten, in Europa und China haben die Regierungen Billionen Dollar in die Wirtschaft gepumpt. Im Frühjahr 2008 galt Lipskys Aussage jedoch noch als ungeheuerlich. Es war der IWF, der den Paradigmenwechsel in der Weltpolitik eingeleitet hat, und das ist alles andere als eine Nebensache. Bis zum Amtsantritt von Strauss-Kahn wurde die Politik des Fonds von dem sogenannten „Washington Consensus" geleitet. Es handelte es sich dabei um zehn Grundsätze, an denen sich Hilfsprogramme des IWF für Länder in Zahlungsschwierigkeiten orientierten:

1. Haushaltsdisziplin, jedes Land sollte möglichst sein Budgetdefizit abbauen,

2. Abbau von Subventionen,

3. Senkung von Spitzensteuersätzen,

4. Einführung von Marktzinsen,

5. Wechselkurse, die dem Markt entsprechen,

6. Liberalisierung von Importen und Exporten,

7. Freiheit für Direktinvestitionen,

8. Deregulierung,

9. Privatisierung,

10. Schutz von Eigentumsrechten.

Formuliert hatte den „Washington Consensus" 1989 ein Ökonom namens John Williamson, der beim Institute for International Economics, dem heutigen Peterson Institute, in Washington arbeitete. Der Konsens wurde niemals offiziell verkündet, aber er bestimmte implizit das Denken der Experten in ihrer täglichen Arbeit und war Gegenstand unzähliger Proteste von Regierungsgegnern in den betroffenen Ländern und von Dritte-Welt-Gruppen. Mehr oder weniger konsequent galt der Konsens ein Vierteljahrhundert lang, bis zu jenem 12. März 2008, als in Washington das „Undenkbare" gedacht wurde. Der Konsens wurde auch danach nicht widerrufen, er war in der Rezession einfach obsolet geworden. Der IWF hat ihn „weit hinter sich gelassen", wie Strauss-Kahn sagte.[73] Bei einigen Hilfsprogrammen, etwa für Ungarn oder Pakistan, akzeptierten die Experten ausdrücklich höhere Staatsdefizite, damit die Regierungen bessere Sozialsysteme finanzieren konnten. Vor der Finanzkrise wäre das undenkbar gewesen.

Heute ist der Glaube an die Selbstregulierung der Märkte längst Vergangenheit, der Staat ist als aktiver Gestalter der Wirtschaft auf die Weltbühne zurückgekehrt. Vergangen ist auch die Idee, die USA könnten alleine den Takt in der Weltwirtschaft vorgeben. Amerikaner sind, ebenso wie Westeuropäer, darauf angewiesen, dass der IWF all die Länder stabilisiert, die als Folge der Finanzkrise vor der Zahlungsunfähigkeit stehen: Island, Ungarn, die Ukraine, Pakistan. Die Folgen für die Industrieländer wären verheerend, würde auch nur ein größerer Staat unter der Last seiner Auslandsschulden zusammenbrechen. Innerhalb des IWF ändern sich die Machtverhältnisse. Noch sind die Vereinigten Staaten mit einem Stimmanteil von 16,77 Prozent das bei Weitem einflussreichste Mitgliedsland des IWF, und sie werden es auch weiter bleiben. Aber China ist mit 3,66 Prozent nach Japan, Deutschland, Frankreich und Großbritannien bereits die Nummer sechs. Und diese Zahl untertreibt den tatsächlichen Einfluss der Aufsteigernation. China hat die höchsten Währungsreserven der Welt, seine Wirtschaft wird 2009 trotz Krise um 6,5 Prozent wachsen. Und die Regierung in Peking ist gewillt, ihren Einfluss auszubauen. Einen klaren Hinweis darauf gab der Vorstoß der chinesischen Zentralbank, die Rolle des Dollars in den internationalen Wirtschaftsbeziehungen zu verringern.

Auch außerhalb von IWF und Weltbank verschieben sich die Gewichte. Bisher hat die Gruppe der sieben reichsten Industrieländer (G 7) als eine Art Koordinierungsausschuss der Weltwirtschaft fungiert. So war es auch diesmal, als die heiße Phase der Krise begann. Am 11. Oktober 2008 einigten sich die Finanzminister der G 7 am Rande der Jahrestagung von IWF und Weltbank darauf, weltweit Banken durch Kapitalspritzen vor dem Zusammenbruch zu bewahren. Der Beschluss beruhigte die Finanzmärkte und wendete erst einmal eine Panik ab. Die Gruppe der G 7 hatte noch einmal funktioniert. Aber unmittelbar danach verlagerte sich der Schwerpunkt der Krisenpolitik von den G 7 zu den wesentlich größeren G 20. Den ersten Weltfinanzgipfel der G 20 hatte noch der scheidende George W. Bush nach Washington einberufen. Der zweite Gipfel fand bereits am 2. April 2009 in London statt. Dabei wurde eine umfassende Kapitalerhöhung für den IWF und die Neuregulierung der globalen Finanzmärkte beschlossen. Es gibt kaum noch einen Zweifel: Die G 7 verlieren langsam ihre Relevanz für die Weltwirtschaft, ganz einfach, weil einige der wichtigsten Wirtschaftsmächte dem Klub nicht angehören. In den G 20 hingegen sind neben den klassischen westlichen Industrienationen auch wichtige Schwellenländer vertreten: China, Mexiko, Indien, Südkorea, Brasilien, Südafrika, Indonesien, Russland, Türkei, Saudi-Arabien, Argentinien, dazu das bisher auf der internationalen Bühne vernachlässigte Industrieland Australien. Außerdem hat die Europäische Union einen eigenständigen Vertreter.

Damit ist die internationale Wirtschaftspolitik einfacher und komplexer zugleich geworden. Die G 20 haben den Vorteil, dass die Auswahl der Mitglieder wesentlich repräsentativer für die heutige Welt ist als die der G 7: Alle Kon-

tinente sind vertreten, Schwellenländer ebenso wie roh-
stoffreiche Staaten und klassische Industrieländer. Der Vorteil ist aber auch der Nachteil: Die Gruppe ist eigentlich zu
groß, Proporz hat bei der Zusammenstellung erkennbar
eine Rolle gespielt, einige Staaten können wenig zur Lösung
globaler Probleme beitragen: die Türkei etwa oder auch
Südkorea. Vor allem aber sind die politischen und gesellschaftlichen Bindungen unter den G-20-Mitgliedern viel lo-
ckerer als die in den G 7. Die sechs westlichen Industriestaaten
einschließlich Japans haben mehr gemein, als ihnen oft bewusst ist. Alle sind Demokratien, alle haben einen vergleichbaren ökonomischen Entwicklungsstand, alle sind durch
militärische Bündnisse aneinandergebunden. Die G 20 dagegen sind heterogen. Das Pro-Kopf-Einkommen im reichsten Mitgliedsland, den USA, liegt bei 48 000 Dollar im Jahr,
das im ärmsten, Indonesien, bei 3 900 Dollar. China ist eine
Parteidiktatur, Saudi-Arabien eine Autokratie, Russland
eine halbe Demokratie mit mehr und mehr autoritären
Zügen.

Aus all dem schließen manche, dass nun endlich, nach
vielen Fehlprognosen, wirklich das Ende des „amerikanischen Zeitalters" gekommen sei. 20 Jahre nach dem Ende
des Kalten Krieges sehen die USA tatsächlich nicht wie die
Sieger der Geschichte aus, sondern befinden sich in einer
Phase größter ökonomischer Schwäche. China setzt als po-
tenzieller Rivale in der Weltmachtposition seinen Aufstieg
fort. „Die Vereinigten Staaten befinden sich im Niedergang",
sagt zum Beispiel der Soziologe Richard Sennett.[74] Nun
steht Sennett im politischen Spektrum relativ weit links, aber
auch viele moderate und konservative Wissenschaftler teilen seine Meinung. Leslie H. Gelb, der frühere Präsident des
Council on Foreign Relations und Mitarbeiter von Präsident
Jimmy Carter, ist sogar noch präziser: „Die Vereinigten
Staaten sind im Niedergang begriffen als Nation und als
Weltmacht, ein seismisches Ereignis, das nur noch von Seuf-
zern und Kopfschütteln begleitet wird. (...) Der Niedergang
beginnt mit schwächeren Fundamentaldaten in den USA.

An erster Stelle stehen die Wirtschaft des Landes, die Infrastruktur, die öffentlichen Schulen; man hat das politische System verkommen lassen. Das führte zu nachlassender ökonomischer Kraft, eine weniger vitale Demokratie und Mittelmäßigkeit des Geistes.[75]

Es besteht kein Zweifel daran, dass sich die USA in einer tiefen politischen und wirtschaftlichen Krise befinden. Auch wenn die Rezession vorbei ist, wird sich ihr relatives Gewicht verringern, weil der Aufstieg vieler anderer Nationen weitergeht. Ein fundamentales Missverständnis wäre es jedoch, zu glauben, damit wäre die Führungsrolle der USA am Ende, oder gar, dass dies für den Rest wünschenswert sein könnte. Gerade in einer neuen „nicht polaren" Welt (so der Präsident des Council on Foreign Relations, Richard Haas) kommt es auf die USA mehr an denn je. In einem gewissen Sinne sind die Vereinigten Staaten heute noch mehr eine „unverzichtbare Nation" als in der Zeit, als sie als ökonomische Supermacht noch völlig unangefochten erschienen. Das zeigt allein die Begeisterung, mit der die Wahl Barack Obamas zum Präsidenten fast überall auf der Welt aufgenommen wurde. Die Welt erwartet etwas von Washington, jetzt erst recht. Die USA können die Probleme der Welt nicht alleine lösen, die Welt kann ihre Probleme aber auch nicht ohne die USA lösen.

Auch dies ist eine Lehre der großen Krise, die angesichts der großen Probleme Amerikas in den vergangenen Monaten oft vergessen wurde. Besonders in Europa, wo Politiker sich den Amerikanern oder dem „angelsächsischen Kapitalismus" oft haushoch überlegen fühlen.

Die Unverzichtbarkeit Amerikas hat zunächst ökonomische Gründe. Die USA sind, trotz aller Probleme, immer noch die bei Weitem größte und wohlhabendste Nation der Welt. Mehr als ein Viertel des Weltsozialprodukts entsteht in den Vereinigten Staaten, und zwar erstaunlich gleichbleibend seit knapp 30 Jahren. Mit dem Aufstieg von China wird sich dies zwar leicht ändern, aber auch im Jahr 2025 dürfte die amerikanische Volkswirtschaft immer noch doppelt so groß wie die chinesische sein. Die Wirtschaft der Europäischen Union ist zwar inzwischen zusammen genommen größer als die der USA, die Europäer hinken jedoch in einem wichtigen Punkt hinter den Amerikanern her: dem Produktivitätswachstum. Und von dem hängt das langfristige Wachstumspotenzial einer Wirtschaft ab. In den USA stieg die Produktivität während der vergangenen beiden Jahrzehnte um durchschnittlich 2,5 Prozent pro Jahr, in der EU nur um 1,5 Prozent. Amerika ist innovativer als Europa und stellt sich schneller auf neue Situationen ein. Dieser Vorsprung ist gefährdet, wenn es den Amerikanern nicht gelingt, die Probleme ihres Schulsystems zu lösen. Aber Präsident Obama ist fest entschlossen, dies zu tun. Bis auf Weiteres jedoch werden, wie bisher, fast alle Nobelpreisträger in Medizin, Physik und Chemie aus den Vereinigten Staaten kommen. Und trotz der Tatsache, dass die Finanzkrise von der Wall Street ausgegangen ist, kann sich niemand vorstellen, dass die Ideen für die Sicherung der Zukunft der Finanzmärkte irgendwo anders herkommen können als aus den Vereinigten Staaten.

Ein Ende des Dollars als Leitwährung der Welt ist nicht absehbar, es sei denn, man stellt sich eine Reihe katastrophaler politischer Fehler in Washington vor. Aber in so einem Falle wäre der Untergang des Dollars noch das kleinere der Probleme, mit denen sich die Welt dann befassen müsste. Der Anteil des Dollars an den Weltwährungsreserven wird vermutlich etwas zugunsten des Euro zurückgehen, aber der Welthandel wird auch weiter überwiegend in Dollar abgerechnet. Zudem sind dem Aufstieg des Euro Grenzen gesetzt, er repräsentiert zwar einen einheitlichen Wirtschaftsraum, in diesem Raum wird aber keine einheitliche Wirtschafts- und Finanzpolitik betrieben. Die Rezession hat gezeigt, welche Spannungen es innerhalb der Währungsunion gibt.

Die USA sind weiterhin die führende Wissenschaftsnation der Welt. Über dem Scheitern der öffentlichen Schulen darf nicht übersehen werden, dass in Amerika immer noch die besten Universitäten der Welt sind, und dass Studenten aus der ganzen Welt viel Geld dafür bezahlen, um in Harvard, Yale, Princeton, an der Columbia University oder dem MIT lernen zu können.

Nicht vergessen werden sollten die politischen Gründe für die Unverzichtbarkeit der amerikanischen Nation in der Weltwirtschaftsordnung. Die Vereinigten Staaten sind eine vielleicht schadhafte, dafür aber über 200 Jahre erprobte Demokratie. Dieser simple Tatbestand wird durch den ökonomischen Aufstieg des von einer kommunistischen Partei regierten Chinas umso wichtiger. Es gibt keine Garantie dafür, dass Amerika immer gut regiert wird, aber es gibt immer eine Chance, dass eine schlechte Regierung in Washington abgewählt wird. Demokratien sind lernfähiger als Diktaturen, ihre Regierungen haben mehr Legitimität, sie können sich selbst korrigieren, wie die amerikanische Demokratie dies gerade jetzt vormacht. Die globalen Ungleichgewichte und die Weltrezession haben dazu geführt, dass die Staatswirtschaft weltweit auf dem Vormarsch ist. Staatsfonds aus Überschussländern kaufen sich überall in der Welt ein, sie kommen aus China, Russland, den arabischen Emiraten und Singapur. Nur einer dieser Fonds hat seinen Sitz in einer westlichen Demokratie: Norwegen. Wer wollte in diesem Umfeld die Werte von Freiheit und Wettbewerb verteidigen, wenn nicht die USA? Umso wichtiger ist es, dass Amerika seine Glaubwürdigkeit in den internationalen Beziehungen zurückgewinnt.

Schließlich sind die USA eine dynamische Gesellschaft, und das schlägt sich in den Zahlen der Bevölkerungsstatistik nieder: Die Bevölkerung der USA wird im Jahr 2009 um 0,975 Prozent wachsen, die chinesische um 0,655 Prozent, die deutsche schrumpft um 0,053 Prozent, die japanische um 0,191 Prozent. Das mittlere Alter der Amerikaner liegt bei 36,7 Jahren, das der Deutschen bei 43,8 Jahren, das der Japaner bei 44,2 Jahren. In China liegt die Zahl noch bei 34,1 Jahren, steigt jedoch sehr schnell. In den USA werden statistisch pro Frau 2,05 Kinder geboren, in China 1,79 Kinder, in Deutschland 1,41 Kinder und in Japan 1,21 Kinder.

Amerika ist die jüngste unter den reichen Nationen der Welt.

Vor allem aber ist Amerika eine offene Gesellschaft und das kann man nirgendwo besser studieren als in Brooklyn.

Die offene Gesellschaft

Brooklyn war schon immer so etwas wie ein Eingangstor in die Vereinigten Staaten. Neue Einwanderer landeten hier, bauten eine Existenz auf; und wenn sie es nicht selbst schafften, irgendwo im Rest der USA Fuß zu fassen, dann taten es ihre Kinder. Der Regisseur Woody Allen ist in Brooklyn ebenso groß geworden wie der Dichter Walt Whitman, der Wirtschaftsnobelpreisträger Milton Friedman, der Rapper Jay-Z, die Schauspielerin Mae West und der Gangster Al Capone. Deutsche Einwanderer gründeten in Brooklyn die Brauerei „Rheingold", sie war bis zur Prohibitionszeit die größte Brauerei der amerikanischen Ostküste. Noch heute sind New Yorker bereit, wochenlange Zeiten und einen muffigen Service in Kauf zu nehmen, nur um ein Porterhouse bei „Peter Luger" zu essen, Amerikas berühmtestes Steakhaus direkt an der Williamsburg Bridge, das der deutsche Einwanderer Carl Luger 1887 gegründet hatte. Der Roman *A Tree Grows in Brooklyn* der Schriftstellerin Betsy Smith über das Schicksal der Tochter aus einer Einwandererfamilie gehört zu den Klassikern der amerikanischen Literatur.

Brooklyn wäre mit 2,5 Millionen Einwohnern für sich genommen die viertgrößte Stadt der Vereinigten Staaten, noch vor Metropolen wie Houston oder Philadelphia. Der Stadtteil leidet unter allen Problemen des gegenwärtigen Amerika. Die Kriminalität ist zwar seit den 70er- und 80er-Jahren dramatisch gefallen, aber immer noch sterben junge Leute bei Schießereien und Bandenkonflikten. Die Infrastruktur ist in noch schlechterem Zustand als im Rest Amerikas. Der Brooklyn-Queens Expressway gleicht streckenweise einer Ruine, die Schlaglöcher in den Straßen sind lebensgefährlich, und die U-Bahn-Linie F, die von Manhattan quer durch Brooklyn nach Coney Island führt, ist ebenso un- pünktlich wie dreckig.

Erhalten hat sich jedoch die eigentümliche und vitale Einwandererkultur Brooklyns. Wer zum Beispiel an einem Sonntag durch den Prospect Park wandert, das Brooklyner Pendant zum Central Park Manhattans, der hört den gan- zen Tag über das Dröhnen von Trommeln. Das sind die jungen Männer aus Haiti und der Dominikanischen Repub- lik, die sich am Südende des Parks sonntags regelmäßig zu Sessions und Picknick treffen. Nicht weit entfernt von den Vierteln der Lateinamerikaner in Flatbush schließt sich Crown Heights an, wo die „Lubawitscher" leben, eine or- thodoxe jüdische Sekte, deren Anhänger von den Nazis fast ausgerottet wurden und die sich nun in Brooklyn ihre eigene Welt geschaffen haben. Es gibt Bensonhurst und Bath Beach, wo vor allem Italiener und Griechen wohnen; Coney Island und Brighton Beach dagegen sind fest in russischer und uk- rainischer Hand. Greenpoint ist ein polnisches Zentrum, Williamsburg wurde zu einem anderen jüdischen Mittel- punkt, Bedford-Stuyvesant und East Flatbush sind afroame- rikanisch.

Die Diversität kann man auch im Kleinen beobachten. Dixon's Fahrradladen, den eine afroamerikanische Familie zu Beginn der 70er-Jahre eröffnet hatte, ist nur ein paar Blocks von einer italienischen Metzgerei entfernt, der Schus- ter aus Ecuador hat sein Geschäft direkt gegenüber einer chinesischen Reinigung, das japanische Sushi-Restaurant liegt neben einer türkischen Bar, deren Besitzerinnen akzent- frei deutsch sprechen, weil sie in Duisburg aufgewachsen sind. In Michaels Friseursalon ist der Besitzer Italiener, die Angestellten kommen aus Togo, Dagestan und der Ukraine. Und nicht zu vergessen der „Klub argentinischer und gua- temaltekischer Schwuler und Lesben", der jedes Jahr am Christopher Street Day in der Parade auf Brooklyns Seventh Avenue mitmarschiert.

Brooklyn ist sicher ein eigener Mikrokosmos, aber er

steht für die ganze Nation. Amerika gelingt es unverändert, Einwanderer aus der ganzen Welt zu integrieren. Der Prozess ist alles andere als einfach; es gibt unterschwelligen und gelegentlich auch offenen Rassismus, immer wieder entladen sich Spannungen zwischen Einwanderern und Einheimischen und zwischen ethnischen und religiösen Gruppen. In Brooklyns Stadtteil Crown Heights kam es zu heftigen Ausschreitungen, als ein jüdischer Autofahrer einen schwarzen Jungen überfahren hatte. Es gibt Hassattacken auf Einwanderer aus Lateinamerika und Versuche, die Immigranten für alle Wirtschaftsprobleme des Landes verantwortlich zu machen. Im Fernsehsender CNN hetzt der Moderator Lou Dobbs jeden Werktag zur besten Abendzeit gegen illegale Einwanderer und den angeblichen Export amerikanischer Arbeitsplätze ins Ausland. Die Gespenster der Rassentrennung sind noch lange nicht verjagt.

Aber meist ist Amerika mit den Spannungen, die Einwanderung auslöst, fertig geworden, besser jedenfalls als die meisten europäischen Staaten. Das ist die andere Seite der oft geschmähten „amerikanischen Verhältnisse", der Tatsache, dass man in den USA wirtschaftlich viel mehr auf sich gestellt ist als in Europa. Man kann leicht scheitern im Land der unbegrenzten Möglichkeiten, aber kann nach dem Scheitern immer wieder neu anfangen. Die Aussicht, von ganz unten nach ganz oben zu kommen, setzt Energie frei und diese Energie kommt der gesamten Wirtschaft zugute. Jedenfalls verlassen jedes Jahr Hunderttausende von Menschen ihre Heimat, um nach Amerika einzuwandern, viele illegal. Sie leben zum Teil unter erbärmlichen Bedingungen, sie werden ausgebeutet und ausgenutzt. Irgendwann machen die meisten dann doch ihr Glück. Meist ist es nur ein bescheidenes Glück mit einem kleinen Haus, einem Taxi oder einem Restaurant. Schätzungsweise elf Millionen Menschen leben als illegale Einwanderer im Land, immer bedroht von der Ausweisung. Trotzdem kommen immer neue. Ihre Kinder, die in den USA geboren werden, erhalten automatisch die amerikanische Staatsbürgerschaft.

Die Immigration ist ein zentraler ökonomischer Faktor. Migration, die Wanderung von Arbeitskräften, gehört zur Globalisierung, und Volkswirtschaften, die es lernen, damit umzugehen, haben einen Wettbewerbsvorteil. Schließlich werden die Immigranten nicht nur Restaurantbesitzer und Taxifahrer, sondern irgendwann auch Forscher und Unternehmer. Gut die Hälfte des Personals naturwissenschaftlicher Forschungseinrichtungen in den USA setzt sich aus ausländischen Studenten oder Einwanderern zusammen. 40 Prozent aller Doktorarbeiten in Natur- und Ingenieurwissenschaften wurden 2006 von jungen Leuten geschrieben, die nicht in den USA geboren sind, bei Computerwissenschaften beträgt der Anteil 65 Prozent. Bei der Hälfte aller Unternehmensgründungen im Silicon Valley stammte mindestens einer der Firmengründer aus dem Ausland.[76] Die Liste der Einwanderer, die in jüngster Zeit eine Firma gründeten oder eine Karriere als Manager machten, ist eindrucksvoll: Vinod Khosla, der Begründer von Sun Microsystems und heute einer der wichtigsten Wagnisfinanzierer des Silicon Valley, wurde im indischen Poone geboren. Vikram Pandit, der Chef von Citigroup, wanderte ebenfalls aus Indien ein. Sergei Brin, der zusammen mit Larry Page das Weltunternehmen Google gründete, kam zusammen mit seinen Eltern als Kind aus der ehemaligen Sowjetunion in die USA. Jerry Yang, der Erfinder und langjährige Chef der Internetsuchmaschine Yahoo, wurde auf Taiwan geboren. Amar Gopal Bose, der 1964 das Elektronikunternehmen Bose Corporations gründete, kam in Philadelphia als Kind indischer Flüchtlinge zur Welt. Und auch das gehört zum Bild: Der ehemalige Österreicher Arnold Schwarzenegger wurde in Kalifornien zum Gouverneur gewählt, auch wenn seine neuen Landsleute sich immer noch über seinen deutschen Akzent lustig machen. Bobby Jindal, der Gouverneur von Louisiana und Jungstar der Republikanischen Partei, ist der Sohn indischer Einwanderer.

Bei einer Meinungsumfrage im Jahr 2007 erkundigten sich Demoskopen in verschiedenen Ländern danach, welches Verhältnis muslimische Einwanderer zu ihrem neuen Vaterland haben. Dabei sagten 81 Prozent aller britischen Moslems, sie seien zuerst Moslems und erst dann Briten. In Deutschland lag dieser Anteil bei 66 Prozent, in den Vereinigten Staaten dagegen nur bei 47 Prozent.[77] 78 Prozent der amerikanischen Moslems hielten Selbstmordanschläge unter keinen Umständen für gerechtfertigt, in Frankreich lag dieser Anteil bei 64 Prozent. Die Vereinigten Staaten sind im Zeitalter der Globalisierung auch deshalb eine unverzichtbare Nation, weil sie schon immer eine globalisierte Nation waren. Sie können diesen Vorteil weiter nutzen, auch wenn es darum geht, nach den Verwüstungen der Großen Rezession ihre Wirtschaft zu erneuern.

Frage nicht, was dein Land für dich tun kann

Besucher aus Europa sehen häufig nur eine Seite des amerikanischen Modells: den ruppigen Kapitalismus, bei dem jeder mehr oder weniger auf sich selbst gestellt ist. Was leicht übersehen wird, ist die Tatsache, dass dieser Kapitalismus seit den Anfängen der amerikanischen Republik ausgeglichen wird durch einen ausgeprägten Gemeinschaftsgeist. Wer Erfolg hat, von dem wird erwartet, dass er einen Teil seines Erfolgs an die Gemeinschaft zurückgibt, der er seinen Aufstieg verdankt. Gemeinsinn äußert sich nicht in Erwartungen an den Staat, sondern in einem Phänomen, das „Volunteering" heißt, dem freiwilligen Dienst für andere.

In der Praxis kann das so aussehen: Im Frühjahr 2008 fanden die Bewohner eines Häuserblocks im Brooklyner Wohnviertel Park Slope einen Brief folgenden Inhalts in ihren Briefkästen:

„Liebe Nachbarn,

ich bin sicher, dass die meisten von Ihnen Michael Belman kennen. In der Regel nennt man ihn Mike und Sie alle kennen ihn, wie er auf der Treppe vor seinem Haus sitzt. Immer hat er ein paar nette Worte zu sagen, er hilft Nachbarn, wo er kann. Mike ist eine freundliche Seele, und er hat schon ein paar harte Brüche in seinem Leben hinnehmen müssen. Ich habe Mike eine Zeit lang nicht mehr gesehen, aber als ich ihn kürzlich wieder traf, war ich schockiert: Er saß in einem Rollstuhl. Und dann erfuhr ich seine traurige Geschichte.

Vor einem Monat fuhr er mit dem Fahrrad und verfing sich in einem offenen Hoftor. Sein Bein infizierte sich und als Folge seiner Diabetes bekam er Wundbrand und sein Bein musste amputiert werden. Dadurch hat sich sein Leben radikal verändert. Er kann die Gelegenheitsjobs nicht mehr tun, mit denen er bisher sein Einkommen aufgebessert hat. Mike hat wenig Reserven.

Daher hat eine Gruppe von Nachbarn beschlossen, Geld für ihn zu sammeln. Wir haben uns ein Ziel gesetzt: 5 000 Dollar. Bitte geben Sie alle großzügig.

Louise"

Ein paar Wochen später waren die 5 000 Dollar tatsächlich zusammen. Es ist sehr unwahrscheinlich, dass sich eine ähnliche Geschichte in einer deutschen Nachbarschaft so zutragen könnte. Sie wäre möglicherweise nicht notwendig, weil Mike nach so einem Unfall in Deutschland vom Staat besser versorgt wäre. Aber sie würde sich wohl auch deshalb nicht so zutragen, weil sich deutsche Nachbarn nicht so füreinander verantwortlich fühlen. Diese Einstellung ist die Basis für die reiche Kultur des Spendens, Helfens und Förderns, die die amerikanische Gesellschaft in allen Schichten prägt. „Volunteering" gehört zum Alltag in einem Ausmaß, das sich Europäer kaum vorstellen können, wenn sie nicht schon einmal in den USA gelebt haben: freiwillige Arbeit in der Kirchengemeinde, in der Schule, in der Gemeinde, in einer der unzähligen gemeinnützigen Organisationen. Die beiden reichsten Amerikaner der Gegenwart, Bill Gates und Warren Buffett, vermachten den größten Teil ihres Vermögens einer wohltätigen Stiftung. Schon 1848 erkannte der französische Aristokrat Alexis de Tocqueville in seinem berühmten Reisebericht *Über die Demokratie in Amerika*[78]:

„Ein Amerikaner befasst sich mit seinen privaten Angelegenheiten, als wäre er alleine in der Welt, und gleich nachher widmet er sich dem Gemeinwesen, als hätte er jene vergessen. Bald scheint er von selbstsüchtiger Begehrlichkeit und bald von eifrigster Vaterlandsliebe getrieben."

Besucher der Vereinigten Staaten bekommen, wenn sie aufmerksam sind, beide Seiten der amerikanischen Tradition mit: die selbstsüchtige Begehrlichkeit, wenn sie es mit rücksichtslosen Geschäftspartnern zu tun haben, die jede Schwäche ihres Gegenübers knallhart ausnutzen. Der Gemeinsinn zeigt sich in großer Hilfsbereitschaft, Gastfreundschaft und Offenheit dem Fremden gegenüber. Tocqueville glaubte, dass dieser Dualismus aus dem Wissen darüber erwächst, dass es letztlich das demokratisch verfasste Gemeinwesen ist, das die Freiheit des Einzelnen garantiert – und sein Recht, das erworbene Vermögen zu genießen. Immer wieder haben Präsidenten an diese Opferbereitschaft ihrer Mitbürger appelliert. Berühmt wurde John F. Kennedys Satz: „Frage nicht, was dein Land für dich tun kann, frage, was du für dein Land tun kannst." Präsident Barack Obama hat Tausende junger Amerikaner dazu gebracht, sich für wenig oder gar kein Geld in seinem Wahlkampf zu engagieren. In seiner Antrittsrede appellierte der neue Präsident an diesen Gemeinsinn: „Verlangt wird von uns eine neue Ära der Verantwortungsbereitschaft. Jeder Amerikaner muss anerkennen, dass wir Pflichten haben, uns selbst gegenüber, unserer Nation und der ganzen Welt. Es sind Pflichten, die wir nicht widerwillig übernehmen, sondern froh im festen Bewusstsein, dass nichts so befriedigend für den Geist ist, so bestimmend für unseren Charakter wie die Bereitschaft, alles für eine schwierige Aufgabe zu geben."[79]

Dieser Geist ist außen- und wirtschaftspolitisch relevant. Sendungsbewusstsein ist der amerikanischen Politik inhärent. In den vergangenen acht Jahren hat sich dieses Sendungsbewusstsein vor allem in Arroganz und Triumphalismus geäußert. Das Abenteuer der Präsidentschaft von Barack Obama besteht darin, in einer völlig veränderten Welt die Ideale Amerikas sichtbar zu machen. Die Große Rezession ist seine große Herausforderung.

KAPITEL 14

Ein gefährliches Jahrzehnt

> „Das politische Problem der Menschheit besteht darin,
> drei Dinge miteinander zu kombinieren: ökonomische
> Effizienz, soziale Gerechtigkeit und persönliche Freiheit."
> John Maynard Keynes 1926

Es war im April 2008, als Alan Greenspan sich zu verteidigen suchte. Damals konnte noch niemand das ganze Ausmaß der Rezession ahnen, die der Finanzkrise folgen würde. Die Suche nach Schuldigen hatte aber schon begonnen. Vorsorglich und mit großem intellektuellen Aufwand verwahrte sich der frühere Fed-Chef und Maestro gegen den Vorwurf, den Wirtschaftseinbruch durch laxe Geldpolitik oder sein „Nein" zu neuen Regulierungen ausgelöst zu haben. Greenspan stellte sich Greg Ip, einem Reporter des *Wall Street Journal*, stundenlang für ein großes Rechtfertigungsinterview zur Verfügung. Das lange Gespräch ist eines der interessantesten Dokumente dieser Zeit. In ihm findet sich eine zentrale Passage, eine Art Glaubensbekenntnis Greenspans, das klarmacht, warum der einstige Maestro genau so handelte, wie er handelte: „Allwissenheit ist uns nicht gegeben. Es gibt keine Möglichkeit vorauszusagen, wie sich innovative Märkte entwickeln werden. Alles, was man tun kann, ist, sich auf eine allgemeine Strategie festzulegen. Dabei hat man die Wahl zwischen einer leicht und einer streng regulierten Wirtschaft. Das erste Modell ist stark wettbewerbsorientiert, innovativ und dynamisch – aber es wird in regelmäßigen Abständen von schmerzhaften Krisen heimgesucht. Das zweite Modell ist stabiler, aber es bringt auch niedrigeres Wachstum."[80]

Damit hat Greenspan eines der zentralen Themen des kommenden Jahrzehnts angesprochen. Wenn es darum geht, die Trümmer der Rezession zu beseitigen, geht es entscheidend um das Verhältnis zwischen Sicherheit und Dynamik, zwischen Regulierung und Innovation. Greenspan ließ in dem Interview keinen Zweifel daran, dass er sich immer für die Innovation und das höhere Wachstum und gegen die strengere Regulierung entscheiden würde. Heute würden sich die meisten Menschen auf der Welt mit Sicherheit anders entscheiden als seinerzeit Greenspan. Im Herbst 2008 konnte eine Kernschmelze des Weltfinanzsystems nur noch in letzter Minute verhindert werden; der Preis, den die Welt für die jüngsten Innovationen auf den Finanzmärkten zahlen musste, ist so hoch, dass eine machtvolle Gegenbewegung eingesetzt hat. Politiker haben vor allem ein Ziel: Die Wiederholung dieser Krise auf alle Zeiten zu verhindern. Viele lehnen den Kapitalismus und offene Märkte gleich ganz ab. Das Pendel schwingt weit von Innovation in Richtung Sicherheit. Der Grundkonsens nähert sich dem, was Hyman Minsky, der große Prophet der Instabilität, schon vor einem Vierteljahrhundert wollte: Den Kapitalismus in eine Wirtschaft umbauen mit niedrigen Investitionen und hohem Konsumanteil, eine Wirtschaft also, die langsamer wächst, dafür aber dem Risiko großer Krisen weniger ausgesetzt ist.[81]

Aber anders, als Alan Greenspan in seinem Interview suggerierte, und anders, als die vielen Gegner des Kapitalismus unterstellen, ist das Verhältnis von Sicherheit und Innovation keine Dichotomie. Zwischen den beiden Polen gibt es ein Kontinuum, unterschiedliche Grade der Regulierung und der Offenheit für Innovationen. Jede Kombination hat ihre Vor- und Nachteile, keine Kombination lässt sich in ihren Konsequenzen genau umfassen. Auch Regulierungsbehörden ist „Allwissenheit nicht gegeben", sie müssen unter Unsicherheit entscheiden. Das Einzige, was zur Verfügung steht, sind die Erfahrungen der Vergangenheit und das Ziel, für funktionsfähige Märkte zu sorgen. Notwendigerweise hinken Finanzaufseher immer hinter den Innovationen auf den Finanzmärkten her. Die Folgen vieler Verordnungen und Gesetze sind zunächst unklar. Die Geschichte der Staatseingriffe ist auch eine Geschichte unbeabsichtigter Konsequenzen. Bill Clinton wollte eine Obergrenze für Managergehälter einziehen und erreichte stattdessen Exzesse bei Boni und Abfindungen.

Bei der Bewertung der Krise sehen die einen vor allem Marktversagen als Ursache der Katastrophe, die anderen Staatsversagen. Aber der Streit ist müßig. In der Spekulationsblase und beim anschließenden Einbruch haben private ebenso wie staatliche Institutionen versagt: die Manager von Citigroup, Merrill Lynch, Bear Stearns, Lehman Brothers und Hypo Real Estate, die Ratingagenturen, die amerikanische Börsenaufsicht SEC, zeitweise die amerikanische Notenbank Fed, die staatlichen Landesbanken in Deutschland. Der Staat hat die Finanzmärkte unzureichend beaufsichtigt und das Geld zu billig gemacht (Staatsversagen), aber diese Marktaufsicht ist ja nur deshalb notwendig, weil die Finanzmärkte inhärent instabil sind (Marktversagen). Jetzt wird der Staat auf absehbare Zeit die Wirtschaft dominieren, und diese Dominanz ändert die Bedingungen von Grund auf. Die Große Rezession wird ein Trauma für eine ganze Generation von Politikern, Ökonomen, Bankern und Kapitalanlegern bleiben – vergleichbar dem, was die Weltwirtschaftskrise für die Nachkriegsgeneration bedeutete. Das Vertrauen in den ökonomischen Fortschritt und das Funktionieren der Märkte ist verschwunden. Das hat eine eigene, machtvolle Dynamik ausgelöst. Politik konzentriert sich zunächst einmal darauf, das Schlimmste zu verhindern, den Absturz in die Depression. Aber dabei wird es nicht bleiben. Politiker wollen nicht nur verhindern, sie müssen auch, ob sie es wollen oder nicht, Wirtschaft bis ins Detail gestalten. Die Erwartung der Öffentlichkeit an Politiker ist ebenso gestiegen, wie das Ansehen der Investmentbanker gesunken ist.

20 Jahre nach dem Ende des Kommunismus ist der Staat ins Zentrum des Wirtschaftsgeschehens zurückgekehrt. Im Sommer 2009 war praktisch die gesamte amerikanische Wirtschaft von Entscheidungen der Bundesregierung ab-

hängig. In Banken wie Citigroup oder der Bank of America ist der Staat der entscheidende Aktionär geworden, Wohl und Wehe der Autokonzerne General Motors und Chrysler hängen von den Entscheidungen von Obamas Staatskommissar Steven Rattner ab. Kleine Baufirmen in New York werden vor dem Ruin nur dadurch gerettet, dass städtische Wohnungen mit Mitteln des Konjunkturprogramms der Bundesregierung gefördert werden. In Deutschland rettet die Bundesregierung nicht nur diverse Banken, sondern auch den Autobauer Opel. Frankreichs Staatspräsident Nicholas Sarkozy erklärt den Laisser-faire-Kapitalismus ebenso für gescheitert, wie dies Deutschlands Finanzminister Peer Steinbrück tut.

Die Einwirkungen der Politik gehen sehr weit. Ende April 2009 schickte Präsident Obama den Autokonzern Chrysler in den kontrollierten Konkurs. Jeder Konkurs eines Unternehmens bedeutet, dass Gläubiger Opfer bringen müssen. Die Regeln, die Obama den Chrysler-Gläubigern verordnete, trugen einige Züge von Willkür. Der Gesundheitsfonds der Gewerkschaft UAW bekam 43 Cent Eigenkapital für einen Dollar Forderungen, die Besitzer von Anleihen dagegen nur 28 Cent für den Dollar. Die großen Banken stimmten dem Vergleich zu – sie waren ja auf die Kapitalzufuhr der Regierung angewiesen. Kleinere Investoren sagten Nein und wurden dafür vom Präsidenten als „Spekulanten" diskreditiert. Die Gewerkschaft rückt zum neuen Hauptaktionär von Chrysler auf. Ein Beispiel, aus dem alle künftigen Investoren lernen werden: Man muss äußerst vorsichtig sein, wenn man sich auf Geschäfte mit der Regierung einlässt.

Die Abermilliarden an Dollar, Euro und Pfund, die die Regierungen überall auf der Welt in die Banken gesteckt haben, sicherten denen nicht nur das Überleben, es sind auch Subventionen, die Wettbewerbsvorteile schaffen können, wenn es auf den Kreditmärkten wieder Geld zu verdienen gibt. In Europa verzögerte sich die Bankenrettung auch deshalb, weil die einzelnen Mitgliedsländer Angst davor hatten, dass die anderen ungerechtfertigte Vorteile gewinnen könnten. Ohnehin ist die Staatswirtschaft auf dem Vormarsch. Staatsfonds aus den Überschussländern wie China, Singapur und den Golfstaaten hatten Ende 2008 ungefähr drei Billionen Dollar weltweit investiert. Trotz der Verluste der Finanzkrise war diese Summe fast so groß wie die Währungsreserven aller Notenbanken der Welt zusammen und überstieg das Gesamtvermögen aller Hedgefonds.[82] Auf Jahre hinaus wird die Wirtschaft überall auf der Welt so politisiert sein wie schon seit Jahrzehnten nicht mehr. Die Zukunft der Wirtschaft hängt vom Staat ab, der Staat ist aber auch „das größte Risiko für die Märkte", wie es Nouriel Roubini formulierte, der Ökonom von der New York University, der schon 2006 die große Krise vorausgesagt hatte.[83]

Wie schnell die Weltwirtschaft den Weg aus der Großen Rezession finden wird, ist offen. Ökonomen pflegen verschiedene denkbare Konjunkturverläufe mit verschiedenen Buchstaben zu charakterisieren: Ein „V" bezeichnet eine scharfe Rezession, die von einer schnellen Erholung gefolgt wird. Bei einer „U"-Konjunktur kommt die Erholung mit einer gewissen Verzögerung, bei einem „W" folgt auf eine kurze Erholung ein erneuter Einbruch und bei einem „L" schließlich kommt es zu gar keiner echten Erholung, die Rezession wird durch eine lange Phase der Stagnation abgelöst. Der schlimmste aller denkbaren Verläufe, der Absturz in eine Depression mit einem Rückgang des BIP um mehr als zehn Prozent, hat gar keinen Buchstaben. In den USA nahm die Konjunktur nach der Rezession, die der Kampf gegen die Inflation ausgelöst hatte, zu Beginn der 80er-Jahre einen V-Verlauf, Japan erlebte in den 90er-Jahren ein ausgeprägtes L, weshalb Ökonomen bis heute von „Japans verlorenem Jahrzehnt" sprechen. Im Frühjahr 2009 lagen die meisten Prognosen für die Jahre 2010 und danach irgendwo zwischen einem U und einem L. Die Aufgabe der Politik ist es, alles dafür zu tun, dass der tatsächliche Verlauf möglichst nahe beim U liegt und der Weltwirtschaft ein verlorenes Jahrzehnt erspart wird.

Lehren aus der Krise

Die Weltwirtschaft tritt in ein gefährliches Jahrzehnt ein. Vieles, was bis vor Kurzem noch selbstverständlich aussah, ist es nicht mehr. Die Wirtschaft wächst, wenn überhaupt, dann nur mit schwachen Raten, die Finanzen vieler Staaten sind äußerst fragil, die Gefahr eines großen Rückschlags ist groß, einer zweiten Rezession also, die ausbricht, noch ehe die erste zu Ende ist. Die Banken brauchen noch Jahre, um ihre Bilanzen zu sanieren, die Arbeitslosigkeit wird in fast allen Industrieländern bis ins nächste Jahr hinein weiter steigen. Es gibt in dieser Situation keine Gewissheiten für die Politik, aber ein paar Lehren lassen sich doch ziehen.

1. Die Zukunft des Kredits

Die Krise hat eines bewiesen: Finanzmärkte sind inhärent instabil. Sie müssen nicht nur reguliert werden, die Regulierung muss auch immer wieder erneuert werden. Dabei geht es im Einzelnen um komplizierte technische Details, der Kern jedoch ist einfach: Die Verschuldung von Banken, Hedgefonds und großen Finanzinvestoren muss begrenzt werden. Die Finanzkrise ist deshalb so schlimm geworden, weil wichtige Institute des Finanzsystems so hohe Risiken angehäuft hatten, dass sie bei der kleinsten Trendumkehr in Schwierigkeiten gerieten. Schulden wirken wie ein Hebel („Leverage"); der Hebel sichert in guten Zeiten außerordentliche Renditen, er kann aber in schlechten Zeiten schnell die Existenz des betreffenden Instituts gefährden. Die Banken haben also einen starken Anreiz, in guten Zeiten die Kapitaldecke auszudünnen und in schlechten auszubauen. Beides wirkt destabilisierend auf das gesamte Finanzsystem.

Die sauberste Lösung wäre die radikalste: Es dürfte einfach keine Banken mehr geben, die so groß oder so verflochten sind, dass sie bei einem Bankrott das gesamte System gefährden. Wenn der Staat guten Gewissens Bankpleiten zulassen könnte, müssten Eigentümer, Kunden und Gläubiger der Bank mit dem Risiko der Pleite leben und sich entsprechend vorsichtig verhalten. Die Kartellbehörden müssten zu dem Zweck global operierende Institute wie Citigroup, HSBC oder die Deutsche Bank zerschlagen, sodass die Einzelteile nicht größer sind als amerikanische Regionalbanken oder deutsche Sparkassen. Aber diese saubere Lösung, von der einige Ökonomen in der Krise träumen, wird es nicht geben.[84] Erstens ist die Drohung mit der Pleite nie glaubwürdig. Der Zusammenbruch selbst einer Regionalbank hat so verheerende Auswirkungen, dass es sich jede Regierung lange überlegt, ob sie so einen Konkurs zulässt. Das Trauma von Lehman Brothers wird diese Aversion gegen „saubere" Lösungen noch verstärken. Außerdem brauchen international operierende Unternehmen auch international operierende Banken, deshalb gibt es auch bei Banken einen erheblichen Zwang zur Größe. Es wird also nur zweitbeste Lösungen geben: eine umfassendere und durchdachtere Regulierung. Sie muss mindestens fünf Elemente haben:

– Alle Finanzinstitute, und nicht nur Banken, müssen strengen Eigenkapitalregeln unterworfen werden. Die Kapitalreserven müssen wesentlich höher sein als vor der Krise. Banken müssen angehalten werden, in guten Zeiten ihre Reserven aufzubauen.

– Alle Finanzinstitute müssen zu Transparenz gezwungen werden. Ihre Bilanzen müssen alle Risiken der Bank widerspiegeln. Die Struktur von Finanzkonglomeraten muss so klar sein, dass sie für die Aufsichtsbehörden durchschaubar bleibt.

– Die falsche Anreizstruktur für Bankmanager muss von Grund auf reformiert werden. Über die Höhe der Bezahlung von Mitarbeitern sollten nur die Eigentümer, Verwaltungs- und Aufsichtsräte entscheiden. Wegen der besonderen Rolle des Finanzsektors hat die Öffentlichkeit aber einen Anspruch darauf, dass Manager in Kreditinstituten nicht dazu angehalten werden, übermäßige Risiken einzugehen. Deshalb sollte gesetzlich vorgeschrieben werden, dass Leistungszulagen und Boni an die langjährige Wertentwicklung des ganzen Unternehmens gekoppelt werden und nicht nur an die kurzfristigen Ergebnisse einzelner Abteilungen.

– Der Handel mit Derivaten muss geordnet und reguliert werden. Komplizierte Finanzprodukte brauchen transparente Handelsplattformen, wer Kredite weiterverkauft, muss einen Teil des Ausfallsrisikos in seinen Büchern behalten.

– Und vielleicht die weitreichende Änderung: Banken müssen sich einer „Makroaufsicht" unterziehen. Das Kapital, das sie vorhalten müssen, hängt dabei nicht nur von den Krediten ab, die sie selbst vergeben haben, sondern von den Risiken im gesamten Finanzsystem. Das systemische Risiko wird explizit von der Bankenaufsicht berücksichtigt.

Sinnvoll wäre es, wenn die USA die Regelung abschaffen würden, wonach Hypothekenzinsen komplett von der Steuer abgesetzt werden. Dieser Steuerabzug ist eine Subvention für die Kreditvergabe. Dabei sollte sich niemand Illusionen machen: Auch bisher ist der Finanzsektor ja nicht ohne Regeln, aber sie haben sich als fehler- und lückenhaft erwiesen. Auch die neuen Regulierungen, die jetzt weltweit beschlossen werden, können und werden nicht perfekt sein.

Einige Formen des Kredits gehören schlicht verboten: Payday Loans oder Hypotheken, bei denen der Zins am Anfang künstlich gedrückt wird, nur um hinterher umso schneller zu steigen (Adjustable Rate Mortgages). In anderen Fällen liegt die Lösung in der Standardisierung von Finanzprodukten. Für Familien mit niedrigem Einkommen, die sich ein eigenes Haus kaufen wollen, könnten zum Beispiel standardisierte und von Aufsichtsbehörden geprüfte Subprime Loans angeboten werden, bei denen jeder sofort absehen kann, ob er sich die Belastung leisten kann oder nicht.

Aber langfristig geht es nicht darum, den Kredit einfach nur zu begrenzen, sondern ihn zu erneuern. Wie in Fragen der Innen- und Verteidigungspolitik ist das Konzept perfekter Sicherheit eine gefährliche Illusion. Eine Wirtschaft, in der niemand mehr Risiken eingeht, erstarrt; Reformen sollen nicht die Risiken verbannen, sondern es Unternehmern und Verbrauchern ermöglichen, auf verantwortliche Weise Risiken einzugehen. Den Preis, den die Gesellschaft dafür zu zahlen hat, sind Spekulationsblasen und Krisen, Phasen der Euphorie und der Panik. Möglich ist es aber, zu verhindern, dass die Krisen katastrophale Ausmaße annehmen. Viele Innovationen der Finanzmärkte, die wesentlich zum Absturz in die Krise beigetragen haben, dürfen nicht abgeschafft, sie müssen reformiert werden. Das betrifft vor allem die Verbriefung von Krediten und anderen Risiken. Das Instrument der Verbriefung hatte vor der Krise die gefährliche Illusion genährt, Kredit sei immer und unter allen Umständen verfügbar, und jedes Risiko sei in unbegrenzter Höhe versicherbar. Wird das Instrument jedoch auf transparenten Märkten und mit den nötigen Sicherungen eingesetzt, kann es zu effizienteren Kreditmärkten führen.

Innovationen können sogar dem Entstehen neuer Spekulationsblasen vorbeugen. Einen Vorschlag dazu hat der Wirtschaftsprofessor Robert Shiller von der Yale University in Connecticut vorgelegt. Shiller gehört zu den Ökonomen, die schon früh auf die Exzesse an den Aktien- und Immobilienmärkten aufmerksam gemacht haben. Im April 2009, mitten in der Krise, kündigte Shiller einen auf den ersten Blick überraschenden Schritt an: Seine Firma MacroShares – sie ist auf die Verbriefung von Risiken spezialisiert – bietet ein neues Produkt an namens „Major Metro Housing". Dabei handelt es sich um nichts anderes als ein Wertpapier, mit dem man auf den Anstieg oder den Fall der Immobilienpreise wetten kann. Anders als bei den vielen komplexen Wertpapieren, die in die Finanzkrise geführt haben, sind die Papiere nicht durch konkrete Hypotheken gedeckt, sondern an einen Immobilienindex gebunden, den Case-

Shiller-Index, den Robert Shiller erfunden hat und der von der Ratingagentur Standard & Poor's veröffentlicht wird. Seit 5. Mai 2009 wird „Major Metro Housing" an der New York Stock Exchange notiert, und zwar in zwei Versionen, einer für die Spekulation auf steigende und einer für sinkende Kurse.[85] Shiller glaubt an den volkswirtschaftlichen Nutzen derartiger Produkte. „Damit können Sie die Volkswirtschaft besser gegen das Auf und Ab der Immobilienmärkte isolieren", sagte er in einem Interview während der Planungsphase für „Major Metro Housing". „Man wird Zyklen nicht verhindern können, aber je mehr Instrumente es gibt, um sich abzusichern, desto vernünftiger werden die Märkte."[86] Wird das Instrument der Verbriefung richtig eingesetzt, so glaubt Shiller, kann es zu einer „Demokratisierung des Geldwesens" („Democratization of Finance") beitragen: Auch Durchschnittsverdiener bekommen die optimalen Instrumente, um ihre Kredit- und Anlagebedürfnisse zu befriedigen.

Die Erneuerung des Kredits hat eine internationale Komponente. Die globalen Ungleichgewichte sind nach der Asienkrise unter anderem dadurch entstanden, dass der Kapitaltransfer aus den Industrie- in die asiatischen Schwellenländer nicht funktioniert hat, Thailand und andere verschuldeten sich massiv in ausländischer Währung und begaben sich so in die Falle: Die Währungen gerieten unter Druck, es kam zur Abwertung der Währung und der Überschuldung des Landes. Die logische Lösung für das Problem liegt darin, dass sich Schwellenländer in ihrer eigenen Währung verschulden, dass sie also Anleihen begeben, die auf Baht, Real oder Rupien lauten. Damit trägt der Erwerber der Anleihen das Währungsrisiko, und genau das ist der Sinn der Sache. Abwertungen ändern am Nominalwert der Schulden nichts mehr, Erwerber der Anleihen aus dem Ausland müssen das Abwertungsrisiko in den Zins einkalkulieren und die Regierung des betreffenden Landes hat stärkere Anreize, eine solide Haushaltspolitik zu betreiben. Je geringer das Risiko eines Staatsbankrotts, desto niedriger die

Zinsen, desto attraktiver werden Anleihen auch für die Bürger des eigenen Landes. Für einige Schwellenländer, zum Beispiel Brasilien und die meisten Staaten Südostasiens, ist genau dies die Lösung. Andere müssen wieder stärker auf den IWF als Kreditgeber zurückgreifen.

Für viele Länder gibt es auch noch eine andere Möglichkeit, um sich vor Zahlungsbilanzkrisen zu schützen: die Tobin-Steuer. Der Wirtschaftsnobelpreisträger James Tobin hatte 1972 vorgeschlagen, weltweit eine Steuer auf die Umsätze an den Devisenmärkten zu erheben. Deren Ziel sollte es sein, die Spekulation gegen einzelne Währungen zu erschweren und den Notenbanken mehr Autonomie zu geben, um eine Geldpolitik im nationalen Interesse betreiben zu können. Später wurde die Tobin-Steuer zu einem Symbolthema der Globalisierungsgegner; sie wollten mit der Steuer den Kapitalismus zurückdrängen. James Tobin selbst hat sich kurz vor seinem Tod gegen den Missbrauch der Idee gewehrt.[87] Tatsächlich könnte Tobins Konzept eingesetzt werden, um die Finanzmärkte zu stabilisieren. Ein Modell lieferte Chile: Die Regierung in Santiago ließ den Kapitalexport völlig unbeeinträchtigt, verlangte aber, dass Kapital beim Import zunächst über eine bestimmte Frist auf zinsfreien Konten geparkt wurde. Im Ergebnis war dies nichts anderes als eine asymmetrische Tobin-Steuer, die kurzfristiges Spekulationskapital abschreckte.

2. Die Zukunft der Staatsfinanzen

Krisenpolitik und Staatsschulden stehen in einem schwierigen Verhältnis. Präsident Franklin D. Roosevelt hatte seinen Wahlkampf 1932 in der Weltwirtschaftskrise noch mit der Forderung nach einem ausgeglichenen Staatshaushalt geführt. Weil er dieses Ziel nach den ersten Erfolgen des New Deal viel zu früh erzwingen wollte, erhöhte er 1936 die Steuern und löste so eine neue Rezession aus, die Arbeitslosigkeit stieg erneut. Die Konjunktur in den Vereinigten Staaten nahm eine W-Form an. Erst der Zweite Weltkrieg – in

seiner ökonomischen Wirkung ein gigantisches Konjunkturprogramm – beendete die Massenarbeitslosigkeit. Zwei
Jahre nach Eintritt der USA in den Krieg, 1943, stieg das
Staatsdefizit auf 30 Prozent des Bruttoinlandsprodukts, der
bisher höchste gemessene Wert. Das spektakuläre Wachstum der 50er-Jahre erlaubte es der Regierung in Washington, die Kriegsschulden schnell abzubauen. Der Hunger
nach amerikanischen Waren und amerikanischem Kapital
war im kriegszerstörten Europa beinahe grenzenlos, die
USA erwirtschafteten bei Kriegsende mehr als ein Drittel
des Weltsozialprodukts. In Deutschland hatten die Natio-
nalsozialisten den Krieg mit gedrucktem Geld finanziert.
Die Folge war eine Währungsreform, die alle Geldvermögen
bis auf einen Bruchteil vernichtete. Die Londoner Schulden-
konferenz von 1952 brachte eine für die Bundesrepublik
sehr günstige Umschuldung mit sich. Es gab also für Sieger
und Verlierer des Krieges nach 1945, wenn schon keine
Stunde null im eigentlichen Sinne des Wortes, so doch einen
Einschnitt, der den Neuanfang erleichterte.

Diesmal gibt es keine Stunde null, welcher Art auch immer. Der Erfolg der Krisenpolitik hängt davon ab, dass die
Regierungen richtig mit dem Schuldenproblem umgehen.
In den USA steigt das Defizit auf über 13 Prozent des BIP,
in Deutschland auf über vier Prozent. Die Lage des deutschen Bundeshaushalts ist damit alles andere als bedrohlich,
in den USA ist die Verschuldung zwar gewaltig, aber immer
noch beherrschbar. Wichtig ist, dass die Regierungen nicht
den Fehler Roosevelts wiederholen; sie dürfen nicht zu
früh auf Konsolidierung umschalten. Die Gefahr ist, angesichts der öffentlichen Erwartungshaltung, besonders in
Deutschland groß. Gleichzeitig muss aber klar sein, dass die
Haushaltspolitik unter Kontrolle bleibt. Präsident Obama
versuchte genau dies zu signalisieren, als er zusammen mit
seinem Konjunkturpaket eine Langfriststrategie zur Haushaltssanierung vorlegte. Diese durchzuhalten dürfte im politischen Alltag fast übermenschliche Anstrengungen erfor-
dern, weil sie fast immer mit organisierten politischen oder

wirtschaftlichen Interessen in Konflikt gerät. Teure Projekte, auch der Ausbau von Sozialleistungen, müssen zeitlich befristet, populäre, aber teure Nachfolgeprojekte müssen gestoppt werden. Die Aufgabe, die Krankenversicherung der Rentner und der Armen zu sanieren, ist durch die Krise noch dringlicher geworden. Ein großer Erfolg wäre es, würde es Obama gelingen, die Macht organisierter Interessengruppen zu brechen und deren Einfluss auf den Etat zu beenden. Der erste Haushalt, den Obama verantwortet, ist in dieser Hinsicht eher entmutigend: Er enthält so viele Gefälligkeitsprojekte wie eh und je. 9 000 Haushaltsposten wurden von Senatoren und Abgeordneten mit „Ohrenmarken" versehen, wie es in der Politsprache Washingtons heißt. Es sind also Projekte, an denen irgendein Abgeordneter ein persönliches Interesse hat – Straßen, Museen, Brücken, Forschungsinstitute. Offenkundig wird im Kongress der Ernst der Lage noch nicht verstanden. Ohne eine glaubwürdige Langfriststrategie droht den USA irgendwann einmal tatsächlich der Verlust ihres Status als erstklassiger Schuldner.

Strukturell stellen sich in Deutschland ähnliche Fragen. An den bisherigen Argumenten für einen ausgeglichenen Etat hat sich ja nichts geändert. Der Altersdurchschnitt der Deutschen wird höher, die Belastung der Sozialsysteme steigt. Die Politik der Haushaltssanierung muss warten, sie darf aber nicht aufgegeben werden. Für eine Politik allerdings gibt es bis auf Weiteres keinen Spielraum mehr: unbefristete Steuersenkungen, die in der Hoffnung beschlossen werden, dass Einnahmeausfälle irgendwann irgendwie wieder geschlossen werden. Die letzte derartige Steuersenkung hatte Präsident George W. Bush zu verantworten; sie trug ihr Teil zur Spekulationsblase und zur Krise bei.

In Europa und den Vereinigten Staaten ist das Thema der kommenden Jahre eher die Erhöhung der Steuern. Es geht darum, zu verhindern, dass die Einnahmeerhöhungen der Regierungen zu wachstumsfeindlich ausfallen. Letztlich ist Wirtschaftswachstum der Schlüssel zur Sanierung der Staatsfinanzen. In den 50er-Jahren ist es der amerikani-

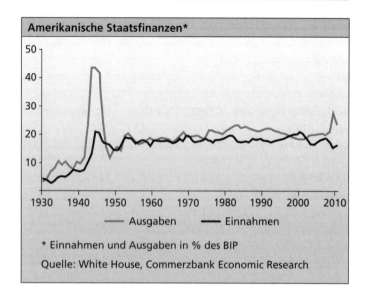

Amerikanische Staatsfinanzen*

Ausgaben — Einnahmen

* Einnahmen und Ausgaben in % des BIP

Quelle: White House, Commerzbank Economic Research

schen Regierung relativ leicht gelungen, die durch den Zweiten Weltkrieg verursachten Defizite zurückzufahren; jetzt
werden die Bedingungen schwieriger sein.

Nach einer Modellrechnung von Volkswirten der Commerzbank dauert es selbst unter unrealistisch optimistischen
Annahmen bis ins übernächste Jahrzehnt, bis die USA wieder den Schuldenstand von vor der Krise erreicht haben
werden. Gelänge es Obama, den Haushalt 2011 auszugleichen und würde die Wirtschaft nominal (Wachstum plus
Inflationsrate) um vier Prozent wachsen, dann wäre das Ziel
2026 erreicht. Beide Voraussetzungen sind praktisch ausgeschlossen. Bleibt das Wachstum dagegen bei drei Prozent,
dauert es bis 2033. Bei noch schlechteren Bedingungen ist
das Ziel gar nicht zu erreichen.[88]

Der Vorteil der USA gegenüber anderen Industrieländern
liegt darin, dass die Wachstumsbedingungen tendenziell
günstiger sind: Die Bevölkerung wächst und technischer
Fortschritt wird in der Regel schneller umgesetzt. Deutschland dagegen muss sich in naher Zukunft mit den Problemen
einer schrumpfenden Bevölkerung auseinandersetzen. Umso

wichtiger ist es, die Bedingungen für Wirtschaftswachstum zu verbessern. Viele Themen, die in der Krise als überholt oder als Ausfluss „neoliberalen" Denkens gesehen wurden, kehren dann zurück: Wie kann der deutsche Arbeitsmarkt effizienter werden? Wie lässt sich technischer Fortschritt schneller umsetzen? Was macht Deutschland für Investitionen attraktiver? Wie lässt sich die Abgabenquote begrenzen, wenn der Anteil der Alten in der Gesellschaft immer weiter steigt?

3. Die aufgeschobene Energiekrise

Zu den guten Nachrichten des Frühjahrs 2009 gehörte es, dass die Ölpreise dramatisch gefallen waren. An New Yorker Tankstellen kostete die Gallone Super wieder 2,50 Dollar, in Deutschland der Liter um 1,30 Euro. Das Geld, das die Verbraucher bei Benzin und Heizöl sparen, kommt der gesamtwirtschaftlichen Nachfrage zugute.

Aber ist das alles wirklich eine gute Nachricht? Im Mai kostete ein Fass Rohöl gut 50 Dollar, und das ist mitten in der schwersten Rezession seit Generationen nicht billig, sondern ziemlich teuer. Vor zehn Jahren noch mussten für ein Fass weniger als 20 Dollar bezahlt werden. Die fundamentalen Faktoren, die hinter der Rohstoffhausse der vergangenen Jahre standen, haben sich nicht geändert. Alles spricht dafür, dass die Preise wieder steil nach oben gehen werden, sobald die Rezession beendet ist und die Wirtschaft wieder wächst. Und die Gefahr ist groß, dass dies die wirtschaftliche Erholung auch schnell wieder beenden wird. Die chinesische Regierung setzt auch in der Rezession ihre Strategie fort, sich in Afrika, Lateinamerika und Asien Rohstoffressourcen zu sichern. In den USA sind die Ölimporte seit Beginn der Finanzkrise zwar um acht bis zehn Prozent gesunken, aber das ist noch keine qualitative Veränderung.

Eine der Schlüsselfragen des kommenden Jahrzehnts heißt: Gelingt es, den Absturz der Welt in die fundamentale Knappheit im Sinne von Thomas Malthus zu verhindern?

Werden die USA und China in eine globale Strategie des Energiesparens einbezogen? Diese Frage wird bisher meist im Zusammenhang mit dem Weltklima diskutiert, sie hat aber auch elementare ökonomische, geo- und sicherheitspolitische Implikationen. Wenn der Energiebedarf Chinas so weiterwächst wie im vergangenen Jahrzehnt und die Ölnachfrage der Vereinigten Staaten auf dem bisherigen Niveau bleibt, ist die nächste Wirtschaftskrise programmiert. Präsident Obama hat im Wahlkampf eine entschlossene Klimapolitik und eine Energiewende für die USA versprochen. Aber der Widerstand dagegen ist noch größer als gegen andere Reformen. Die Demokraten im Kongress brachten ein Gesetz auf den Weg, das die Autoindustrie zwingen soll, den Verbrauch ihrer Flotten bis 2016 von derzeit 9,2 auf 6,6 Liter Benzin pro 100 Kilometer zu begrenzen. Das ist ein Rückgang von über 30 Prozent, wobei aufgrund früherer Erfahrungen erhebliche Ausweichreaktionen zu erwarten sind. Die wirkungsvollste Maßnahme zur Reduzierung des Energieverbrauchs auf der Straße, eine Erhöhung der Mineralölsteuer, hat bisher keine Chance in den USA.

4. Amerikas neue Rolle

Die Finanzkrise war eine tiefe Demütigung für die Supermacht USA. Die Vereinigten Staaten haben eine globale Krise ausgelöst, aber sie können sie alleine nicht mehr lösen. Allerdings ist die Krise auch nicht ohne die Vereinigten Staaten zu lösen. Das ist eines der Paradoxa der Großen Rezession: Vor der Krise haben viele Wirtschaftsexperten über die „Entkopplung" der Weltkonjunktur von Amerika gesprochen. Das Gewicht Chinas, der Schwellenländer insgesamt und des vereinigten europäischen Wirtschaftsraumes sei mittlerweile so groß, dass die Wirtschaft der Vereinigten Staaten nicht mehr so wichtig für die Weltnachfrage sei. Eingetreten ist das genaue Gegenteil. Seit Jahrzehnten nicht mehr hat eine Rezession so synchron den ganzen Globus erfasst, wie dies im Herbst 2008 geschehen ist. Die USA sind und bleiben die wichtigste Nation für die Weltwirtschaft. Die Volksrepublik China hat einen rasanten Aufstieg hinter sich, aber ihre Wirtschaft reicht noch lange nicht aus, um die Weltnachfrage zu stabilisieren. Einiges relativiert sich in der Krise: Die Investmentbank Goldman Sachs hatte zuvor die Kategorie „BRIC" in ihre Anlagestrategie eingeführt. Das Kürzel steht für „Brasilien, Russland, Indien, China" als eine Gruppe von Ländern, in denen sich gut investieren lässt und die ein neuer Machtfaktor in der Welt werden könnten. Jetzt zeigt sich, dass BRIC alles andere ist als eine homogene Gruppe aufstrebender Staaten. Russland zum Beispiel ist komplett von seinen Rohstoffexporten abhängig und ist daher eines der größten Opfer der Krise. Es ist den verschiedenen Regierungen nach dem Ende des Kommunismus im Kreml nicht gelungen, eine gesunde Industriestruktur aufzubauen. Die BRIC sind auf jeden Fall höchstens BIC – Brasilien, Indien und China, ohne Russland. Die EU war langsam und zögernd bei ihrer Reaktion auf die Krise. Sie hat eine gemeinsame Währung, aber keine gemeinsame Finanz- oder Bankenpolitik, und sie wird eine solche auch bis auf Weiteres nicht haben.

Im Zuge der Finanzkrise wurde erstmals die Gruppe der 20 Industrie- und Schwellenländer (G 20) als Steuerungsgremium getestet. Der Gipfel der G 20 am 2. April 2009 in London einigte sich auf ein Arbeitsprogramm zur Neuregulierung der Finanzmärkte und stattete den Internationalen Währungsfonds mit neuen Mitteln aus. Aber der eigentliche Antreiber der Krisenpolitik ist die amerikanische Regierung; der Abwärtsstrudel der großen Rezession wurde durch zwei Entscheidungen in Washington erst einmal gestoppt: das Konjunkturprogramm von Präsident Obama über 800 Milliarden Dollar und die Stresstests, die Finanzminister Geithner den amerikanischen Banken verordnete. Gerade weil die Welt durch den ökonomischen Aufstieg Chinas komplizierter geworden ist, kommt es auf die Führung der Vereinigten Staaten an.

Aus deutscher Sicht bedeutet das: Die Stärkung der

transatlantischen Zusammenarbeit liegt im elementaren europäischen Interesse. Voraussagen, wonach der „angelsächsische" oder „angloamerikanische" Kapitalismus gescheitert sei, werden sich als sehr voreilig erweisen. Im Mai 2009 sprach alles dafür, dass die USA wesentlich schneller aus der Krise herauskommen werden als die meisten Staaten der EU. Richtig ist: Die Vereinigten Staaten haben riesige innere Probleme und sie werden irgendwann in eine Dauerkrise kommen, wenn sie nicht jetzt mit der Lösung beginnen. Die Welt sollte daher auf den Erfolg von Barack Obama setzen.

5. Das Unerwartete erwarten

Die Große Rezession hat mit vielen Illusionen aufgeräumt. Eine davon lag in dem Glauben, die globalen Finanzmärkte könnten ökonomische Brüche praktisch unbegrenzt finanzieren, ausgleichen oder zumindest moderieren. Tatsächlich haben die Mechanismen auf den Finanzmärkten zunächst ein falsches Gefühl für Sicherheit erzeugt und dann dazu geführt, dass aus ökonomischen Brüchen gigantische globale Ungleichgewichte wurden. Das Kartenhaus der großen Finanzfirmen ist zusammengefallen, aber die ökonomischen Brüche sind deshalb nicht verschwunden: die Veränderung der gesamten Kommunikation auf der Welt durch das Internet, Biowissenschaften und Nanotechnologie, deren Konsequenzen noch gar nicht absehbar sind, und vor allem der Aufstieg Chinas zu einer ökonomischen Großmacht. Das wird Veränderungen nach sich ziehen, die niemand vorhersagen kann. Preissprünge, der Aufstieg neuer Industrien und der Niedergang alter, die Zerstörung vieler Geschäftsmodelle. Die Welt sollte sich auf das Unerwartete einstellen.

Eine der Konsequenzen der Krise wird auf absehbare Zeit niedriges Wirtschaftswachstum sein. Das allein schon ist ein tiefer Einschnitt; in den Jahren 2004 bis 2006, in denen sich die globalen Ungleichgewichte aufbauten, ist die Weltwirtschaft mit einer Jahresrate von fünf Prozent gewachsen, so schnell wie noch nie in der jüngeren Geschichte. Hunderte von Millionen Menschen in der ehemaligen Dritten Welt profitierten davon. Nun sind die Perspektiven ganz andere. Nach einer Modellrechnung des Internationalen Währungsfonds ist nach einer normalen Rezession etwas mehr als ein Jahr notwendig, bis das Produktionsniveau wieder den Stand vor der Krise erreicht hat. Nach einer Rezession, die sehr viele Länder erfasst und mit einer Finanzkrise gekoppelt ist, sind es fast vier Jahre.[89] Stimmt diese Modellrechnung, dann wird die gesamte erste Amtszeit von Präsident Obama von ungewöhnlich schwachem Wachstum geprägt sein. Auch die neue Bundesregierung muss die Folgen der Finanz- und Wirtschaftskrise in der nächsten Legislaturperiode unter sehr viel ungünstigeren Rahmenbedingungen bewältigen, als es die waren, unter denen die Große Koalition 2005 angetreten ist.

6. Die neue soziale Frage

In dem Vierteljahrhundert, das der Großen Rezession vorausging, sind die Einkommensunterschiede in den meisten Industrieländern so stark gestiegen wie seit Jahrzehnten nicht mehr. Die Armen sind nicht unbedingt ärmer geworden, aber die Einkommen einfacher Arbeitnehmer stagnierten und die Reichen sind viel, viel reicher geworden. In den Vereinigten Staaten verdiente 2007, kurz vor Ausbruch der Krise, ein Prozent der reichsten Haushalte 21,8 Prozent des gesamten Volkseinkommens – ein doppelt so hoher Anteil wie 1970. Der Chef eines Großunternehmens verdiente im Durchschnitt das 411-Fache eines normalen Arbeitnehmers. Vor 15 Jahren war es das 107-Fache. In nur zehn Jahren hat sich die Zahl der Amerikaner, die mehr als 25 Millionen Dollar im Jahr verdienen, auf 110 000 verdoppelt. Das Einkommen eines Durchschnittsarbeiters dagegen ging leicht zurück. Solange die Unternehmen gut verdienten und solange vor allem die Immobilienpreise stiegen und eine Illusion für Wohlstand schufen, gab es ein gewisses Maß an Akzeptanz für den wachsenden Reichtum der Reichen. Doch nun, nachdem die ganzen Spitzenverdiener in den Banken die Weltwirtschaft an den Rand des Abgrunds geführt haben, ist diese Akzeptanz verschwunden. Deshalb fordern heute nicht nur Linke und Gewerkschaftler Steuererhöhungen für die Reichen.

Auch in den Jahren starken Wirtschaftswachstums gab es immer eine soziale Frage. Solange die Wirtschaft sich verändert, wird es Menschen geben, denen dieser Wandel schadet, die zu Opfern der Globalisierung werden. Wirtschaftlicher Wandel ist nur möglich, wenn diese Benachteiligten gesellschaftliche Unterstützung bekommen. Durch die Folge von Gehaltsexzessen an der Wall Street und den anschließenden Zusammenbruch des Finanzsystems hat die soziale Frage aber eine andere Dimension bekommen. Wenn Bankmanager die Welt an den Abgrund führen und dafür auch noch einen Bonus verlangen, löst das nur noch Hass aus. Wenn die Menschen in einer schweren Krise das Gefühl haben, es gehe nicht mehr fair zu, und der Ehrliche sei der Dumme, dann wird die Gesellschaft in ihren Grundfesten erschüttert. Um die soziale Frage zu entschärfen, kann Präsident Obama einiges tun: Allen Amerikanern eine Krankenversicherung zu angemessenem Preis anbieten und einige Ungerechtigkeiten im Steuerrecht beseitigen. Letztlich lässt sich die neue soziale Frage nur durch mehr Bildung lösen: durch besser Kindergärten, bessere Grundschulen und bessere Highschools.

7. Den Kapitalismus retten

Der Generalsekretär der Welthandelsorganisation WTO, Pascal Lamy, hat in einem Arbeitszimmer in Genf ein Foto mit zwei freundlichen, nicht besonders auffälligen Herrn. Die meisten Besucher Lamys glauben, dass es sich dabei um irgendwelche Familienangehörigen handelt, und für Lamy ist es dann immer ein Vergnügen, zu enthüllen, um wen es sich auf dem Foto in Wirklichkeit handelt: Willis Hawley, der Kongressabgeordnete aus Oregon, und Reed Smoot, der

Senator aus Utah, die 1930 das protektionistische Gesetz machten, das so viel zur Katastrophe der Weltwirtschaftskrise beitragen sollte. „Smoot und Hawley sind die eigentlichen Gründerväter der WTO", sagt Pascal Lamy heute. Tatsächlich war das Trauma der Weltwirtschaftskrise entscheidend dafür, dass nach dem Zweiten Weltkrieg eine offene, nach klaren Regeln operierende Welthandelsordnung entstand. Zölle und andere Handelsschranken sind so niedrig wie vermutlich noch nie in der Geschichte.

Bis jetzt hat diese Ordnung der Krise standgehalten. Alle maßgebenden Regierungen sind sich einig, dass ein Rückfall in den Protektionismus unter allen Umständen zu vermeiden ist. Aber die Krise hat eine eigene, gefährliche Dynamik. In England demonstrierten Arbeiter gegen die Beschäftigung ausländischer Kollegen. Im Konjunkturprogramm von Präsident Obama finden sich Vorschriften, nach denen nur Produkte aus amerikanischer Fertigung gekauft werden sollen. Die nationalen Rettungsprogramme für die Banken führen automatisch dazu, dass Kapital in der Heimat sicherer ist als im Ausland, dadurch haben sich die Kapitalströme umgedreht: Geld fließt aus Asien, Lateinamerika und Osteuropa ab, was dort die Probleme potenziert.

Große Finanz- und Wirtschaftskrisen waren in der Geschichte immer von breiten antikapitalistischen Bewegungen begleitet. Einige dieser Bewegungen waren aufklärerisch und demokratisch; sie gaben direkt oder indirekt den Anstoß zu wichtigen Reformen, die das Los der Benachteiligten in der Gesellschaft verbesserten. Andere dagegen waren autoritär, rückwärtsgewandt, fremdenfeindlich und totalitär. Im Zuge der Krisen von 1848 und 1857 wurden die Wurzeln der Arbeiterbewegung gelegt, Karl Marx formulierte seine Krisentheorie. Während der langen Rezession nach dem Börsenkrach von 1873 entstand in den Vereinigten Staaten der Populismus, eine widersprüchliche Bewegung, die basisdemokratische Elemente und berechtigten Protest mit ökonomischer Scharlatanerie, Kulturpessimismus und Antisemitismus mischte. Auch die „Knights of Labor" („Ritter der

Arbeit"), eine Vorläuferorganisation der amerikanischen Gewerkschaften, begannen ihren Aufstieg, und die ersten Tarifverträge wurden geschlossen. In Deutschland gründeten August Bebel, Wilhelm Liebknecht und Ferdinand Lasalle 1875 die SPD (damals: Sozialistische Arbeiterpartei Deutschlands). Gleichzeitig begannen aber in den 70er-Jahren der Niedergang des deutschen Liberalismus und der Aufstieg völkischer und antisemitischer Organisationen. Der Nationalökonom Karl Eugen Dühring behauptete 1882 in seinem berüchtigten Werk über die „Judenfrage", dass die „Selbstsucht" zu den Erbanlagen von Juden gehöre; er machte diese verantwortlich für alles, was er verwerflich am Kapitalismus fand. Die Weltwirtschaftskrise der 30er-Jahre schließlich förderte Nationalsozialismus, Faschismus und Kommunismus und führte in die Katastrophe des Zweiten Weltkriegs. Die Krise gab aber auch den Anstoß zu einer grundlegenden Erneuerung der Wirtschaftspolitik in der ganzen Welt: 1936 erschien die „Allgemeine Theorie" von John Maynard Keynes, die jetzt wieder neu entdeckt wird.

Bisher hat die Große Rezession die Gespenster der Vergangenheit nicht geweckt. Die internationale Gemeinschaft arbeitet auf beispiellose Weise zusammen, um die Folgen der Krise einzudämmen. Auch den meisten Kritikern geht es um Reformen, aber nicht um die Abkehr von Marktwirtschaft und Demokratie. Der Blick in die Geschichte zeigt, dass dies alles andere als selbstverständlich ist. Der Kapitalismus hat seit dem Untergang des Kommunismus 1990 Hunderten von Millionen Menschen den Weg aus der Armut und zu wenigstens rudimentärem Wohlstand ermöglicht; sie sind Teil der internationalen Arbeitsteilung geworden. Es ist kein anderes Modell bekannt, mit dem man sechs oder sieben Milliarden Menschen ökonomisch integrieren kann, als mit freien und geordneten Märkten für Waren, Dienstleistungen und Kapital.

Zwei große Gefahren gibt es jetzt:

Erstens die Gefahr des „weiter so". Wenn das Schlimmste der Krise vorbei ist, versuchen viele Bankmanager, wieder

Risiken einzugehen wie vor der Krise. Das ist durchaus rational. Wer jetzt sein Geschäft ausweitet, kann Marktanteile zulasten schwächerer Konkurrenten gewinnen. Hohe Erträge erlauben es den Banken, Kapitalreserven aufzubauen und sich dem Zugriff der Regierungen zu entziehen. Die Wall-Street-Banken geben Millionen Dollar für Lobby-Arbeit aus, um Kongress und Finanzministerium in Washington von zu strengen Regulierungen abzuhalten. Dabei beruhen die neuen Gewinne der Finanzinstitute zum Teil auf einer Illusion: Der gesamte Finanzsektor wird derzeit von Regierungen und Notenbanken gestützt. Deshalb sind auch jene Banken vom Staat abhängig, die keine direkten Kapitalhilfen bekommen haben. Es wäre fatal, würde die erste leichte Entspannung dazu führen, dass die Reformpläne für die Finanzmärkte verwässert würden.

Die zweite Gefahr liegt in der Illusion vollkommener Sicherheit auf den Finanzmärkten. Diese Sicherheit wird es nicht geben, es sei denn um den Preis sehr geringen Wirtschaftswachstums. Dieses Wachstum ist aber notwendig, um die Menschheitsprobleme zu lösen, auch jene, die durch die Große Rezession geschaffen wurden. Nur in wachsenden Volkswirtschaften lassen sich die enormen neuen Staatsschulden abbauen, nur bei funktionierenden Kapitalmärkten lassen sich neue Arbeitsplätze schaffen. Notwendig ist nach dem Schock der Krise eine Revitalisierung des Kapitalismus und nicht dessen Abschaffung. Zur Debatte steht, ob die internationale Gemeinschaft im Allgemeinen und die westlichen Demokratien im Besonderen noch in der Lage sind, komplexe globale Probleme zu lösen.

Im nächsten Jahrzehnt geht es daher nicht nur um Wohlstand und Beschäftigung, sondern auch um die Zukunft von Freiheit und Demokratie.

Und natürlich geht es um die Rolle, die die Vereinigten Staaten dabei spielen werden. Leslie Gelb, der große Realist in den außenpolitischen Debatten der USA, empfiehlt dafür ein etwas überraschendes Rollenmodell: Chesley Sullenberger. Sullenberger war Pilot auf dem legendären Flug 1549

der Fluggesellschaft US Airways von New York nach Taco-
ma (Washington) am 15. Januar 2009. Kurz nach dem Start
vom Flughafen La Guardia flog der Airbus in einen Schwarm
Kanadagänse, wodurch beide Triebwerke funktionsunfähig
wurden. Sullenberger beschloss innerhalb kürzester Zeit das
Flugzeug auf dem Hudson River notzuwassern und rettete
so sämtliche Passagiere und Crew-Mitglieder. „Das ist ein
Modell dafür, wie amerikanische Leadership aussehen sollte", sagt Gelb. „Sullenberger war mutig, er war pragmatisch."

„Und vor allem", sagt Gelb, „er war kompetent."

Die Kompetenz der amerikanischen Führung wird in
diesem Jahrzehnt noch geprüft werden.

Literatur

Alter, Jonathan: *The Defining Moment – FDR's Hundred Days and the Triumph of Hope*, New York 2006

Altman, Roger C.: „The Great Crash 2008", *Foreign Affairs* Vol. 88, Januar/Februar 2009.

Barton Dominic; **Newell**, Roberto; **Wilson**, Gregory: *Dangerous Markets – Managing in Financial Crisis*, New York 2003

Bernanke, Ben S.: *Essays on the Great Depression*. Princeton 2000

Bernanke, Ben S.: „The Global Saving Glut and the U.S. Current Account Deficit", Sandridge Lecture at the Virginia Association of Economics, Richmond 2005

Bhagwati, Jagdish: *Verteidigung der Globalisierung*, mit einem Vorwort von Joschka Fischer, München 2008

Bhagwati, Jagdish: Interview der *Süddeutschen Zeitung*, München, 11. November 2008

Bremmer, Ian: „State Capitalism Comes to Age", *Foreign Affairs*, Mai/Juni 2009

Buffett, Warren: Letter to the Shareholders of Berkshire Hathaway, Omaha, April 2002

Bundesministerium der Finanzen: Monatsbericht, Berlin, März 2009

Bureau of Economic Analysis: *Recent Trends in the NIPA Saving Rate*, Washington 1999

Bureau of Economic Analysis: *Personal Saving and the National Income*, Washington 2008

Business Week: *The Death of Equities*, 13. August 1979

Central Intelligence Agency: *Factbook*, Washington 2008

Cohan, William D.: *The House of Cards. A Tale of Hubris and Wretched Excess on Wall Street*, New York 2009

Cohen, Abby: „Aktien sind zu niedrig bewertet", Interview der *Süddeutschen Zeitung*, 21. Dezember 2007

Commodity Futures Trading Commission: *Over-the-Counter Derivatives – Concept Release*, Washington 1998

Congressional Budget Office: „A Preliminary Analysis of the President's Budget", Washington, März 2009

Der Hovanesian, Mara: „Sex, Lies, and Subprime Mortgages", *Business Week*, 24. Januar 2008, S. 73

Deutsche Bundesbank: „Credit Default Swaps – Funktionen, Bedeutung und Informationsgehalt", Monatsbericht Dezember 2004, S. 43 ff.

Economic Policy Institute: *The State of Working America 2006–2007*, Washington 2007

Eichengreen, Barry; **Haussmann,** Ricardo; **Panizza,** Ugo: *The Pain of Original Sin*, Berkeley 2003

Eichengreen, Barry: „Origins and Responses to the Current Crisis", CESifo Forum 4, München 2008

Feldstein, Martin: „Oil Dependence and National Security", *National Interest*, Washington 2001

Ferguson, Niall; **Schularick,** Moritz: „‚Chimerica' and the Global Asset Market Boom", International Finance, New York, Dezember 2007

Ferguson, Niall: *The Ascent of Money – A Financial History of the World*, New York 2008

Fraser, Steve: *Wall Street – A Cultural History*, New York 2005

Friedman, Milton; **Schwartz,** Anna J.: *A Monetary History of the United States 1867–1960*, Ninth Paperback Edition, Princeton 1993

Fukuyama, Francis: „Wir brauchen eine andere Kultur", Interview der *Süddeutschen Zeitung*, 18. Oktober 2008

Galbraith, John Kenneth: *The Great Crash 1929*, with a new introduction by the author, New York 1997

Gelb, Leslie H.: *Power Rules – How Common Sense Can Rescue American Foreign Policy*, New York 2009

Gelb, Leslie H.: „Necessity, Choice, and Common Sense", *Foreign Affairs*, Mai/Juni 2009

Geithner, Timothy: „Wir sollten niemanden daran hindern, Geld zu verlieren", Gespräch mit der *Süddeutschen Zeitung*, 10. April 2007

Geithner, Timothy: *The Current Financial Challenges. Policy and Regulatory Implications*, Federal Reserve Bank of New York 2008

Gjerstad, Steven; **Smith,** Vernon L.: „From Bubble to Depression?", *Wall Street Journal*, 6. April 2009

Gramlich, Eward M: „Booms and Busts, The Case of Subprime Mortgages", Washington, 31. August 2008

Greenspan, Alan: *The Age of Turbulence – Adventures in a New World*, New York 2007

International Monetary Fund: *Global Financial Stability Report*, Washington, April 2007

International Monetary Fund: *World Economic Outlook – „Crisis and Recovery"*, Washington, April 2009

International Monetary Fund: *Global Financial Stability Report – „Responding to the Financial Crisis and Measuring Systemic Risk"*, Washington, April 2009

Ip, Greg: „Did Greenspan Add to Subprime Woes?", *Wall Street Journal*, 9. Juni 2007

James, Harold: *The Roman Predicament*, Princeton 2006

James, Harold: *Der Rückfall – Die neue Weltwirtschaftskrise*, München 2003

Johnson, Paul: *A History of the American People*, New York 1997

Johnson, Simon: „Wir müssen die Macht der Wall Street brechen", Interview der *Süddeutschen Zeitung*, 20. Mai 2009

Kaufman, Henry: *The Paths of Financial Glory*, New York 2007

Keynes, John Maynard: *The General Theory of Employment, Interest, and Money*, Nachdruck der Erstausgabe, Cambridge 1973

Keynes, John Maynard: *Ein Traktat über die Währungsreform*, übersetzt von Ernst Kocherthaler, München, Leipzig 1924

Kindleberger, Charles P.; **Aliber**, Robert: *Manias, Panics and Crashes – A History of Financial Crisis*, Fifth Edition, New York 2005

Köhler, Horst: Interview der *Bild*-Zeitung, 2. Mai 2009

Krugman, Paul: *The Return of Depression Economics and the Crisis of 2008*, New York 2009

Krugman, Paul: „Financial Policy Despair", *New York Times*, 22. März 2009

Lipton, Eric; **Labaton**, Steven: „Deregulator Looks Back, Unswayed", *New York Times*, 17. November 2008

Labaton, Stephen: „Agency's New Rule Let Banks Pile Up New Debt", *New York Times*, 2. Oktober 2008

Lipsky, John: „Dealing with the Financial Turmoil – Contingent Risk, Policy Challenges and the Role of the IMF", Speech at the Peterson Institute, Washington, 12. März 2008

Macdonald, James: *A Free Nation Deep in Debt – The Financial Roots of Democracy*, Princeton 2003

Macro Share: „Macro Share Housing IPO Opens Today at 1 PM ET" (Pressemitteilung), Madison (New Jersey), 28. April 2009

Marx, Karl; **Engels**, Friedrich: *Gesamtausgabe*, Band 8, Berlin 1990

Middlekauff, Robert: *The Glorious Cause – The American Revolution 1763–1789*, Oxford 2005

Minsky, Hyman P.: *Stabilizing an Unstable Economy*, Neuauflage, New York 2008

Nakamoto, Michiyo; **Wighton**, David: „Citigroup Chief Stays Bullish on Buyouts", *Financial Times*, 9. Juli 2007

National Association of Realtors: *Quarterly Housing Affordability Index*, Washington 2009

National Bureau of Economic Research: *U.S. Business Cycle, Expansions and Contractions*, Washington 2008

Obama, Barack: Inauguration Address, Washington 20. Januar 2009

Pauly, Louis P.: „International Financial Institutions and National Economic Governance", in: **Flandreau**, Marc; **Holtfrerich**, Carl-Ludwig; **James**, Harold (Editors): *International Financial History in the Twentieth Century – System and Anarchy*, Cambridge 2003

Pew Research Center: „Muslim Americans: Middle Class and Mostly Mainstream", Washington, 22. Mai 2007

Roubini, Nouriel: Blog RGE Monitor, 24. April 2009

Rubin, Robert; **Weisberg**, Jacob: *In an Uncertain World – Tough Choices from Wall Street to Washington*, New York 2003

Schroeder, Alice: *The Snowball – Warren Buffett and the Business of Life*, New York 2008

Scissors, Derek: „Deng Undone", *Foreign Affairs*, New York, Mai/Juni 2009

Sennett, Richard: „Die Vereinigten Staaten befinden sich im Niedergang", Interview der *Süddeutschen Zeitung*, 13. September 2008

Setser Brad W.; **Pandey**, Arpana: „China's 1.5 Trillion Dollar Bet: Understanding China's External Portfolio", Council on Foreign Relations, New York 2009

Shad, John S. R.: *The SEC and the Securities Industry, Securities and Exchange Commission*, Washington 1981

Shiller, Robert J.: *Irrationaler Überschwang – Warum eine lange Baisse an der Börse unvermeidlich ist*, Frankfurt 2000

Shiller, Robert J.: *Die Neue Finanzordnung*, Frankfurt 2003

Shiller, Robert J.: „Eine Psychologie der Furcht", Interview der *Süddeutschen Zeitung*, 30. August 2007

Shlaes, Amity: *The Forgotten Man – A New History of The Great Depression*, New York 2007

Skidelsky, Robert: *John Maynard Keynes, Volume 2, The Economist as Saviour*, London 1992

Solomon, Steven: *The Confidence Game – How Unelected Central Bankers Are Governing the Changed Global Economy*, New York 1995

Soros, George: *The New Paradigm for Financial Markets – The Credit Crisis of 2008 and what it Means*, New York 2008

Steinbrück, Peer: Regierungserklärung „Zur Lage der Finanzmärkte", Berlin, 25. September 2008

Steinbrück, Peer: Rede anlässlich einer Veranstaltung der Karl-Schiller-Stiftung, Berlin, 16. Oktober 2008

Stock, James; **Watson**, Mark W.: *Has the Business Cycle Changed and Why?*, Cambridge 2002

Strauss-Kahn, Dominique: „Es gibt in dieser Krise keine nationalen Lösungen", Interview der *Süddeutschen Zeitung*, 10. März 2009

Strouse, Jean: *Morgan – American Financier*, New York 1999

Swanberg, W. A.: *Jim Fisk – The Career of an Improbable Rascal*, New York 1959

Tobin, James. „Die missbrauchen meinen Namen", Interview in *Der Spiegel*, 2. September 2001

Tocqueville, Alexis de: *Über die Demokratie in Amerika*, herausgegeben von Theodor Eschenburg und Hans Zbinden, 2. Auflage, München 1984

United States Census Bureau: *Historical Tables*, Washington 2008

Wirth, Max: *Geschichte der Handelskrisen*, 4. Auflage, Frankfurt 1890

Wolf, Martin: *Fixing Global Finance*, Baltimore 2008

Zakaria, Fareed: *The Post-American World*, New York 2008

Zhou Xiaochuan: *Reform the International Monetary System – The People's Bank of China*, Beijing 2009

Zillow.com: „More Than One Fifth of All Homeowners Now Under Water in a Mortgage", Press Release, Seattle 6. Mai 2009

Daten zur Finanzgeschichte der USA

1776
4. Juli: Der Kongress der 13 amerikanischen Staaten erklärt die Unabhängigkeit von England.

1783
3. September: Im Frieden von Paris erkennt England die Unabhängigkeit der USA an.

1792
Die Vereinigten Staaten erleben ihre erste Börsenpanik. Im „Buttonwood Agreement" werden die ersten Regeln für den Börsenhandel an der Wall Street niedergelegt.

1812–1815
Britisch-Amerikanischer Krieg.

1819
Als Spätfolge des Krieges machen die USA ihre erste schwere Finanzkrise durch.

1836
11. Juli: Präsident Andrew Jackson erlässt eine Verordnung („Specie Circular"), wonach die Regierung nur noch Gold und Silber, aber keine Banknoten mehr als Zahlungsmittel akzeptiert.

1837
10. Mai: Börsenpanik in New York, gefolgt von einer schweren Finanzkrise. Eine der wesentlichen Ursachen ist das Specie Circular Jacksons.

1857
Erste Weltwirtschaftskrise.

1861–1865
Amerikanischer Bürgerkrieg.

1865–1891
Zeitalter der Räuberbarone („Gilded Age"), die USA werden zur führenden Industrienation der Welt.

1873
Börsenpanik und Beginn einer vierjährigen Wirtschaftskrise. Ursache war ein Zusammenbruch des Eisenbahnbooms.

1893

Börsenpanik und neue, dreijährige Wirtschaftskrise. Die Zeit von 1873 bis 1896 wird auch als „Große Depression" zusammengefasst.

1901

Theodore Roosevelt wird US-Präsident, Beginn einer interventionistischen Wirtschaftspolitik.

1907

Börsenpanik und schwere Finanzkrise. Dem Bankier J. P. Morgan gelingt es, das Finanzsystem zu stabilisieren.

1913

23. Dezember: Gründung des Federal Reserve System, der amerikanischen Notenbank.

1917

6. April: Die USA treten in den Ersten Weltkrieg ein.

1919

28. Juni: Der Friedensvertrag von Versailles wird unterzeichnet.

1921

Präsident William Harding tritt sein Amt an. Er verspricht den Amerikanern Rückkehr zur „Normalität".

1929

4. März: Herbert Hoover wird Präsident.

24. Oktober: Am „Schwarzen Donnerstag" brechen an der Wall Street die Börsenkurse ein. Beginn der Weltwirtschaftskrise.

1930

17. Juni: Der Kongress unterzeichnet das Smoot-Hawley-Gesetz, das die Importzölle für über 20 000 Waren zum Teil erheblich heraufsetzt. Die Handelspartner der USA reagieren mit Strafzöllen.

1931

11. Mai: In Wien bricht die Creditanstalt zusammen.

13. Juli: In Deutschland bricht die Darmstädter und Nationalbank zusammen. Die Finanzkrise breitet sich auf der ganzen Welt aus.

1933

4. März: Präsident Franklin D. Roosevelt leistet seinen Amtseid. Als erste Amtshandlung verordnet er viertägige Bankferien. Der „New Deal" beginnt.

1937

Vier Jahre nach Roosevelts Amtsantritt stürzen die USA nochmals in eine Rezession. Auslöser sind Steuererhöhungen, mit denen Roosevelt den Etat ausgleichen will.

1941

7. Dezember: Die japanische Luftwaffe zerstört große Teile der US-Flotte in Pearl Harbor. Die Vereinigten Staaten treten in den Zweiten Weltkrieg ein.

1944

22. Juli: In Bretton Woods (New Hampshire) tritt die Währungskonferenz der Vereinten Nationen zusammen. Die Währungsordnung der Nachkriegszeit mit dem Dollar als Anker entsteht.

1958

Die meisten europäischen Währungen einschließlich der D-Mark werden konvertibel. Das System von Bretton Woods funktioniert jetzt wie geplant.

1971

15. August: Präsident Richard Nixon kündigt einseitig die Verpflichtung der USA, Dollar in Gold umzutauschen. Ende des Systems von Bretton Woods.

1972

Einige europäische Staaten schließen sich zur „Währungsschlange" zusammen. Es ist der erste Schritt auf dem Weg zum Euro.

1973

Die Wechselkurse der wichtigsten Währungen der Welt werden auf Dauer freigegeben.

1979

Paul Volcker wird US-Notenbank-Präsident. Der Kampf gegen die Inflation beginnt.

1981

Ronald Reagan wird amerikanischer Präsident. Sein Wirtschaftsprogramm sieht Steuersenkungen, Deregulierung und Privatisierung vor.

1982

Mexiko erklärt sich für zahlungsunfähig. Beginn der lateinamerikanischen Schuldenkrise.

1985–1990

Bankenkrise in den USA („Savings and Loan Crisis").

1987

19. Oktober: Am „Schwarzen Montag" brechen an der Wall Street die Kurse ein. Mit minus 22,6 Prozent ist es der bei weitem schwerste Kurssturz in der Geschichte der New Yorker Börse. Die Rückwirkungen auf die Weltwirtschaft bleiben aber begrenzt.

1989

9. November: Die Berliner Mauer fällt, Ende des kommunistischen Weltsystems.

1994

Nach der Abwertung des mexikanischen Peso bricht eine Finanzkrise aus, die aber unter Führung des amerikanischen Finanzministeriums schnell eingedämmt wird.

1997

2. Juli: Beginn der Asienkrise.

1998

23. September: Banken und US-Regierung müssen den Hedgefonds LTCM vor dem Zusammenbruch bewahren.

1999

19. März: Der Dow Jones überspringt zum ersten Mal die Marke von 10 000 Punkten.

2000

14. Januar: Höhepunkt der Internetspekulation. Der Dow Jones erreicht 11 722,98 Punkte. Mit dem Tag beginnt der Abschwung in die Rezession.

2001

11. September: Islamische Terroristen greifen die USA an. Die Notenbank Federal Reserve beginnt mit aggressiven Zinssenkungen.

2003

25. Juni: Die Federal Reserve senkt den Leitzins auf 1,0 Prozent.

2006

Die Spekulation auf dem amerikanischen Immobilienmarkt erreicht ihren Höhepunkt.

2007

Im Februar muss die britische HSBC-Bank 10,5 Milliarden Dollar auf Papiere abschreiben, die durch amerikanische Hypotheken gedeckt sind.

2. April: New Century, eine der größten Hypothekenbanken der USA, beantragt Gläubigerschutz.

7. Juni: Die Investmentbank Bear Stearns stoppt Auszahlungen bei zwei ihrer Hedgefonds.

10. August: Die Notenbanken in den USA und Europa beginnen Liquidität in die Finanzmärkte zu pumpen. Beginn der Finanzkrise.

18. September: Die Federal Reserve senkt den Leitzins um 0,5 Punkte auf 4,75 Prozent.

9. Oktober: Der Dow Jones erreicht den bisher höchsten Schluss-kurs der Geschichte: 14 164,53 Punkte.

2008

12. März: Der stellvertretende Direktor des IWF, John Lipsky, fordert von den Regierungen, das „Undenkbare zu denken" und sich auf massive Ausgabenprogramme zur Stützung der Konjunktur einzustellen.

16. März: Die Investmentbank Bear Stearns wird in einer Notoperation von der Großbank JPMorgan Chase gerettet. Die Notenbank stützt die Aktion mit einem Milliardenkredit.

7. September: Das US-Finanzministerium stellt die beiden Hypothekenbanken Fannie Mae und Freddie Mac unter staatliche Zwangsverwaltung.

15. September: Lehman Brothers beantragt Gläubigerschutz.

17. September: Die US-Regierung rettet die Versicherung AIG mit einem 85-Milliarden-Dollar-Kredit.

19. September: Der Plan von Finanzminister Henry Paulson wird bekannt, die amerikanischen Banken mit über 700 Milliarden Dollar zu stützen.

11. Oktober: Die Finanzminister und Notenbankchefs der G-7-Staaten vereinbaren, alle „systemrelevanten" Finanzinstitutionen zu stützen.

4. November: Barack Obama wird zum Präsidenten der USA gewählt.

2009

17. Februar: Präsident Obama unterzeichnet das Gesetz über das mit knapp 800 Milliarden Dollar größte Konjunkturprogramm der Geschichte.

9. März: Der Dow Jones erreicht mit 6 547 Punkten den vorläufig tiefsten Punkt der Krise.

29. April: Im ersten Quartal ist das Bruttoinlandsprodukt der USA um 6,1 Prozent zurückgegangen.

6. Mai: Finanzministerium und Notenbank veröffentlichen die Ergebnisse von Stresstests für die 19 größten Banken der USA. Danach brauchen zehn Banken noch 75 Milliarden Dollar. Die Finanzmärkte beginnen sich zu entspannen.

Anmerkungen

1 Krugman, Paul: „Financial Policy Despair", *New York Times*, 22. März 2009.
2 International Monetary Fund: *World Economic Outlook*, Washington, April 2009, S. 71.
3 Steinbrück, Peer: Regierungserklärung „Zur Lage der Finanzmärkte", 25. September 2008.
4 International Monetary Fund: *Global Financial Stability Report*, Washington, April 2009, S. 8
5 Steinbrück, Peer: Rede anlässlich einer Veranstaltung der Karl-Schiller-Stiftung, Berlin, 16. Oktober 2008.
6 Köhler, Horst: Interview der *Bild*-Zeitung, 2. Mai 2009.
7 Zakaria, Fareed: *The Post American World*, New York 2008, S. 213.
8 National Bureau of Economic Research: *U.S. Business Cycle Expansions and Contractions*, Washington 2008.
9 Stock, James; Watson, Mark W.: *Has the Business Cycle Changed and Why?*, Cambridge 2002.
10 Minsky, Hyman P.: *Stabilizing an Unstable Economy*, New York 2008, S. 230 ff.
11 Der Begriff „Minsky-Moment" wurde erst nach Hyman Minskys Tod in der Asienkrise geprägt.
12 Eichengreen, Barry; Haussmann, Ricardo; Panizza, Ugo: *The Pain of Original Sin*, Berkeley 2003, S. 4 ff.
13 Krugman, Paul: *The Return of Depression Economics*, New York 2009, S. 93.
14 *Süddeutsche Zeitung*, 11. November 2008.
15 International Monetary Fund: *World Economic Outlook*, April 2009, S. 100.
16 Wolf, Martin: *Fixing Global Finance*, Baltimore 2008.
17 Bernanke, Ben: „The Global Saving Glut and the U.S. Current Account Deficit", Speech at the Sandridge Lecture, Virginia Association of Economics, Richmond 2005.
18 Wolf, Martin, a. a. O., S. 107.
19 Wolf, Martin, a. a. O., S. 194.
20 Lipton, Eric; Labaton, Steven: „Deregulator Looks Back, Unswayed", *New York Times*, 17. November 2008.
21 Deutsche Bundesbank: *Credit Default Swaps – Funktionen, Bedeutung und Informationsgehalt*, Monatsbericht Dezember 2004, S. 43 ff.
22 Buffett, Warren: Letter to the Shareholders of Berkshire Hathaway, Omaha 2002, S. 14.
23 Commodity Futures Trading Commission: *Over-the-Counter Derivatives – Concept Release*, Washington 1998.

24 Labaton, Stephen: „Agency's New Rule let Banks Pile Up New Debt", *New York Times*, 2. Oktober 2008.
25 Ip, Greg: „Did Greenspan Add to Subprime Woes?", *Wall Street Journal*, 9. Juni 2007.
26 Gramlich, Edward M.: „Booms and Busts, The Case of Subprime Mortgages", Washington, 31. August 2008.
27 Der Hovanesian, Mara: „Sex, Lies, and Subprime Mortgages", *Business Week*, 24. Januar 2008, S. 73.
28 National Association of Realtors: *Quarterly Housing Affordability Index*, Washington 2009.
29 Zillow.com: „More Than One Fifth of All Homeowners Now Under Water in a Mortgage", Presse Release, Seattle, 6. Mai 2009.
30 Wirth, Max: *Geschichte der Handelskrisen*, Frankfurt 1890, S. 334, Schreibweise im Original.
31 Marx, Karl; Engels, Friedrich: *Gesamtausgabe*, Bd. 8, Berlin 1990, S. 191.
32 Strouse, Jean: *Morgan – American Financier*, Cambridge 2000, S. 581.
33 Bernanke, Ben: *Essays on the Great Depression*, Princeton 2000, S. 5.
34 Keynes, John M.: *The General Theory of Employment, Interest and Money*, London 1973, S. 158.
35 James, Harold: *Der große Rückschlag*, München 2001, S. 59.
36 Friedman, Milton; Schwartz, Anna: *A Monetary History of The United States, 1867–1960*, Princeton 1963.
37 Gjerstad, Steven; Smith, Vernon L.: „From Bubble to Depression?", *Wall Street Journal*, 6. April 2009.
38 Galbraith, John Kenneth: *The Great Crash 1929*, Boston 1954, S. 5 f.
39 Alter, Jonathan: *The Defining Moment*, New York 2006, S. 5.
40 Cohen, Abby: „Aktien sind zu niedrig bewertet", Interview der *Süddeutschen Zeitung*, 21. Dezember 2007.
41 Pauly, Louis P.: „International Financial Institutions and National Economic Governance", in: Flandreau, Marc; Holtfrerich, Carl-Ludwig; James, Harold (Editors): *International Financial History in the Twentieth Century – System and Anarchy*, Cambridge 2003, S. 239 ff.
42 *Business Week*: „The Death of Equities", 13. August 1979.
43 Eichengreen, Barry: „Origins and Responses to the Current Crisis", CESifo Forum 4 2008, S. 6.
44 Zitiert nach Fraser, Steve: *Wall Street – A Cultural History*, London 2005, S. 43.
45 Shad, John S. R.: *The SEC and the Securities Industry, Securities and Exchange Commission*, Washington 1981.
46 Rubin, Robert: *In an Uncertain World*, New York 2003, S. 286.
47 Geithner, Timothy: „Wir sollten niemanden daran hindern, Geld zu verlieren", Gespräch mit der *Süddeutschen Zeitung*, 10. April 2007.

48 International Monetary Fund: *Global Financial Stability Report*, Washington, April 2007, S. 10.
49 Greenspan, Alan: *The Age of Turbulence*, New York 2007, S. 202.
50 Nakamoto, Michiyo; Wighton, David: „Citigroup Chief Stays Bullish on Buyouts", *Financial Times*, 9. Juli 2007.
51 Kindleberger, Charles; Aliber, Robert: *Maniacs, Panics, Crashes*, Neuauflage, Hoboken 2005, S. 128.
52 Skidelsky, Robert: *John Maynard Keynes – The Economist as Saviour*, New York 1994, S. 323.
53 Keynes, John M.: „The General Theory of Employment", *Economic Journal*, 51, 2, 1937, S. 214.
54 Geithner, Timothy: *The Current Financial Challenges – Policy and Regulatory Implications*, Federal Reserve Bank of New York 2008.
55 Bureau of Economic Analysis: *Personal Saving in The National Income*, Washington 2008, außerdem: BEA: *Recent Trends in the NIPA Saving Rate*, Washington 1999.
56 Altman, Roger C.: „The Great Crash, 2008", *Foreign Affairs* Januar/Februar 2009.
57 Economic Policy Institute: *The State of Working America 2006–2007*, Washington 2007.
58 U.S. Census Bureau: Historical Tables, 2008.
59 Greenspan, Alan: *The Age of Turbulence*, New York 2007, S. 232.
60 Feldstein, Martin: „Oil Dependence and National Security", *National Interest*, Washington 2001.
61 Harwood, John: *Reagan Mystique Rethought* in GOP, *New York Times*, 14. Juni 2009.
62 Fukuyama, Francis: „Wir brauchen eine andere Kultur", Interview der *Süddeutschen Zeitung*, 18. Oktober 2008.
63 Central Intelligence Agency: *Factbook*, Washington 2008.
64 Zhou Xiaochuan: *Reform the International Monetary System – The People's Bank of China*, Beijing 2009.
65 Ferguson, Niall; Schularick, Moritz: „‚Chimerica' and the Global Asset Market Boom", *International Finance*, New York, Dezember 2007.
66 Scissors, Derek: „Deng Undone", *Foreign Affairs*, Mai/Juni 2009, S. 25 f.
67 International Monetary Fund: *World Economic Outlook*, April 2009, S. 100.
68 Setser, Brad W.; Pandey, Arpana: „China's 1.5 Trillion Dollar Bet: Understanding China's External Portfolio", Council on Foreign Relations, New York 2009.
69 Bundesministerium der Finanzen: Monatsbericht März 2009.
70 Congressional Budget Office: „A Preliminary Analysis of the President's Budget", Washington, März 2009.
71 Zakaria, Fareed: *The Post-American World*, New York 2008, S. 226.

72 Lipsky, John: „Dealing with the Financial Turmoil – Contingent Risk, Policy Challenges and the Role of the IMF", Speech at the Peterson Institute, Washington, 12. März 2008.

73 Strauss-Kahn, Dominique: „Es gibt in dieser Krise keine nationalen Lösungen", Interview der *Süddeutschen Zeitung*, 10. März 2009.

74 Sennett, Richard: „Die Vereinigten Staaten befinden sich im Niedergang", Interview der *Süddeutschen Zeitung*, 13. September 2008.

75 Gelb, Leslie H.: „Necessity, Choice, and Common Sense", *Foreign Affairs*, Mai/Juni 2009, S. 56.

76 Zakaria, Fareed, a. a. O., S. 198.

77 Pew Research Center: „Muslim Americans: Middle Class and Mostly Mainstream", Washington, 22. Mai 2007.

78 Tocqueville, Alexis de: *Über die Demokratie in Amerika*, München 1984, S. 631.

79 Obama, Barack: Inauguration Address, Washington, 20. Januar 2009.

80 Ip, Greg: „Did Greenspan Add to Subprime Woes?", *Wall Street Journal*, 8. April 2008.

81 Minsky, Hyman: *Stabilizing an Unstable Economy*, New York 2008, S. 327 ff.

82 Bremmer, Ian: „State Capitalism Comes to Age", *Foreign Affairs*, Mai/Juni 2009, S. 50.

83 Roubini, Nouriel: Blog RGE Monitor, 24. April 2009.

84 Johnson, Simon: „Wir müssen die Macht der Wall Street brechen", Interview der *Süddeutschen Zeitung*, 20. Mai 2009.

85 MacroShares: „MacroShares Housing IPO Opens Today at 1 PM ET" (Pressemitteilung), Madison (New Jersey), 28. April 2009.

86 Shiller, Robert: „Eine Psychologie der Furcht", Interview in der *Süddeutschen Zeitung*, 30. August 2007.

87 Tobin, James: „Die missbrauchen meinen Namen", Interview in *Der Spiegel*, 2. September 2001.

88 Commerzbank: Woche im Fokus, 29. Mai 2009.

89 International Monetary Fund: *World Economic Outlook*, Washington, April 2009.

Register